Quand elle n'est pas plongée dans une énième relecture de l'un des romans de Jane Austen, **Laurie Viera Rigler** anime des ateliers d'écriture. *Confessions d'une fan de Jane Austen* est le pendant de son second livre, *Tribulations d'une fan de Jane Austen*. Laurie est aussi la créatrice de *Sex and the Austen Girl*, la web-série de Babelgum, inspirée de ses deux récits. Longtemps résidente du quartier d'Echo Park à Los Angeles, où se déroule *Tribulations d'une fan de Jane Austen*, Laurie vit à présent près de Pasadena, en Californie, avec son mari, qui est réalisateur.

Du même auteur, chez Milady :

Tribulations d'une fan de Jane Austen

Laurie Viera Rigler

Confessions d'une fan de Jane Austen

Traduit de l'anglais (États-Unis) par Marie Dubourg

Milady Romance

Milady est un label des éditions Bragelonne

ISBN : 978-2-8112-1151-6

Bragelonne – Milady
60-62, rue d'Hauteville – 75010 Paris

E-mail : info@milady.fr
Site Internet : www.milady.fr

Remerciements

Je remercie humblement ma chère amie et professeure Aurelia Haslboeck, qui m'a suivie tout au long de cette aventure en apportant un regard critique à mon travail et en me faisant partager ses précieuses connaissances en matière d'histoires et de personnages, allant jusqu'à me rejoindre en Angleterre pour faire de mon voyage de recherches une expérience magique. Aurelia, je bénis ta générosité, ta patience et ton amour. En m'insufflant ta foi, tu m'as montré que mon projet était réalisable. Sans toi, ce livre n'existerait pas.

Je souhaite exprimer mon amour et ma gratitude à mon mari, Thomas Rigler – mon Mr Darcy à moi –, qui m'a offert le plus insaisissable des cadeaux : le temps. Merci pour ta foi sans faille en moi, ainsi que pour ta vision, ta patience et tes commentaires perspicaces, mais aussi pour avoir appris la contredanse anglaise afin de m'emmener à un bal époque Régence.

Je suis extrêmement reconnaissante à Marly Rusoff, un agent de rêve dont la gentillesse, le tact et la vaste connaissance du domaine de l'édition apportent une touche irrésistible à tout ce qu'elle fait. Je dois également remercier le confrère de Marly, Michael (Mihai) Radulescu, un homme d'une patience infinie grâce à qui les versions en langues étrangères de ce roman sont devenues réalité. Mille mercis à toi Mihai, ainsi qu'à tes charmantes collègues Anna Jarota et Jacqueline LeDonne, pour m'avoir permis de placer mon roman chez des éditeurs de renom dans le monde entier. Je souhaite également remercier Marly et son associée, Julie Moscow, qui m'ont aidée à peaufiner ce roman.

Je tiens à exprimer toute ma profonde gratitude à l'extraordinaire équipe de Bloomsbury grâce à laquelle j'ai pu réaliser mon rêve de catapulter Courtney Stone de l'autre côté de l'Atlantique. Mille mercis à Helen Garnons-Williams, à Erica Jarnes, à Trâm-Anh Doan, à Jude Drake et à Alexandra Pringle pour avoir guidé, lancé et défendu la publication britannique de ce livre.

Confessions d'une fan de Jane Austen a vu le jour en Amérique du Nord, chez Dutton and Plume, et je voue une reconnaissance éternelle à l'équipe époustouflante avec laquelle j'ai travaillé là-bas, notamment Susan Petersen Kennedy, Kathryn Court, Brian Tart, Trena Keating, Cherise Fisher, Lisa Johnson, Marie Coolman, John Lawton, Patrick Nolan, Rachel Ekstrom, Amanda Tobier, Mary Pomponio, Cristi Hall, Lily Kosner, Sarah Muszynski et Monica Benalcazar.

Je dois de chaleureux remerciements à bien d'autres personnes. En haut de la liste se trouvent les membres accueillants de la JASNA (« Jane Austen Society of

North America »), de fervents admirateurs de Jane Austen avec qui j'ai le plaisir de pouvoir partager cette passion. Je souhaite témoigner ma reconnaissance à Margery Rich qui a soigneusement vérifié chaque détail historique de ce roman et m'a expliqué quelques points de grammaire sur les locutions adjectivales à référence ambiguë. Un grand merci à mes collègues membres du conseil de JASNA-Southwest, au Pasadena Area Jane Austen Reading Group, à Jan Fahey, à Barb Millett, ainsi qu'aux coordinateurs de l'AGA, Keiko Parker et Pam Ottridge à Vancouver pour leur soutien, et enfin, à Susan Forgue pour avoir partagé avec moi sa base de données de faits historiques relatifs à cette période.

J'éprouve une profonde reconnaissance envers le Jane Austen Centre de Bath pour le grand honneur qu'ils ont accordé à ce livre en le nominant dans la catégorie « meilleur ouvrage de fiction » à l'occasion des Regency World Awards en 2009.

Mille mercis à mes premiers lecteurs : Melitta Fitzer, Laura Graham, Randolf Hillebrand, Susan Lesser, Sara Levine, Cary Puma, Gabrielle Raumberger, Uta Rigler et Deb Zeitman : l'enthousiasme que vous avez mis à lire cette histoire m'a donné des ailes. Parmi ces gens se trouvent aussi Roxanne Rogers, qui m'a donné de précieux conseils pour mon premier chapitre, et Felice Levine, qui a cru en moi avec tant de sérénité qu'elle a fini par me contaminer. Je suis également reconnaissante envers Anita Artukovich, qui m'a donné le coup de pied au derrière dont j'avais besoin ; Roman Jakobi, qui a pris ma photo ; Bruno Rigler, qui a donné à Mr Mansfield son talent pour la peinture ; Steve Solodoff, qui m'a offert une blague ; la délicieuse Paula Breen ; et l'inimitable Bill Haxworth de Mayor's Corps of Honourary Guides pour ces inoubliables promenades dans le décor georgien de Bath.

Je souhaite adresser mes sincères remerciements à mes lecteurs dont les questions, suggestions, e-mails, lettres et interventions sur le forum de mon site Internet sont autant de précieux cadeaux, et à tous les auteurs en herbe ou confirmés qui participent à mes ateliers d'écriture et dont la créativité, l'assiduité et la sagesse sont une source d'inspiration infinie.

Je souhaite enfin exprimer ma profonde gratitude à tous les libraires et les bibliothécaires dont le travail permet de promouvoir l'amour du monde dans lequel nous vivons et qui nous offrent des lieux pour nous ressourcer et nous inspirer. Si les bibliobus et autres bibliothèques itinérantes de mon enfance n'avaient pas existé, je n'écrirais pas aujourd'hui.

Chapitre premier

Pourquoi fait-il si sombre ici ? Et quelle est cette odeur ? On dirait un mélange de lavande séchée et d'ammoniac.

Une porte s'ouvre à la volée, puis quelqu'un tire bruyamment les rideaux. La lumière aveuglante me fait plisser les yeux. Une femme corpulente dont les cheveux noirs sont ramassés en un chignon négligé ouvre une fenêtre pendant qu'un homme d'un certain âge à l'air peu avenant lance des ordres à voix basse. La femme baisse les yeux et rentre la tête dans ses épaules, comme si elle voulait devenir invisible.

Qui sont ces gens ? Et pourquoi ces accoutrements ?

La femme porte une robe insipide qui lui descend jusqu'aux pieds ainsi qu'un grand tablier blanc. Quant à l'homme, son costume et son gilet ressemblent à de vieilles nippes sorties tout droit d'un film de James Ivory. Même ses lunettes sont vintage.

Mais il y a autre chose. Ce n'est de toute évidence pas ma chambre.

Je grimace en percevant l'odeur âcre d'un corps non lavé et je remarque alors que l'homme et la femme se tiennent au pied de mon lit, les yeux rivés sur moi. Suis-je la source de cette odeur ? Est-ce la raison pour laquelle ils me regardent ainsi ?

Il me paraît évident que je suis au beau milieu d'un rêve, et un du genre particulièrement odorant. Mais il y a quelque chose qui cloche. Je ne me souviens pas d'avoir déjà eu conscience de rêver pendant le rêve lui-même. « Un rêve lucide », comme dirait Frank. Il prétend qu'il en faisait sans arrêt quand il voyait son thérapeute jungien.

Qu'est-ce qu'ils ont à me dévisager comme ça ?

— Miss Mansfield ? Êtes-vous réveillée ? demande l'homme en s'approchant de mon lit.

Je crois que j'ai trouvé d'où vient cette odeur nauséabonde. Avec ses yeux globuleux, il me fait penser à une truite surprise de se retrouver accrochée à un hameçon. J'essaie de ne pas éclater de rire.

— Miss Mansfield, répète-t-il. Vous m'entendez ?

« Miss Mansfield » ! Elle est bien bonne, celle-là ! Et son accent britannique, trop fort ! C'est ce qu'on récolte à ne jurer que par Jane Austen. Rien d'étonnant à ce qu'une espèce de truite sur pattes débarque dans un de mes rêves et m'appelle par un nom tout droit sorti d'un de ses romans – pourtant, la nuit dernière, je me suis endormie en lisant *Orgueil et Préjugés*, pas *Mansfield Park*.

— Miss Mansfield ?

Dois-je répondre ? Pas besoin d'être polie : après tout, c'est mon rêve, non ? Cet homme n'est qu'un symbole à la signification obscure. Laquelle ? Je n'en ai pas la moindre idée. Le malheureux a vraiment l'air inquiet, cela dit. Il représente peut-être mon désir inconscient d'être plus tolérante envers les gens à l'hygiène corporelle douteuse.

— Miss Mansfield, est-ce que vous m'entendez ?

— Pourquoi m'appelez-vous comme ça ?

Il émet un hoquet de surprise, ses yeux paraissant encore plus exorbités derrière ses lunettes. Peut-être que je devrais jouer le jeu. Après tout, il ne peut pas savoir qu'il n'est qu'une invention de mon subconscient. Est-ce à moi de lui annoncer la nouvelle ?

Il s'écarte du lit, tire un mouchoir de sa poche et essuie sa lèvre supérieure perlée de gouttes de sueur.

— Barnes, lance-t-il à la femme en tablier. Veuillez informer votre maîtresse que Miss Mansfield a ouvert les yeux. Faites-lui savoir que je viens la voir dès que possible.

— Très bien, monsieur, acquiesce-t-elle, visiblement soulagée, avant de sortir en refermant la porte derrière elle.

Je ne bouge pas du lit et j'observe l'homme – un médecin, de toute évidence – pendant qu'il prend mon pouls puis tâte ma joue et mon front, les sourcils froncés. Il ouvre ensuite une sacoche de cuir marron d'où il sort un bol en porcelaine qui ressemble vaguement à une assiette à soupe, à ceci près qu'on a l'impression que quelqu'un a croqué dedans et mangé le bord. Il ouvre alors un petit étui de cuir contenant des instruments tranchants, puis m'adresse une esquisse de sourire en étirant ses grosses lèvres de poisson.

— Je reviens d'ici quelques minutes, Miss Mansfield. Une petite saignée suffira.

Frank m'a dit une fois que les rêves lucides ont un avantage incontestable sur les rêves normaux : si la situation devient désagréable, il suffit de dire à voix haute ce qu'on veut ou d'engager une action décisive afin de prendre le contrôle du rêve. Alors, comme par magie, un rat menaçant peut se transformer en adorable chiot, et un médecin puant armé d'un bistouri en... voyons voir, pourquoi pas un vase de roses ?

— Ça suffit ! crié-je. Je vous déclare vase de roses !

Étrange. Ce n'est pas ma voix. Et une fille issue des classes ouvrières et qui a grandi entre Los Angeles et Long Island ne parle certainement pas avec cet accent britannique raffiné.

— Seigneur ! s'exclame le médecin en reculant, les yeux agrandis par la peur.

Puis il quitte la pièce précipitamment.

J'en déduis que Frank n'avait aucune idée de ce dont il parlait quand il se vantait d'être capable de transformer un cauchemar en agréable songe. Quelles sont mes options, à présent ? Je pourrais sûrement me réveiller par la simple force de ma volonté, non ? *Concentre-toi, concentre-toi. Allez, réveille-toi !*

Je ferme fort les yeux. *Réveille-toi !*

Je les rouvre. Je suis toujours au même endroit.

Très bien. Pas de panique. Je vais probablement me réveiller avant qu'il revienne pour m'ouvrir les veines. Et puis ce n'est pas comme si j'allais vraiment subir une saignée.

Je m'extirpe du lit et me mets debout en vacillant. Je me sens faible. J'ai beau savoir que c'est un rêve, il n'en est pas moins sacrément réaliste ! Il faut que j'agisse. L'action est le pouvoir, le pouvoir est le contrôle et je veux être maîtresse de la situation au cas où le médecin reviendrait pour finir son sale boulot.

J'ai la chair de poule. Il y a quelqu'un d'autre dans la chambre. Une femme brune vêtue d'une longue robe blanche. J'aperçois son reflet dans le miroir posé dans l'angle de la pièce. Une poussée d'adrénaline m'envahit et je me retourne d'un coup.

Personne.

Je regarde de nouveau le miroir : elle se trouve toujours là. Je m'approche, sans oser me retourner. J'ai mal au crâne. Je pose une main sur mon front et la femme dans le miroir fait de même. Je laisse retomber ma main et, là encore, elle m'imite.

Je pivote sur mes talons, mais il n'y a toujours personne derrière moi. De retour face au miroir, je vois la femme qui continue de me dévisager.

J'en frissonne de peur. *Calme-toi, ce n'est qu'un rêve.*

J'observe l'étrange reflet qui m'étudie lui aussi. Je sens le poids inhabituel de ma peau et de mes os sur certaines parties de mon corps. Comme un déguisement, un masque. Or, plus je regarde le reflet, plus il semble fusionner avec mon propre corps. Il se referme sur moi, devient moi, et pourtant ce n'est pas moi. Est-ce là l'effet habituellement produit par les rêves lucides ? Comment puis-je le savoir ? Je n'en ai jamais fait avant.

Je pense que ce qui n'est pas familier nous paraît toujours inquiétant au début. Quoi qu'il en soit, je n'ai pas l'intention de me laisser impressionner par un rêve. Surtout quand le reflet que me renvoie le miroir est bien plus attirant que la jeune femme que je suis dans la vraie vie. Elle a de longs cheveux bruns, presque noirs, légèrement ondulés. Son visage pâle et dépourvu de tout artifice est plus joli que le mien ne l'a jamais été sans maquillage. Son corps n'est pas mal non plus : sa silhouette est grande et élancée, avec de jolies courbes. C'est du moins ce que je devine à travers la chemise de nuit de grand-mère blanche à col montant qu'elle porte. Je place mes mains en coupe sur mes seins. Ils sont incontestablement plus petits que les miens mais sont en harmonie avec le reste de ce corps qui n'a décidément rien de commun avec celui de la vraie Courtney Stone : je suis menue, petite, ma poitrine est trop généreuse pour être proportionnée et j'ai tendance à avoir l'air énorme dès que je prends deux kilos. Les gros seins ne vont qu'aux femmes grandes et minces, qui doivent bien souvent recourir à la chirurgie pour obtenir ce résultat étant donné qu'elles sont habituellement équipées d'attributs plus petits.

J'ai de plus en plus la migraine à force de fixer ce miroir. Jetons plutôt un coup d'œil à cette chambre, qui ne ressemble en rien aux pièces dans lesquelles je me suis déjà réveillée. Un lit à baldaquin, le genre de plumard que j'ai toujours rêvé d'avoir. Mais justement, je rêve ! D'épais rideaux de velours bordeaux et une fenêtre donnant sur des pelouses, des arbres, des parterres de fleurs et un jardin d'herbes aromatiques. Une cheminée de marbre rose. Une commode et une armoire magnifiquement sculptées. Un miroir richement orné qui vient s'ajouter à celui de la coiffeuse et à la psyché. Partout où mes yeux se posent, je vois la femme aux cheveux bruns. Tout comme dans la maison de sir Walter Elliot, l'inimitable métrosexuel de Jane Austen, il n'y a aucun moyen d'échapper à moi-même dans cette pièce. Ou plutôt, à ce reflet étranger. Heureusement, il est plutôt agréable à regarder. Pas le moindre cerne de lendemain de fête sous les yeux, pas de marque rouge du coussin sur la joue, pas de cheveux filasses collés sur le visage.

Je m'assois à la coiffeuse et je prends un pinceau en argent, puis j'ouvre un coffret de bois incrusté et j'examine les sublimes bagues, broches et colliers de perles qu'il renferme. Encore un vœu qui se réalise. Je ne compte plus le nombre de fois où j'ai eu des sueurs froides en sortant mon chéquier, souhaitant ne pas avoir à choisir entre payer ma facture d'électricité ou faire le plein de courses, même si parfois je ne faisais ni l'un ni l'autre et que j'optais pour des mèches chez le coiffeur. Il me paraît peu probable que la propriétaire de cette chambre et de cette boîte à bijoux bien garnie doive se confronter à ce genre de dilemme. Cela dit, mon rêve semble se dérouler avant l'invention de l'électricité, ce qui enlève un facteur de l'équation.

Quoi qu'il en soit, qui pourrait reprocher à mon inconscient de vouloir s'évader le temps d'un songe dans un décor digne d'un roman de Jane Austen – l'autre fou du scalpel mis à part ? Après tout, ces derniers mois n'ont pas vraiment été une partie de plaisir.

Mais je ne veux pas y penser. Je veux juste retourner me coucher dans ce lit qui est trop confortable.

Chapitre 2

On frappe à la porte. Avant que je puisse prononcer un mot, elle s'ouvre et le médecin entre en me regardant d'un air méfiant, suivi d'une femme aux belles courbes d'une cinquantaine d'années vêtue d'une longue robe Empire. Des boucles dorées encadrent son visage et tombent en cascade sur son cou, mais le reste de sa chevelure est dissimulé sous l'un de ces bonnets de douche bouffants en dentelle qui essaient de se faire passer pour un chapeau. Elle aurait probablement l'air plus jeune sans cet accessoire, et je suis vaguement tentée de le lui dire.

La femme s'approche de moi d'un pas léger, pose une main froide sur mon front puis, après une petite hésitation, m'embrasse furtivement sur la joue.

— Eh bien, Jane, je suis heureuse de vous revoir parmi les vivants.

De quoi parle-t-elle ?

Elle m'examine de ses yeux bleu glacial.

— Vous n'avez rien à me dire, mon enfant ?

Sûrement pas. Elle lève la tête vers le médecin qui fronce les sourcils.

— Il est préférable que vous nous laissiez à présent, Mrs Mansfield, lui conseille-t-il. Barnes va m'assister.

Il lance un regard équivoque vers le bol et le scalpel.

La Mrs Mansfield en question lève un sourcil, puis hausse les épaules.

— Bien, si vous pensez que cela est nécessaire.

Elle se dirige à grands pas vers la porte et appelle Barnes à voix basse. Cette dernière accourt.

Le docteur s'incline devant Mrs Mansfield puis il me sourit, dévoilant une rangée de spatules jaune et marron.

Pas question que ce monstre plante quoi que ce soit dans mon bras. Je suis plutôt du genre âme sensible mais là, c'est tout simplement trop. Lors de ma dernière prise de sang chez le gynéco, j'ai failli tourner de l'œil et j'ai dû rester allongée dans une salle d'examen vide pendant vingt minutes, les aides-soignants s'empressant de m'apporter du jus d'orange et des biscuits pour que je reprenne des forces. Savoir que je suis au beau milieu d'un rêve ne rend pas la perspective d'une saignée moins effrayante. D'ailleurs, tout semble indiquer que je me trouve au début du XIXe siècle et j'ai beau ne pas être historienne, je sais qu'à l'époque de Jane Austen, l'antisepsie était encore loin d'être une pratique courante. Le monde magique des songes possède peut-être sa propre logique, quoi qu'il en soit je ne compte pas prendre de risque. Qui sait ce que ce scalpel a charcuté avant d'arriver ici ?

— Attendez ! crié-je de toutes mes forces, toujours avec cet étrange accent britannique.

Tous les regards se braquent sur moi.

— Écoutez, je suis en train de rêver et rien de tout ça n'existe vraiment. Alors je suggère que vous rangiez vos instruments de torture tout de suite au lieu de perdre votre temps. Je peux me réveiller d'une seconde à l'autre et vous allez tous retourner… heu… là d'où vous venez.

Mrs Mansfield me lance un regard froid comme l'acier.

— Jane. Veuillez vous abstenir de proférer de telles inepties. En particulier devant votre mère.

— Ma « mère » ? Vous n'êtes pas ma mère !

— Chère madame, votre fille n'est de toute évidence pas dans son état normal, intervient le médecin. Auriez-vous l'amabilité de nous laisser seuls le temps que je la ramène à la raison ? J'ai déjà eu affaire à ce genre de fièvre cérébrale et, sans vouloir me vanter, les soins que j'ai prodigués ont permis d'obtenir une guérison complète.

— Oublie ça, mon pote ! répliqué-je. Rêve ou pas, je vous interdis d'approcher à moins de trois mètres. Quant à vous, madame, je suis désolée mais vous n'existez pas. Je n'existe même pas moi-même. Je m'appelle Courtney Stone et je vis à L.A. Vous avez entendu parler de la Californie ? Et du XXIe siècle ? J'ai ma propre mère et ma propre vie. Elle n'a rien d'extraordinaire mais c'est la seule que j'ai. Je suis désolée si vous pensiez être réels, mais je n'y peux rien. Et maintenant, si vous me fichiez la paix jusqu'à mon réveil ?

Les yeux glacés de Mrs Mansfield ressemblent à deux rayons laser bleus.

— Pas de ça avec moi, ma belle, l'avertis-je. J'imagine que je devrais considérer ça comme un regard intimidant, enfin... si vous étiez réelle !

Le médecin chuchote quelque chose à son oreille puis fait un signe à Barnes et tous trois sortent précipitamment de la pièce. Bon débarras !

Je reste allongée sur mon lit, me sentant soudain trop faible et trop abattue pour faire autre chose que d'apprécier ce moment de répit. J'ai dû m'assoupir (si toutefois il est possible de s'assoupir pendant un rêve), car l'instant d'après, je me réveille en entendant Mrs Mansfield entrer dans la chambre. Elle referme la porte derrière elle, vient s'asseoir au bord du lit, se penche vers moi et me saisit fermement par les épaules. Je suis si déconcertée par le ton glacial de sa voix et l'étau que forment ses doigts que je ne proteste même pas.

Elle plisse les yeux jusqu'à ce qu'ils se réduisent à deux fentes.

— À présent vous allez m'écouter, Jane. Mr Jones affirme que le seul espoir de vous faire recouvrer la raison est de vous placer dans un asile, mais je peux vous assurer que jamais une de mes filles n'entrera dans une maison de fous. Je ne tolérerai pas de voir le nom des Mansfield ainsi déshonoré. D'ailleurs, même si vous deviez quitter cet endroit un jour, vous seriez condamnée à rester vieille fille. Non pas que ce risque soit négligeable à l'âge de trente ans, même sans être qualifiée de folle. Mais vous seriez rejetée par la haute société et toute votre famille subirait les conséquences de votre déshonneur.

Elle lâche mes épaules et s'interrompt pour observer ma réaction.

— Vous savez, vous devriez vraiment penser à changer de chapeau. Vous n'êtes pas si mal, au fond.

— Je suis sérieuse, réplique-t-elle en se levant brusquement pour me dominer de toute sa hauteur, un index pointé sur mon visage. Si vous vous obstinez à vouloir adopter ce comportement scandaleux, je vais demander à Mr Jones de vous emmener sur-le-champ et je prétendrai que vous êtes morte à la suite de votre accident de cheval. Certes, votre père désapprouvera, mais je suis certaine qu'il finira par entendre raison, surtout quand il prendra conscience des répercussions que ce déshonneur entraînerait sur votre sœur et votre frère. Et en ce qui me concerne, vous seriez aussi morte à mes yeux si vous entriez dans un asile que si vous vous trouviez étendue dans votre cercueil. D'ailleurs, si vous aviez pu entendre ce que vient de me dire Mr Jones, je suis persuadée que vous préféreriez reposer dans votre tombe plutôt que de séjourner dans un tel établissement. Ainsi, j'espère que vous saurez faire le seul choix raisonnable qui s'impose.

Je réprime un rire alors que les images sordides d'une version XIXe siècle de *Vol au-dessus d'un nid de coucou* trottent dans mon esprit.

— Vous n'êtes pas sérieuse, tenté-je.

Elle hausse un sourcil.

— Je ne jouerais pas à ce petit jeu si j'étais vous. Je ne crois pas que vous soyez folle, et j'en veux pour preuve qu'aucune personne saine d'esprit n'abandonnerait votre confortable situation pour une telle perspective. Et s'il s'avérait – Dieu m'en préserve – que j'ai tort, votre départ sera alors la meilleure solution pour toutes les personnes concernées.

La peur doit se lire sur mon visage, car Mrs Mansfield semble se détendre un peu et affiche un petit air victorieux.

— Très bien. Vous avez gagné, soupiré-je.

— Bien, se félicite-t-elle en commençant à arpenter la pièce. Bien entendu, je vais devoir donner à cet affreux Mr Jones un petit quelque chose – plus qu'un petit quelque chose, même – afin de m'assurer de son silence. Je n'ai nullement envie qu'il aille colporter des ragots dans tout le voisinage. Quant à Barnes, elle est digne de confiance. Néanmoins, il n'y a certainement pas de mal à faire de cette confiance une entreprise plus profitable.

Puis, comme si elle se rappelait soudain ma présence, elle se retourne pour me faire face.

— Quant à vous, Jane, je vous saurai gré de ne rien raconter à votre père. Il vous adore – Dieu seul sait pourquoi – et cette histoire le bouleverserait au plus haut point. À compter de ce jour, vous allez vous conduire comme il se doit et je ne tolérerai plus ces divagations absurdes où vous prétendez être une autre personne.

— Je vais essayer. Même si je ne peux pas vous promettre que je serai capable de jouer le rôle d'une étrangère pendant très longtemps. De toute façon, je sens que tout ça va bientôt se terminer.

Mrs Mansfield hausse un sourcil.

— Qu'entendez-vous par là ?

— Vous m'avez demandé de ne pas en parler, alors restons-en là, OK ?

— « Oké » ? Pouvez-vous m'éclairer sur la nature de ce mot, je vous prie ?

— C'est pas grave. Oubliez.

— Avec plaisir.

Intéressant. Bien que ce rêve soit le fruit de l'imagination d'une femme du XXIe siècle, il est hermétique à toute référence moderne.

Toutes ces discussions sur les asiles de fous et les accidents de cheval ont ravivé ma migraine. Je pose une main sur mon front.

Mrs Mansfield me toise du regard.

— Je suppose que ce coup que vous avez reçu sur la tête explique en partie votre comportement étrange. Vous avez fait une mauvaise chute, assurément. Cependant, vous n'êtes pas la seule à avoir souffert. Pendant près de trois jours, tandis que vous dormiez profondément, j'ai été en proie à un doute permanent. Alliez-vous finir par vous réveiller ou alliez-vous trépasser ? Devais-je commander nos habits de deuil ou était-il préférable d'attendre le jour suivant ?

— Sans parler de l'organisation des funérailles.

— Vous n'avez pas la moindre idée de ce que j'ai traversé, me lance Mrs Mansfield avant de réprimer un bâillement. Pauvre de moi, je suis exténuée ! (Elle me regarde en plissant les yeux.) Je vais rappeler Mr Jones et vous allez faire en sorte qu'aucun doute ne subsiste dans son esprit quant à votre santé mentale. Me suis-je bien fait comprendre ?

— Mmh mmh.

— Et vous allez vous exprimer comme une jeune femme bien éduquée, ou vous allez regretter d'être née.

Elle me fusille du regard et je suis la première à baisser les yeux.

— Est-ce que tout cela est clair ?

— Oui… madame.

Je n'arrive pas à croire que je me laisse intimider par cette femme.

— Parfait.

Mrs Mansfield m'adresse un sourire glacial et sort de la chambre. Je reste allongée là, essayant de trouver un sens à toute cette comédie et de chasser la nausée qui monte. Après tout, pourquoi me mettre dans tous mes états pour un simple rêve ? Je suis coincée ici pour l'instant, et alors ? Il faudra bien qu'il se termine un jour. Je ferais aussi bien de tirer profit de ma lucidité pour le décortiquer tant que je suis dedans.

Ça n'a pas l'air bien sorcier. Le cadre s'explique facilement par ma passion pour Jane Austen, et la figure maternelle narcissique est clairement une caricature de l'égocentrisme de ma propre mère. À l'instar de Mrs Mansfield, maman s'intéresse de près à ma vie, dans la mesure où celle-ci affecte la sienne.

D'un autre côté, Mrs Mansfield ne semble pas avoir les problèmes d'automédication de ma mère : même si je suis sûre qu'une bouteille de sherry se cache quelque part, je n'ai pas l'impression qu'elle ait picolé. Cela dit, maman n'a jamais l'air vraiment bourrée elle non plus.

En revanche, ma mère ne possède pas les instincts meurtriers de Mrs Mansfield. Le fait est qu'en dépit – ou peut-être à cause – de son égoïsme, je sais que je peux compter sur elle pour me donner un petit coup de pouce financier en cas de besoin. Dès que je touche le fond, elle semble entrer dans un état euphorique alimenté par ses hormones maternelles et sa vanité. Elle se met soudain à manifester un intérêt profond pour ma vie, en se nourrissant de mes tourments comme une addict à une série attend avec impatience le prochain épisode. Mes ruptures, mes chagrins d'amour et mes crises financières sont autant d'anecdotes qu'elle peut raconter à ses amies en s'attribuant le rôle de l'âme charitable venant secourir une personne en détresse. Puis, dès que je sors la tête de l'eau et que ma vie reprend son cours normal, ma chère maman retombe dans son indifférence habituelle.

Un détail me frappe soudain. Le médecin m'a appelée « Miss Mansfield », celle qui prétend être ma mère « Jane ». Jane Mansfield ! Dommage que la taille de bonnet de cette Jane Mansfield ne soit pas à la hauteur des attributs de son homonyme américaine[1]. Dommage aussi que je sois condamnée à être un anachronisme, parce que je suis sûre qu'aucun des personnages de ce rêve historique ne comprendrait cette blague.

L'apparition de Mrs Mansfield et du médecin dans l'embrasure de la porte coupe court à mes rêvasseries. Je dois encore avoir un léger sourire plaqué sur mon visage car Mrs Mansfield me jette un regard menaçant.

— J'expliquais précisément à Mr Jones que vous vous sentiez mieux, Jane. Sans doute pourriez-vous le rassurer à ce sujet ?

J'ouvre la bouche et, dans un langage parfaitement adapté à une jeune femme de bonne famille du XIXe siècle, je déclare :

— Je vous assure que je vais le mieux du monde, Mr Jones. Je me suis trouvée momentanément confuse à mon réveil, mais je suis bien remise, à présent.

1. Jayne Mansfield est une actrice et *playmate* américaine, célèbre dans les années 1950 et 1960. (*NdT*)

J'étouffe un gloussement en entendant ma voix. J'ai l'impression d'être dans un spectacle d'école. Ou, mieux encore, dans un roman de Jane Austen.

J'ajoute à l'intention de Mrs Mansfield :

— Je m'excuse de vous avoir inquiétée… maman.

« Maman » me tapote la joue puis se tourne vers le médecin avec un air hautain.

Il fronce légèrement les sourcils, manifestement déçu de voir son plaisir ainsi gâché. Mais il s'éclaircit ensuite la voix et nous gratifie d'un large sourire.

— Tout cela me semble très prometteur, Mrs Mansfield. Toutefois, à moins que je ne puisse m'assurer, preuve médicale à l'appui, de la bonne santé de Miss Mansfield, il serait irresponsable de ma part de vous recommander de la garder chez vous. Elle pourrait se montrer violente, qui sait ? Dans de tels cas, ce n'est pas inhabituel.

L'assurance de Mrs Mansfield s'évanouit.

— N'ayez crainte, madame, poursuit le médecin. Si vous permettez que je reste seul avec Miss Mansfield une petite demi-heure, je vais procéder à une saignée pour la libérer des humeurs vicieuses susceptibles de la rendre nerveuse. Après quoi nous pourrons tous dormir sur nos deux oreilles.

Mon Dieu ! Je dois les convaincre que c'est inutile. Alors que Mr Jones va chercher sa sacoche, je manifeste silencieusement mon refus catégorique à Mrs Mansfield. Elle se contente de faire comme si je n'existais pas.

— Très bien, dit-elle à mon bourreau désigné. Je vous envoie Barnes immédiatement. Quant à vous, Jane, je vous prierai de vous montrer coopérative avec Mr Jones.

Ça n'est pas en train de se passer. Je dois faire quelque chose, dire quelque chose.

— Un instant, mère ! (Je m'émerveille une fois de plus au son de la voix étrangère qui sort de ma bouche.) Je me porte à merveille et il est inutile de déranger plus longtemps Mr Jones. D'ailleurs, je suis déjà affaiblie. Si je perds davantage de sang, il est fort probable que cela ne fera qu'aggraver mon état.

Mr Jones me sourit comme on sourit à un enfant qui vient de dire que le soleil doit être vraiment chaud pour pouvoir survivre à son plongeon nocturne dans l'océan.

— Je peux vous assurer, Miss Mansfield, que drainer les humeurs néfastes présentes dans votre sang produira exactement l'effet inverse de ce que vous avancez, déclare-t-il avec un air triomphant à peine dissimulé.

Il se tourne alors vers Mrs Mansfield et s'incline avec courtoisie. Elle hoche la tête et s'approche du lit, puis se penche vers moi pour me donner un baiser.

— Vous allez obéir, me souffle-t-elle à l'oreille. Son silence dépend de la satisfaction qu'il éprouvera en s'attribuant le mérite de votre guérison.

Alors qu'elle se redresse, je m'accroche à sa robe mais elle se dégage à l'aide de ses doigts étonnamment vigoureux et quitte la pièce, non sans m'avoir foudroyée une dernière fois du regard.

Barnes, qui attendait manifestement derrière la porte, entre à son tour. Jones s'avance vers moi, son bistouri dans une main et le bol dans l'autre. Je hurle, mais il fait un geste vers Barnes qui m'immobilise. Je dois être vraiment faible car elle n'a aucune difficulté à me maîtriser. Je le regarde avec horreur abaisser son scalpel. *Mon Dieu, s'il vous plaît, réveillez-moi, sortez-moi de ce cauchemar!* La lame effleure mon bras, puis… c'est le noir total.

Chapitre 3

Lorsque j'ouvre les yeux, je m'aperçois qu'il fait noir dans la chambre. Mrs Mansfield se tient debout près de mon lit, une bougie à la main.

— Pauvre enfant. Vous avez dormi des heures. Voulez-vous dîner ?

Je secoue la tête, mon souhait le plus cher étant de l'étrangler.

— Allons, Jane. Cela fait près de quatre jours que vous n'avez rien avalé.

— Comme si vous vous en souciiez. Ce vampire m'a presque saignée à blanc. Je me sens si faible que je peux à peine bouger.

Je lui montre l'entaille sur mon bras en lui lançant un regard accusateur.

Elle hausse les épaules.

— Raison de plus pour que vous mangiez quelque chose. La cuisinière a préparé votre plat préféré.

Elle fait le tour de la chambre et allume les bougies avec celle qu'elle tient dans la main.

— Peu importe.

Elle effleure mon bras.

— Je vais vous faire monter un plateau.

Elle pivote sur ses talons et s'éloigne, s'immobilisant sur le seuil de la porte.

— Vous avez tort, vous savez. Je me soucie de vous. Vous comprendrez un jour que j'ai fait ce que je devais faire. Pour votre bien.

Je détourne la tête et l'entends quitter la pièce.

Qui est cette femme ? Pense-t-elle réellement qu'elle se fait du souci pour moi ou, plus précisément, pour Jane ? Je fulmine un moment, de plus en plus consciente du vide dans mon estomac. La faim me tenaille au point que j'en ai presque des maux de ventre. Où est donc ce fameux plateau ? Je note en passant qu'il est peu commun de ressentir une faim aussi intense et viscérale en plein milieu d'un rêve.

Mais ce n'est pas la seule sensation que j'éprouve. J'ai aussi un besoin urgentissime de faire pipi. Et je n'ai aucune idée de l'endroit où se trouvent les toilettes, si toutefois il y en a.

Alors que j'imagine un plan désespéré consistant à m'extirper du lit pour uriner dans le lavabo, Barnes arrive avec un immense plateau rempli de mets à l'odeur alléchante. Elle me regarde d'un air inquiet, comme si elle avait peur de s'approcher.

— S'il vous plaît, gémis-je. Pouvez-vous m'aider ?

Elle se précipite à mon côté, déposant le plateau sur la coiffeuse dans un bruit métallique.

— Qu'est-ce qu'il y a, mademoiselle ? Je vous en prie, ne retombez pas malade.

— Ce n'est pas ça. Je dois aller à la salle de bains.

Elle prend un air déconcerté, puis fronce les sourcils.

— Vous voulez prendre un bain maintenant ?

— Je veux des toilettes, des cabinets, ou peu importe comment vous appelez ça. Je dois, vous savez… faire pipi !

— Oh, bien sûr !

Elle plonge un bras sous le lit et en sort un pot de chambre en porcelaine à motifs floraux qu'elle pousse vers moi.

— Vous ne croyez quand même pas que je vais pisser dans ce truc ?

Cette pensée me révulse, mais si je ne me soulage pas tout de suite, le résultat sera bien pire.

Je m'empare du pot.

— C'est bon, laissez-moi. Je m'en sortirai toute seule.

Mais quand elle le lâche, je manque de le faire tomber tellement je suis faible. Choquée par l'état déplorable de ma condition physique et trop pressée pour continuer à jouer les pudiques, je capitule et m'abandonne aux mains bienveillantes de Barnes. Une fois mon affaire terminée, elle recouvre le pot d'un tissu et sort promptement de la chambre en me promettant de revenir tout de suite pour s'occuper de mon dîner.

Je me remets au lit, envahie par une agréable sensation de soulagement. Les effluves de viande rôtie provenant du plateau me mettent l'eau à la bouche. J'espère que Barnes a l'intention de se laver les mains avant de revenir.

Elle réapparaît quelques secondes plus tard, sans que je parvienne à déterminer si elle s'est occupée de son hygiène personnelle. Il me paraît toutefois délicat de lui poser la question de but en blanc. Peu importe. Je suis trop affamée pour m'arrêter à ce détail et je la laisse avec reconnaissance me donner la becquée. Miam ! Ce bœuf et ces pommes de terre sont délicieux ! Je suis bientôt incapable d'avaler une bouchée de plus alors que mon dîner est à peine entamé.

Tout en couvrant les plats, Barnes me regarde timidement et me demande :

— Vous ne m'en voulez pas d'avoir aidé Mr Jones, mademoiselle ? Je ne faisais que mon travail, et nous sommes de si bonnes amies vous et moi. Vous savez sûrement que je souhaite ce qui est le mieux pour vous.

Son visage s'empourpre alors qu'elle baisse les yeux et continue à s'affairer au-dessus du plateau.

— Non, bien sûr que non. Je ne vous en veux pas.

— Mon frère a été dans tous ses états ces derniers jours. Il se faisait du mauvais sang pour vous.

Elle me regarde, comme si elle attendait quelque chose.

— Votre frère ?

— Il était fou de joie quand il a appris votre rétablissement. Comme nous tous, mademoiselle. Mais il est de plus en plus distrait ces derniers temps. Et plus ça va, plus Mr Dowling lui fait des misères. Il y a d'abord eu ces deux verres en cristal qu'il a cassés l'autre jour, et ce matin il est arrivé en retard pour le petit déjeuner à cause de la cuisinière qui l'a laissé abuser du brandy hier soir. Et maintenant, Mr Dowling est à deux doigts de le renvoyer. Au fond, ce serait peut-être mieux.

Elle arrête de tortiller son mouchoir et me dévisage d'un air interrogateur.

— Vous êtes peut-être de mon avis, mademoiselle ?

— Je... je suis sûre que vous savez ce qui est le mieux pour votre frère. Parfois, une simple mutation latérale peut offrir de meilleures opportunités.

Voilà que je me mets à parler comme une responsable des ressources humaines !

Les yeux de Barnes se vident de toute expression.

— Bien sûr, mademoiselle. De toute façon, je lui ai dit : « Quel bien ça peut te faire de rester ? » Mais il ne veut rien entendre. « Tu ne penses donc qu'à toi ? lui ai-je demandé. Tu n'auras plus rien pour vivre, et moi non plus. » Parce que, aussi sûr que je me tiens devant vous, je perdrais ma place moi aussi. Et je ne pourrais plus rien envoyer à ma mère, et...

La voix de Barnes s'étrangle et elle se met à pleurer.

— Renvoyez-moi si vous voulez pour vous avoir parlé aussi franchement, mademoiselle. Mais s'il vous plaît, ne gâchez pas tout. On vous couperait les vivres et je ne supporte pas de vous imaginer en train de mourir de faim dans les rues…

Ça y est, la voilà qui perd la boule. Elle essaie de se ressaisir, bredouille quelques excuses confuses en se mouchant, les joues ruisselantes de larmes, et je reste là à lui répéter que ce n'est pas grave si elle pleure. Mais je n'ai pas la moindre idée de ce dont elle cause.

À moins que… Se pourrait-il qu'il y ait un rapport entre le frangin angoissé sur le point d'être viré et moi crevant de faim dans la rue ? Barnes est-elle en train d'insinuer que j'ai fricoté avec un membre du personnel ? Lui donnant peut-être l'ordre de me servir ?

Barnes me regarde comme si je venais de la gifler et je m'aperçois que je suis en train de sourire bêtement. La pauvre. Comment puis-je être aussi insensible ? Contrairement à moi, elle ne sait probablement pas que tout ça n'est pas réel. Sinon elle ne serait pas là à pleurer toutes les larmes de son corps. Ce qui signifie que son frère lui non plus n'est pas au courant. La moindre des choses serait de montrer un peu de compassion. Ce pauvre type se fait du souci pour moi, et sa sœur, elle, s'en fait pour tout le monde. Imaginez un homme prêt à tout risquer par amour. Pour moi.

Enfin, ce n'est pas vraiment par amour pour moi, mais plutôt pour cette femme aux cheveux noirs que me renvoie le reflet du miroir. Ce qui me paraît logique, puisqu'un homme risquant tout pour moi ne peut exister qu'en rêve. La vraie vie est, quant à elle, peuplée de spécimens comme Frank, anciennement connu sous le nom de fiancé, et Wes, anciennement connu sous le nom d'ami. Tous deux actuellement connus sous le nom de rebuts de l'humanité.

Je me demande si je rencontrerai mon supposé amant des classes opprimées avant de me réveiller. Même s'il me tarde de retrouver ma vie normale, je ne peux pas m'empêcher d'être curieuse. Est-il beau ? Possède-t-il cette sorte de magnétisme typique des cols bleus tels que Joe, le charpentier qui a passé un mois à travailler sur la mise aux normes parasismiques de mon immeuble, et trois de plus à se balader dans ma chambre en ne portant rien d'autre qu'une ceinture à outils ?

Je sens les yeux de Barnes se poser sur moi.

— Oui ?

— Est-ce que vous me pardonnez, mademoiselle, d'avoir sangloté ainsi ? Vous venez tout juste de vous remettre.

— N'y pensez plus. J'espère que vous vous sentez mieux, maintenant.

— Oh, mademoiselle ! Vous êtes si gentille, vraiment. Toujours à penser aux autres avant vous.

Elle essuie une larme puis esquisse une révérence avant de me laisser seule dans la chambre. À réfléchir. Et à dormir.

Je tombe dans les bras de Morphée en quelques secondes, convaincue que tout sera fini à mon réveil.

Chapitre 4

Mais ça n'est pas le cas. Je suis toujours là. Merde. C'est le matin. Les oiseaux gazouillent. Le parfum des roses entre par la fenêtre ouverte. Mrs Mansfield se tient sur le seuil de la porte.

C'est bien ce que je disais : merde.

— Bonjour, Jane. Vous semblez en forme.

Je roule sur le côté afin de lui tourner le dos.

— Vous sentez-vous assez bien pour descendre prendre le petit déjeuner ?

Elle soulève mes couvertures ; j'en déduis que je n'ai pas le choix. Si j'étais vraiment dans un roman de Jane Austen, un certain capitaine Benwick serait assis à mon chevet et me lirait des poèmes de Scott et de Byron pendant que je me remettrais tranquillement de ma commotion. Au lieu de ça, je dois me plier aux caprices d'une poupée de porcelaine blonde à l'air guindé et de son homme de main adepte du scalpel.

— Allons, un petit effort.

Elle m'aide à me mettre debout.

Je fais quelques pas hésitants et constate que je suis déjà moins faible que la veille. Le processus de guérison est apparemment plus rapide dans les rêves.

— Eh bien ? Vous semblez infiniment mieux vous porter, s'exclame-t-elle.

— On dirait.

— Parfait. Je vous envoie Barnes immédiatement.

Elle me regarde en fronçant les sourcils, passe un doigt sur mon front puis l'examine, comme si elle cherchait des traces de poussière sur le dessus d'une commode. Puis elle avance son visage tout près du mien et, au lieu de m'embrasser, renifle ma peau puis esquisse une moue de dégoût avant de se redresser et de se diriger vers la porte d'un pas léger.

— Votre visage aurait besoin d'être lavé, déclare-t-elle en guise d'au revoir.

Barnes fait son apparition quelques minutes plus tard. Ce matin, elle est murée dans un silence courtois et pudique. Elle passe la demi-heure suivante à lacer et à boutonner mes différentes couches de vêtements puis à coiffer mes cheveux d'un air concentré. Je profite pleinement de cette séance de « dorlotage » qui, tout bien réfléchi, relève plus d'une nécessité que de « dorlotage » à proprement parler : je ne vois pas comment une femme pourrait entrer seule dans ces habits, surtout avec les lacets et les boutons qui se trouvent tous judicieusement placés dans le dos.

Je pense soudain que je ne me suis pas lavé les dents depuis Dieu sait quand et je réclame à Barnes une brosse à dents, en espérant qu'un tel objet existe. À mon grand soulagement, elle me tend un ersatz plutôt convaincant, certes un peu miteux et doté d'un manche en métal, mais qui ressemble néanmoins à une brosse à dents. Il est même pourvu d'un gratte-langue. Utiliser les ustensiles dentaires d'une autre personne n'est que le moindre des désagréments. La poudre dentaire qui, lorsque j'ajoute un peu d'eau, se transforme en une sorte de pâte crayeuse salée, ne me donne pas seulement un haut-le-cœur, mais aussi l'impression que mes dents ont été récurées avec un décapant surpuissant. Qu'est-ce que je ne donnerais pas pour un dentifrice mentholé et fluoré ! Mais je repense aux dents jaunâtres du médecin et me mets à brosser de plus belle.

Une fois Barnes partie, je me regarde dans le miroir et ressens encore une fois un choc en découvrant une autre personne dans le reflet.

Je descends dans la salle du petit déjeuner, attirée par l'odeur du chocolat chaud et du pain tout juste sorti du four, mais mon estomac se retourne quand la première chose que j'aperçois sur la table est un énorme jambon luisant de graisse. Mrs Mansfield remarque mon air écœuré et fait un signe de la main à un domestique pour qu'il fasse disparaître le plateau.

— Votre père a prévu de passer la journée dans son atelier, m'annonce-t-elle en levant les yeux au ciel et en insistant sur le mot « atelier » avec une grimace méprisante. Comme vous le savez, cela signifie qu'il n'en sortira pas avant le souper. Bien, que désirez-vous manger ?

Je suis tentée de refuser la moitié de ce qu'elle me propose mais songe qu'il vaut mieux ne pas lui donner une seule bonne raison de suspecter une rechute. D'ailleurs, je suppose que ce pain et ce chocolat chaud appétissants renferment des calories imaginaires, ce qui est un autre avantage du pays des songes.

Alors que je mange, elle se met à parler, principalement d'un certain Mr Edgeworth.

— C'est un tel plaisir de rencontrer un homme dont les manières et la personne sont à la hauteur de sa fortune.

J'apprends grâce à son monologue que l'homme en question est veuf et qu'il a hérité du domaine voisin, qui appartenait à sa tante, il y a quelques mois.

— La mort de cette vieille bique aigrie nous a rendu un fier service, mais il faut admettre qu'elle s'est montrée particulièrement généreuse en lui léguant tous ses biens.

Un jeune domestique de belle carrure fait une brève apparition dans la salle à manger pour apporter un autre plat, comme s'il n'y avait pas déjà assez de nourriture sur la table pour rassasier la population de vingt rêves. Je crois sentir ses yeux s'attarder sur moi plus longtemps que ce qui me semble approprié pour un domestique, mais je suis tellement impatiente de rencontrer mon présumé amant que je me fais probablement des films. Je l'observe alors qu'il s'affaire devant le buffet. De longues jambes. Des cheveux brun foncé indisciplinés ramassés en queue-de-cheval. Je croise de nouveau son regard – des iris d'un brun intense, presque noirs – et je lui souris. Il renverse un panier de petits pains sur le buffet et lance un regard furtif vers Mrs Mansfield qui est trop absorbée par son discours pour remarquer sa présence. Décidément, trop empoté pour être le frère de Barnes.

Il quitte la pièce et Mrs Mansfield me demande ce que je pense de Mr Edgeworth. Je m'amuse à lui répondre sur un ton très distingué que je suis parfaitement d'accord avec elle. Elle ouvre la bouche comme si elle allait parler, et sa main tenant la serviette avec laquelle elle vient de se tamponner les lèvres reste suspendue en l'air.

Puis elle reprend ses esprits et me scrute de ses yeux plissés.

— Il semble que ce coup sur la tête vous ait rendue plus raisonnable.

Elle se lance alors dans un récit détaillé des dernières nouvelles concernant mon frère et ma sœur et leur apparent souci de mon bien-être. Je réussis à glaner quelques informations utiles sur ma sœur, qui a récemment épousé un type plein aux as vivant dans un autre pays – « au moins une de mes filles ne vit pas dans l'unique but de me décevoir », me lance Mrs Mansfield en se beurrant un toast –, et sur mon frère qui étudie à Oxford et dont la simple mention emplit sa voix et son visage d'une douceur presque maternelle. Je crois deviner qui est son chouchou.

Une fois que Mrs Mansfield a épuisé son stock d'anecdotes familiales, elle m'encourage à « aller flâner dans les jardins ».

Je ferais n'importe quoi pour m'éloigner d'elle. C'est aussi la première occasion que j'ai de me retrouver seule – ailleurs que dans ma chambre, j'entends – depuis que j'ai atterri dans cet interminable rêve. D'accord, il m'est déjà arrivé de faire de longs rêves, et je sais que notre notion du temps est complètement chamboulée durant le sommeil. Mais je n'avais encore jamais fait de rêve aussi réaliste. Je sens le parfum des herbes aromatiques et des fleurs du jardin, ou encore le soleil et la brise qui caressent ma peau. Et après ce qui me semble avoir été une bonne heure de marche, je commence à avoir les mollets qui tirent et le dos moite de sueur. Chacune de ces sensations semble aussi réelle que la terrible faim que j'ai éprouvée hier soir.

Sans oublier le contact de la lame du bistouri de l'autre charlatan. Je frissonne et jette un coup d'œil à la pliure de mon coude. La cicatrice est tendue et encore sensible. Tout ce qu'il me reste à faire est de continuer à jouer le rôle de la bonne jeune fille obéissante, et tout ira bien jusqu'à mon réveil.

Chapitre 5

Le gravier crisse sous mes chaussures alors que je regagne la maison. Le même bruit solitaire que faisaient mes pieds cette fameuse nuit, deux mois plus tôt, quand j'arpentais de long en large l'allée de gravier qui se trouve derrière la maison de Wes, fumant cigarette sur cigarette et me demandant où était Frank. Et où était Wes, par la même occasion. J'ai fini par m'installer dans la petite niche près de la porte d'entrée et j'ai patienté.

J'ai entendu le bruit de ses baskets sur l'allée avant de le voir.

— Où est-il ? ai-je demandé.

Il a été tellement surpris qu'il a laissé échapper sa clé, qui est tombée par terre dans un bruit métallique.

— Courtney ! Qu'est-ce que tu fais là ? a-t-il bredouillé en passant une main dans ses boucles indisciplinées.

— Il ne répond pas sur son portable. Tu m'as dit qu'il était en route pour ici il y a des heures de ça.

Wes a baissé les yeux au sol et a ramassé sa clé.

— Est-ce que tu sais au moins où il est ?

Il a marmonné quelque chose d'incompréhensible en évitant mon regard.

J'ai senti mon sang se glacer.

— Mais qu'est-ce qui se passe, bordel ?

Il s'est contenté de secouer la tête.

— Que des conneries !

J'ai écrasé ma cigarette sous mon talon et j'ai commencé à me diriger vers ma voiture.

Wes m'a attrapée par la main.

— T'en vas pas.

Mais je suis partie. Je suis allée directement chez Frank et je suis entrée avec ma clé. J'ai inspecté les tiroirs de son bureau, son lit défait et ses piles de linge sale. J'ai écouté les messages sur son répondeur. J'ai été jusqu'à jouer les détectives en frottant la mine d'un crayon à papier sur le bloc-notes posé près du téléphone jusqu'à ce que j'arrive à déchiffrer une adresse qui m'a semblé vaguement familière.

Je m'y suis rendue en voiture et j'ai été prise d'un fou rire en reconnaissant le magasin d'exposition de la créatrice de notre gâteau de mariage. La Mercedes 1969 de Frank était garée de l'autre côté de la rue, « la dernière voiture Mercedes fabriquée main » comme il ne manquait jamais de le faire remarquer à quiconque s'approchait pour l'admirer.

À peine trois heures plus tôt, j'avais vidé mon sac devant Paula, pestant contre Frank qui ne s'impliquait pas dans l'organisation du mariage. Je lui avais expliqué comment j'avais dû le traîner à une dégustation chez cette même créatrice de gâteaux et comment je l'avais supplié de lui apporter un chèque de caution en même temps que mes instructions, ce qu'il avait refusé de faire. Il avait manifestement changé d'avis. C'est dans des moments pareils, comme lorsque Frank improvisait un dîner de plats à emporter ou me massait les pieds après une longue journée, que je me souvenais pourquoi j'étais tombée amoureuse de lui. Il s'efforçait de donner une image nihiliste et je-m'en-foutiste de sa personne, mais au fond il était aussi gentil et vulnérable que n'importe qui.

Je me suis garée et j'ai marché jusqu'au magasin dont les portes à double vitrage arboraient le nom en lettres blanches à l'élégante calligraphie : « Weymouth Wedding Cakes and Confectionery ». J'avais choisi celui-là parce que Weymouth était la ville où Frank Churchill et Jane Fairfax s'étaient fiancés, et parce que tout ce qui pouvait donner à ce mariage et à son futur marié réticent une petite touche de Jane Austen était bon à prendre. J'avais essayé d'expliquer à mon fiancé que Frank Churchill était le beau gosse d'*Emma* qui était doté d'un sens de l'humour mordant et savait s'y prendre avec les femmes, mais il s'en fichait complètement.

L'heure de fermeture était passée mais le magasin était encore allumé. À l'intérieur, une vieille femme maigrelette était en train de passer l'aspirateur. J'ai poussé la porte, qui n'était pas verrouillée, et je lui ai adressé un sourire.

— Est-ce que Amy est ici ?

Son visage fatigué s'est creusé d'une multitude de rides alors qu'elle me rendait mon sourire en faisant un geste vers les portes battantes chromées derrière elle.

Une minute ! Comment allais-je expliquer ma présence ici ? Non seulement Frank pourrait être contrarié que je gâche ainsi sa surprise, mais il comprendrait aussi que j'avais fouillé son appartement pour découvrir où il était. À moins que… je pourrais lui dire que je rentrais de chez Paula et que j'avais aperçu sa voiture en passant devant le magasin.

J'ai poussé les portes battantes et je me suis retrouvée dans une longue cuisine high-tech en chrome. À l'autre extrémité, dos à moi, se trouvaient Amy et Frank, penchés au-dessus d'un comptoir en chrome brillant comme s'ils étudiaient quelque chose. Sûrement ma liste pour le gâteau. Rien dans leur attitude ne semblait indiquer qu'ils m'avaient entendue entrer ; le vacarme de l'aspirateur couvrait tous les autres bruits.

Soudain, au loin, l'aspirateur s'est tu et le rire grave et rauque d'Amy a résonné dans la pièce alors que Frank passait un bras autour de sa taille de guêpe puis approchait ses lèvres tout près d'elle pour lui chuchoter quelque chose à l'oreille.

Je me suis figée entre les portes battantes. La pièce s'est allongée, emportant au loin les deux silhouettes qui se tenaient à l'autre bout.

Amy s'est tournée face à Frank, s'est dégagée de son étreinte et a lentement ramené une mèche de cheveux noirs brillants derrière son oreille.

— C'était sympa, OK ? Mais je ne cherche rien de sérieux.

— Ne prends pas tes rêves pour la réalité ! a-t-il rétorqué en caressant le bras dénudé de la jeune femme, un sourire venant étirer ses lèvres charnues.

C'est à ce moment-là que j'ai laissé échapper un hoquet de stupeur. Et qu'il m'a vue.

C'est à ce moment-là que je me suis souvenue que Frank Churchill était un menteur.

Il paraît que la vérité vous rend libre. Ce que personne ne vous dit, c'est qu'elle peut aussi vous rendre misérable. Alors que j'étais campée là entre ces deux portes battantes, yeux dans les yeux avec cet homme se tenant à l'autre extrémité de la pièce, une vérité m'a éclaté à la figure : ce à quoi ressemblerait un mariage avec lui. J'ai vu défiler une vie entière passée à faire semblant de ne rien remarquer quand il flirtait avec la serveuse de chez *Ammo*, partageait sa part de gâteau avec une fille lors de ma fête d'anniversaire, ou encore quand il reluquait les belles femmes sans se soucier une seule seconde de ce que je pouvais ressentir.

Et voilà qu'en l'espace de quelques heures, j'étais libre. Plus de fiancé, et plus de meilleur ami. Je me rappelle le regard de chien battu de Wes lorsqu'il m'a avoué qu'il savait que Frank était allé retrouver Amy en cachette ce soir-là et qu'il avait accepté de le couvrir, et je me rappelle comment il est devenu blême quand je lui ai annoncé que je ne voulais plus jamais le revoir.

C'est cette même expression qu'il avait eue deux mois plus tard lorsque j'étais tombée sur lui par hasard, quelques heures avant de m'endormir et d'atterrir dans ce rêve. C'est drôle, je n'avais pas vraiment repensé à cette journée – hier, pour être exacte, même si ce rêve me donne l'illusion que des jours entiers se sont écoulés. Je n'y ai pas repensé excepté en fin de soirée, quand je lisais *Orgueil et Préjugés*. Or, tout ce qui s'est passé plus tôt me revient maintenant en mémoire. Et plus j'y pense, plus je comprends que ce n'est pas un hasard si j'ai chassé ça de mon esprit.

Je sens encore l'atmosphère étouffante et poussiéreuse typique d'un milieu d'après-midi à L.A., cette chaleur lourde qui m'a poussée à entrer dans un nouveau magasin près de Vermont Avenue. Je profitais de la fraîcheur de ce lieu climatisé – tellement plus agréable que l'air conditionné de ma voiture ou que le climatiseur de fenêtre bon marché de mon appartement – et je contemplais un top en cuir moulant en regrettant de ne pas avoir le corps adéquat pour le porter, quand j'ai senti quelqu'un me regarder fixement. Wes se tenait à quelques mètres de là et me regardait. Il tenait la main d'une fille menue à l'air espiègle mais l'a lâchée dès l'instant où il a vu que je l'avais repéré.

Puis il s'est précipité vers moi en la plantant près d'un portant de débardeurs hors de prix.

— Courtney, je pensais justement à toi…

— Comme c'est gentil !

Sur ces mots, je l'ai bousculé pour me diriger vers la porte de derrière, m'arrêtant un instant devant un présentoir pour faire semblant de m'y intéresser et tenter de calmer les battements fous de mon cœur. J'ai jeté un coup d'œil par-dessus mon épaule. Il était là, juste derrière moi, la bouche ouverte comme un idiot pendant que sa fée Clochette de copine faisait la queue à la caisse en me fusillant du regard.

— Courtney, je suis vraiment désolé.

— Oublie ça.

— Non, je ne peux pas.

Il m'a rattrapée et a posé une main sur mon épaule. Je me suis dégagée.

Silence. En le regardant, j'ai remarqué ses yeux bleu-gris humides à travers ses lunettes.

— J'ai voulu t'appeler…

— Ta copine t'attend.

— J'ai beaucoup de choses à te dire.

— Je m'en fiche.

Cette fois-ci, je suis sortie, j'ai traversé le parking et me suis éloignée au volant de ma voiture sans me retourner une seule fois, les mains tremblantes et le sang battant à mes tempes.

Mais je ne pouvais pas m'empêcher de penser à lui en rentrant chez moi, et il était encore dans ma tête alors que je fouillais dans mon réfrigérateur en me demandant si de la laitue flétrie pourrait faire office de salade ou si je devrais m'autoriser deux cuillerées de crème glacée Cherry Garcia. Je ne comprenais pas pourquoi les yeux larmoyants de Wes me hantaient et pourquoi je sentais encore le contact de sa main sur mon épaule, ni pourquoi je n'avais jamais remarqué à quel point il était attirant.

Attirant ? Je n'avais jamais été attirée par Wes auparavant, et je ne pouvais plus l'encadrer à présent. Alors comment se faisait-il que je sente encore son parfum aux notes d'agrumes si familier que j'avais perçu en le frôlant dans le magasin ?

Je me suis assise en tremblant sur une chaise dans la cuisine, la gorge nouée par l'angoisse. Était-ce mon penchant autodestructeur qui me faisait craquer sur un homme dès la seconde où je savais qu'il pouvait me faire souffrir ? Frank m'avait menti, Wes également. D'accord, avec Frank, j'avais fait l'autruche. Mais Wes ? Je n'aurais jamais pu imaginer qu'il me ferait un coup pareil. Si seulement il m'avait dit ce qu'il savait, il m'aurait épargné l'humiliation ressentie en surprenant cette scène : Frank humant le cou d'Amy dans cette cuisine et lui susurrant des mots doux à l'oreille en lui effleurant le bras. Et la façon dont il m'avait regardée quand il avait remarqué ma présence. J'avais passé deux mois à essayer d'effacer cette image de ma mémoire. Deux mois à essayer de ne pas me torturer l'esprit à imaginer où ils l'avaient fait. Contre tout ce chrome brillant ? Ou bien dans le lit défait que j'avais retourné en tous sens dans l'appartement de Frank ? J'avais fini par réussir à ne pas me rejouer ces scènes pendant plusieurs jours d'affilée. Et voilà que je me tenais là de nouveau, debout devant ces portes battantes.

Le pire, toutefois, était l'expression des yeux de Wes. La profonde tristesse que j'y avais lue. Je n'avais répondu à aucun de ses appels ou e-mails.

Je me suis brusquement levée de ma chaise, déterminée à faire quelque chose, n'importe quoi, pour arrêter de penser aux réfrigérateurs high-tech, aux comptoirs en chrome et au regard bleu-gris de Wes. C'est à ce moment-là que mon champ de vision a commencé à s'obscurcir et que j'ai dû m'agripper au bord de l'évier. Prise de vertiges, je me suis rassise, puis j'ai bu un *shot* glacé d'Absolut qui m'a requinquée. J'ai mis ces émotions confuses sur le compte du fait que je n'avais rien avalé depuis le petit déjeuner hormis un paquet de chips acheté à ce charlatan qui tenait l'épicerie du coin.

J'ai alors décidé de commander une grande pizza ail-palourdes et de relire pour la énième fois *Orgueil et Préjugés* : la cure idéale, à base de lipides, de glucides et de Jane Austen – mon remède préféré, mon indéfectible compagne présente à chaque rupture, déception et autre crise. Les hommes allaient et venaient mais Jane Austen était toujours là. Dans la santé comme dans la maladie, dans la richesse comme dans la pauvreté, jusqu'à ce que la mort nous sépare.

Je me suis mise au lit avec Elizabeth et Mr Darcy et j'ai lu jusqu'à ce que les mots familiers me plongent dans un monde où règnent paix et harmonie. Tout ce dont je me souviens ensuite, c'est que je me suis réveillée ici. Quoi que… n'ai-je pas été faire quelques brasses après avoir croisé Wes et avant de me coucher avec *O&P* ? Pour une raison qui m'échappe, j'ai la vague impression d'avoir fait ça en plus du reste, mais tout est si confus dans ma tête… Je dois mélanger deux jours différents. Après tout, quand m'est-il arrivé de remettre à plus tard une fringale de pizza pour aller à la piscine ? Certainement pas depuis que j'ai rompu avec Frank. Ce qui est un autre avantage du célibat : je n'ai pas à me soucier de ses regards désapprobateurs.

Mais je ne veux penser ni à Frank ni à Wes. Encore moins à toutes ces heures passées à enchaîner des longueurs dans le but illusoire de me sculpter un corps parfait que seule la génétique ou la chirurgie – voire les deux à la fois – serait en mesure me donner.

Chapitre 6

Une fois rentrée de ma promenade, je suis tentée de poser un lapin à Mrs Mansfield au lieu de la rejoindre au salon comme elle me l'a demandé. Mais j'ai besoin de chasser ces dangereuses pensées de mon esprit, et toute distraction est la bienvenue. Je jette un coup d'œil dans les différentes pièces du rez-de-chaussée jusqu'à trouver ce qui est de toute évidence le salon : une pièce ensoleillée meublée de deux canapés, de quelques fauteuils, d'une énorme cheminée et de deux tables. Mrs Mansfield est assise à l'une d'elles, absorbée par son ouvrage de couture. Elle lève les yeux et me sourit quand j'entre, puis me montre un cadre à broder posé sur la table.

— Vous voilà enfin. J'étais sûre que vous seriez impatiente de reprendre votre ouvrage.

Dans vos rêves, ma petite dame ! Et aux dernières nouvelles, celui-là est le mien. Je m'assois et m'empare de la broderie, amusée à l'idée qu'on puisse me croire capable de faire quoi que ce soit nécessitant des qualités de femme d'intérieur. Je ne sais même pas faire un ourlet de jupe.

Alors que je contemple la broderie (du beau travail, qui qu'en soit l'auteur), Mrs Mansfield me demande :

— Qu'y a-t-il ma chère ? Vos travaux d'aiguille ne vous inspirent-ils pas aujourd'hui ?

— Je ne suis pas d'humeur, je crois.

— Êtes-vous de nouveau souffrante ?

De nouveau ? Cette Jane doit être une de ces hypocondriaques qui tournent de l'œil à la moindre émotion, une sorte de Mary Musgrove passant son temps à desserrer son corset et à demander qu'on lui apporte ses sels. À sa décharge, je dois admettre qu'avec tout cet attirail oppressant la poitrine, je comprends pourquoi les femmes de l'époque s'évanouissaient si facilement.

— Je tiens le coup.

Mrs Mansfield se crispe.

— « Je tiens le coup » ? Vous savez que je ne supporte pas ce langage vulgaire. Ne vous ai-je pas demandé de cesser de vous engager dans des conversations futiles avec les domestiques, Jane ? À présent, prenez votre aiguille. Vous avez cette fâcheuse habitude de ne pas terminer ce que vous commencez. Une femme accomplie ne laisse jamais un ouvrage inachevé. Par ailleurs, les femmes qui ne vont pas au bout des choses ne font pas de bons mariages, en particulier les femmes de trente ans qui ne sont déjà plus dans la fleur de l'âge.

Cette mégère ressemble de plus en plus à ma vraie mère. Les mêmes répliques cinglantes maquillées en conseils avisés, les mêmes mises en garde contre le risque de finir vieille fille. Très bien. Et si je montrais à Mrs Psychorigide comment je suis capable de massacrer cette broderie avec mes doigts d'empotée ayant séché les cours d'économie domestique ? Je m'empare de l'aiguille et… je regarde avec stupéfaction mes doigts longs et fins (ô combien différents des petits doigts boudinés de ma vie éveillée) survoler le morceau de tissu et broder des feuilles et des pétales de fleur dentelés ornés de délicates bordures. Que se passe-t-il ? Quelle sorte de fée du logis démoniaque tout droit sortie des *Femmes de Stepford* a pris possession de mon corps ?

Je songe à m'arrêter mais je suis complètement hypnotisée par ces mains étrangères qui manient le fil et l'aiguille sans aucune difficulté. Le temps est comme suspendu et pourtant je ne vois pas les heures passer. Avant que je m'en rende compte, Mrs Mansfield m'annonce que je dois aller m'habiller pour le dîner. Je tente de donner un sens à tout ça dans le silence de ma chambre. Mais pourquoi vouloir donner un sens à un rêve ? Tout est possible dans un rêve. Même broder. Et aimer ça.

Lors du dîner qui s'avère être un véritable festin carnivore, je rencontre enfin mon « père ». C'est un homme discret, grand et maigre, avec des cheveux brun cendré semblables à de la paille et les joues creuses d'un ascétique alors même qu'il consomme une telle quantité de nourriture que je me demande où il peut bien la mettre. Soit c'est un boulimique, soit il possède le métabolisme d'un oiseau-mouche. Il est clair qu'il m'aime beaucoup – ou plutôt qu'il aime celle qu'il pense que je suis – car la seule fois où il prend la parole autrement que pour répondre à son épouse est pour me dire combien il est heureux de me voir si bien remise et comment sa joie a inspiré sa peinture tout au long de la journée. Il offre un contraste bienvenu avec mon vrai père, un aspirant écrivain qui a déserté le foyer familial quand je n'avais que neuf ans, sous prétexte de se consacrer à son art, mais qui, à ma connaissance, n'a jamais publié ne serait-ce qu'une carte de vœux, encore moins écrit à sa fille unique.

Après le dîner, Mr Mansfield se retire dans son « atelier ». À ce mot, Mrs Mansfield lève les yeux au ciel et émet un petit grognement méprisant. Je me retrouve seule avec elle dans le salon.

Un journal est posé sur une table. Je jette un coup d'œil à la date : 12 août 1813.

Alors, que fait-on pour se divertir dans ce pays en 1813 ? Heureusement, la conversation n'est pas au menu. Mon programme de la soirée consiste à lire à Mrs Mansfield le deuxième volume d'*Orgueil et Préjugés* – une première édition, rien de moins. Les mains tremblantes, j'ouvre le précieux ouvrage à la page de titre sur laquelle il est seulement écrit : « Par l'auteur de *Raison et Sentiments.* » Que ne donnerais-je pas pour emmener chez moi ce trésor, une véritable première édition flambant neuve. Hélas, étant donné mes perspectives professionnelles, il est peu probable que je tienne un jour entre mes mains un tel bijou autrement qu'en rêve.

Je l'ouvre à la page marquée par Mrs Mansfield et lui fais la lecture des heures durant. C'est mon meilleur moment depuis le début de cette aventure. Puis il est temps d'aller se coucher. Étrange, non ? Ce rêve va prendre fin exactement de la même façon qu'il a commencé.

La voilà, la clé ! Il suffisait d'un peu de synchronisation pour que tout rentre dans l'ordre. Je sais à présent qu'après avoir fermé les yeux, je vais m'endormir et me réveiller chez moi, dans mon lit du XXIe siècle.

Je suis si soulagée à cette pensée que lorsque j'embrasse Mrs Mansfield pour lui souhaiter bonne nuit, j'ai presque envie de lui dire que je suis enchantée d'avoir fait sa connaissance. Puis je me ravise. Non pas que mentir me pose un problème, mais je commence à prendre un véritable plaisir à jouer la comédie et je ne veux pas que quoi que ce soit vienne gâcher ce moment. Il est plus difficile de me taire quand je dis bonsoir à Mr Mansfield, parce que je regrette de ne pas avoir eu le temps de mieux le connaître.

Moins d'une demi-heure plus tard, je suis confortablement lovée sous les couvertures du somptueux lit à baldaquin de Jane et mes paupières commencent à se faire lourdes. Bizarre. D'habitude, je ne m'endors pas si vite dans ma vie éveillée. Je ris devant l'absurdité de cette pensée. Je me concentre au maximum afin de me souvenir de chaque détail : j'ai, en effet, décidé de mettre ce rêve par écrit dans mon journal dès mon réveil à L.A.

Chapitre 7

La chambre est plongée dans l'obscurité et j'émerge à peine de mon rêve.

Je sens encore le tapis moelleux et irrégulier de l'herbe qui massait et chatouillait légèrement mes pieds nus alors que je marchais dans un champ. La pleine lune éclairait le ciel nocturne, baignant le paysage d'une lueur argentée. Je traversais un carré de pelouse humide en me demandant si je n'allais pas attraper un rhume quand j'ai pris conscience que je n'étais pas seulement pieds nus, mais *complètement* nue.

J'ai croisé les bras sur ma poitrine et je me suis accroupie, scrutant les environs à la recherche d'yeux indiscrets, d'un endroit où me cacher. Mais je semblais être seule. Rassurée, je me suis relevée ; j'étais nue, oui, et alors ? Personne n'était là pour me voir. L'occasion rêvée pour une promenade au clair de lune en tenue d'Ève.

Je suis bientôt arrivée au bord d'un petit lac, ou plutôt d'une mare à la surface lisse dans laquelle se reflétait la lune. La vue de toute cette eau a réveillé ma soif et je me suis agenouillée pour boire.

C'est alors que j'ai aperçu mon reflet.

L'étrange femme aux longs cheveux noirs et au teint pâle me regardait. Elle m'a souri et j'ai senti mon propre visage faire de même. Mais un frisson glacial a parcouru mon corps.

— N'aie pas peur, m'a dit le reflet.

— N'aie pas peur, lui ai-je répondu.

C'est tout ce dont je me souviens. Je suis étendue dans un lit et mon cœur bat la chamade alors que j'attends que le premier rayon de soleil pénètre par l'interstice entre les rideaux et me dévoile la vérité. Je ne suis pas dans mon appartement. Je suis encore dans mon rêve.

Une minute ! Je viens d'émerger d'un rêve. Or, il n'est a priori pas possible de rêver dans un rêve.

Suis-je vraiment endormie ?

Une boule d'angoisse vient se loger dans ma poitrine. Mon Dieu ! Je ne vais pas me réveiller. Je ne vais pas me réveiller parce que je ne dors pas. Mon rêve était un message, le reflet dans le lac son messager.

Je suis ici, perdue dans le passé ou dans une autre réalité, et je mène la vie de quelqu'un d'autre.

Comment cela est-il possible ? Est-ce que j'habite le corps d'une personne réelle ? Mais si cette Jane existe vraiment, où se trouve-t-elle en ce moment ? Si je ne suis pas endormie et que tout cela n'est pas le fruit de mon imagination, alors que fait mon propre corps en cet instant et où est-il ? Se peut-il que je vive la vie de Jane et la mienne simultanément ? Dans ce cas, où est Jane ? Où est son esprit, sa personnalité, tout ce qui constitue son essence ?

J'ai peut-être sombré dans la folie. Je me trouve en ce moment même dans le service psychiatrique d'un hôpital et ma mère, la vraie, est penchée au-dessus de moi et me tapote la main en regardant mes yeux vides pendant que je m'imagine dans la peau de cette Anglaise vivant au début du XIXe siècle. Et si le discours de Mrs Mansfield sur les asiles de fous n'était que la façon qu'avait mon inconscient de m'annoncer la nouvelle ? Mais au final, la folie est un cercle vicieux puisque si vous êtes vraiment fou, vous ne le savez pas…

Admettons que je ne sois pas folle. Comment alors expliquer ma présence ici ? Suis-je passée à travers une sorte de déchirure dans le tissu que forme l'espace-temps ? Ai-je trop abusé des rediffusions de *Star Trek* ? Et si je suis une touriste voyageant dans le temps, comment se fait-il que ce soit dans le corps d'une inconnue et non pas dans le mien ? Pfff ! Comme si le voyage temporel était une explication plausible !

Et s'il s'agissait d'une vie antérieure ? Non. Par définition, une vie antérieure aurait déjà eu lieu et je n'y trimballerais pas mon bagage de connaissances du XXIe siècle. Je n'aurais même pas conscience de mon existence au XXIe siècle si j'étais vraiment en train de revivre une vie passée. Décidément, toutes ces réflexions me donnent le vertige.

Attendez ! Se pourrait-il que je me trouve dans une sorte de réalité parallèle qui se déroulerait en même temps que ma propre réalité ? D'accord, mais alors pourquoi serais-je enfermée dans le corps d'une femme de la Régence anglaise possédant l'esprit d'une contemporaine du XXIe siècle ?

Est-ce que je me suis réincarnée ? Est-il possible de se réincarner dans le passé ? Ce serait un comble ! Est-ce de cela que les bouddhistes parlent quand ils affirment que la conception linéaire du temps n'est qu'une construction de l'esprit ? Vivons-nous à cheval sur deux périodes différentes ? En réintégrant mon siècle, vais-je trouver un gladiateur romain assis à la table voisine au *House of Pies* ou bien Mrs Mansfield faisant la queue à la caisse au supermarché du coin ? Je ne suis même pas sûre de croire en la réincarnation. D'ailleurs, à quoi servent toutes ces spéculations ? Rien de tout cela ne me rendra ma vie d'avant.

« *N'aie pas peur* », m'a dit le reflet dans la mare. Je n'arrive pas à chasser ce visage et ces mots de ma tête.

J'ai l'impression d'étouffer. J'ouvre la fenêtre avec des mains tremblantes et je me force à inspirer et à expirer calmement. Ma respiration s'apaise tandis que les rayons du soleil réchauffent mon visage. J'inhale l'odeur douce et piquante des fleurs et des herbes aromatiques, j'écoute les oiseaux qui gazouillent dans les arbres au feuillage verdoyant. Je soulève ma manche et contemple la coupure en cours de cicatrisation laissée par le scalpel du médecin. Toutes ces sensations sont indéniablement réelles.

Je suis ici. Dans le corps d'une inconnue. Dans la vie d'une inconnue. Et on dirait bien que je vais y rester jusqu'à ce que je trouve le moyen d'en sortir. Si toutefois j'en trouve un.

Bon. Comment réintégrer ma vraie vie ? La seule force de ma volonté n'est visiblement pas suffisante. Quant à répéter à la ronde que je ne suis pas celle qu'on croit, cela m'a presque valu d'être internée et, pire encore, saignée à blanc.

Il y a forcément une solution. Je ne l'ai pas encore trouvée, voilà tout.

J'entends frapper doucement à la porte de ma chambre, qui s'entrouvre. C'est Barnes qui vient voir si je suis réveillée. Zut. Je n'ai vraiment pas envie de compagnie. Cela dit, je ne suis pas sûre d'être capable de m'habiller seule avec tous ces lacets et boutons placés dans le dos. Sans parler de cet horrible corset rigide qui fait du plus simple mouvement, comme s'asseoir sur une chaise ou se pencher pour ramasser quelque chose, un véritable exercice de résolution créative de problèmes. Et l'ergonomie, dans tout ça ? Et le bon sens ? On dirait que ces accessoires ont été spécifiquement conçus pour les femmes ayant des domestiques à leur service. Ça me paraît même aller de soi.

C'est une bonne chose que Barnes soit là pour m'aider à m'habiller et m'empêcher de rester prostrée dans mon lit en position fœtale ou de hurler jusqu'à ce qu'on m'expédie dans un asile. Parce que – et je blêmis à cette idée – la perspective d'un internement est autrement plus effrayante que tous les cauchemars imaginables. Ce genre de situation sans issue serait cent fois pire que l'emprisonnement à vie dans les hauts échelons de la société à une époque où les droits des femmes se limitent à broder et à tenir une maison. Il faut que je me calme et que je vienne à bout de cette journée. Je dois me convaincre que d'une façon ou d'une autre, tout finira par s'arranger et que je trouverai un moyen de reprendre le cours normal de ma vie. Je dois y croire. Comment avancer, sinon ? Pour l'heure, je sens l'habituelle pression matinale sur ma vessie. Et ce besoin primaire est la seule chose concrète que je suis en mesure de maîtriser pour l'instant. Ça, et m'habiller. Et jouer mon rôle.

Quand je pénètre dans la salle du petit déjeuner, Mrs Mansfield plisse les yeux et me scrute.

— Vous avez meilleure mine, mais cette couleur ne sied absolument pas à votre teint. Ne vous l'ai-je pas répété au moins trois fois ? Après votre promenade dans les jardins, Jane, j'exige que vous montiez passer votre nouvelle robe bleue. Il est inconcevable que Mr Edgeworth vous voie autrement que sous votre meilleur jour, n'est-ce pas ?

— Mr Edgeworth ?

— Vous savez pertinemment qu'il est attendu pour dîner. Si vous écoutiez votre mère, elle n'aurait pas à se répéter.

Oh, Seigneur ! La voilà qui parle d'elle à la troisième personne. C'est une habitude particulièrement énervante qu'a ma vraie mère, surtout quand elle se sent brimée, c'est-à-dire la plupart du temps.

Je prends un petit pain tout chaud et en fourre un morceau dans ma bouche tout en tendant le bras pour attraper la confiture. Abricot. Mmh ! Et ce chocolat chaud sent délicieusement bon.

— Je dois toucher un mot à la cuisinière au sujet du rôti, déclare Mrs Mansfield en posant sa serviette.

Elle se lève de table et se dirige vers la porte en marmonnant quelque chose à propos de la soupe, de la sauce du poisson, de la durée de chaque plat et du fait qu'elle n'aura pas un moment à elle jusqu'au dîner.

— Non pas que vous compreniez quoi que ce soit au problème. Vous seriez bien incapable de tenir une maison, me lance-t-elle en guise d'au revoir fracassant avant de quitter majestueusement la salle à manger, ses derniers mots résonnant dans ma tête.

Une fois la porte refermée derrière elle, j'engloutis le reste de mon chocolat et j'enveloppe un pain dans une serviette. C'est le moment parfait pour m'éclipser.

Chapitre 8

Au moment où je sors de la salle du petit déjeuner, le domestique sexy de la veille arrive en sens inverse. Nous exécutons une danse maladroite gauche-droite-gauche-droite afin d'éviter la collision. Il devient rouge pivoine et détourne les yeux alors que nous parvenons enfin à nous croiser. C'est sûrement le frère de Barnes. Je lui jette un dernier regard par-dessus mon épaule et le vois faire de même. Puis chacun poursuit sa route. Allons bon. Si c'est là mon fameux soupirant, il peut se brosser pour que je m'intéresse à lui : on dirait un collégien.

Dehors, l'air est doux, les oiseaux chantent et les fleurs sont magnifiques, mais je ne veux pas me laisser distraire par le cadre environnant. Marcher m'a toujours aidée à mettre de l'ordre dans mes idées, et même si cette tête n'est pas la mienne, je suis bien déterminée à y faire le vide autant que possible afin de trouver un moyen de sortir de là.

Peut-être la clé de mon retour consiste-t-elle à découvrir ce que je fabrique ici. Se pourrait-il que Jane et moi ayons échangé nos vies ? Qu'elle mène en ce moment même mon train-train quotidien en se promenant dans mon corps et en parlant avec ma voix ? Bonjour le choc des cultures ! J'ai atterri ici avec quelques notions – certes limitées – d'histoire, mais cette Jane, si toutefois elle existe, ne peut de toute évidence pas connaître le futur.

J'imagine une bourgeoise anglaise du XIXe siècle débarquant dans ma vie sur la côte Ouest deux siècles plus tard. En admettant qu'elle survive au choc esthétique de mon petit appartement recouvert de moquette industrielle et à peine plus grand que le salon des Mansfield, des garde-corps en fer forgé qui ornent mes fenêtres à persiennes et des graffitis sur la porte d'entrée de l'immeuble, le bruit à lui seul pourrait la faire sombrer dans une grave dépression. Entre les rondes nocturnes des hélicoptères du LAPD, mon vieux voisin sourd qui me casse les oreilles avec son coq matinal et sa radio latino qui hurle en permanence, ou encore la voix stridente de mon boss, n'importe quelle fille bien éduquée de la Régence anglaise en arriverait à remettre en question sa santé mentale, tout comme je suis en train de le faire en cet instant.

Minute ! Je ne veux pas qu'une inconnue vive ma vie. Ce n'est peut-être pas la meilleure qui soit, mais c'est la mienne, et je veux la récupérer. Je veux retrouver mon petit appartement miteux aux murs fins comme du papier à cigarette, dont le plancher vibre au rythme du hard-rock insupportable de mon voisin du dessous, un Russe antipathique qui refuse de baisser le volume malgré mes plaintes répétées. Je veux retrouver mon job minable, mon patron tonitruant et ma pile de factures impayées qui m'empêchent de démissionner. Je veux mes amis, tous mes amis : Paula, Anna. Et même Wes. Surtout Wes. Je veux ma bouteille d'Absolut qui patiente au frais dans le congélateur. Je veux mon chien en peluche tout râpé, celui que papa m'a offert pour mes neuf ans. Je veux ma musique, mes films, mes livres, mes habits. Je veux des robes que je puisse enfiler toute seule. Je veux porter des pantalons, des jeans et des sous-vêtements dignes de ce nom. Je veux des toilettes avec une chasse d'eau. Et je veux entrer dans une pièce et entendre les gens m'appeler Courtney.

J'essaie d'imaginer une étrangère habitant mon corps tout comme j'habite celui de Jane. Je la vois étudier mon ventre d'un œil critique et se moquer de mes cuisses mollassonnes. Ou de la cellulite sur mes fesses. Ce n'est pas que je sois moche. Mais je ne suis pas cette beauté élancée qu'est Jane.

C'est dingue. Je suis là, coincée dans une sorte de réalité parallèle ou que sais-je encore, et je n'ai rien de mieux à faire que de me tourmenter l'esprit en me demandant si une inconnue potentiellement enfermée dans mon corps est déçue de sa nouvelle apparence. Cela me rappelle une réflexion qu'Anna m'a faite un jour : l'obsession n'est qu'une stratégie de l'esprit visant à éviter de se confronter aux véritables problèmes. Bon. Quel est le problème, dans le cas présent ? Je suis une voyageuse du temps condamnée à vivre la vie d'une inconnue. Qui ne voudrait pas éviter une telle chose ?

Résoudre ce problème est un combat perdu d'avance, et je commence à avoir mal à la tête. Il faut que je me calme. J'ai laissé mes médicaments contre la migraine dans une autre réalité et je doute qu'une saignée ait le même effet.

J'entends un cheval renâcler non loin de moi ; je suis en train de passer devant un enclos où se trouvent deux destriers. Le bai a la tête baissée et mastique consciencieusement de l'herbe, mais celui à la robe crème s'approche immédiatement de la clôture comme pour m'accueillir, posant sur moi ses gros yeux bienveillants ourlés de longs cils blancs. Je lui caresse la joue et il semble apprécier. Il ? Est-ce un mâle ou une femelle ? Je ne connais absolument rien aux chevaux.

Je me demande si c'est celui que je montais quand j'ai eu mon supposé accident, et je frissonne. Il pousse doucement ma main avec son museau de velours, comme pour me rassurer.

— Tout va bien, lui dis-je. Tu es une bonne fille. Ou un bon gars.

Une adolescente fluette vêtue d'une robe marron terne et d'un tablier et coiffée d'un bonnet se dirige vers la maison, munie d'un seau vide. Elle s'arrête à quelques pas de moi et fait une petite révérence avant de poursuivre son chemin. Elle baisse vivement la tête en me dépassant mais je devine ses sourcils parfaitement dessinés et son teint crémeux. Elle est vraiment jolie. Et jeune, aussi : seize ans, tout au plus. Elle devrait être en train de s'amuser avec ses copines au centre commercial ou de feuilleter des magazines pour adolescentes au lieu de trimballer un seau, habillée d'un sac-poubelle.

Je caresse le nez du cheval une dernière fois avant de poursuivre ma promenade au frais, sur une longue allée bordée d'arbres. Au fond, je ne suis pas tant à plaindre que ça. J'aurais pu être une fille de cuisine comme cette pauvre gamine et non pas cette jeune femme issue d'un milieu aisé vivant dans une belle propriété. Bien sûr, il y a Mrs Mansfield, mais quand cette dernière ne me soumet pas à des expériences impliquant des instruments médicaux répugnants ou ne menace pas de m'interner, elle semble relativement inoffensive.

D'un autre côté, tout cela va bien se terminer un jour, non ? Où qu'elle se trouve, je suis sûre que la vraie Jane est tout aussi impatiente que moi de retrouver sa vraie vie. Alors en attendant, pourquoi ne pas me détendre, profiter de cette chance de pouvoir vivre dans un autre corps et à une autre époque – celle de Jane Austen, rien de moins – et avoir la ferme conviction que je vais bientôt réintégrer ma vie ? De toute façon, qu'ai-je à espérer d'une journée lambda ? Un petit déjeuner en solitaire ? Compter les heures au bureau ? Des programmes télévisés pitoyables pour remplir mes soirées ? Ou peut-être un dîner avec Paula, qui depuis quelque temps est une vraie pompeuse d'énergie ? Tôt ou tard, je retrouverai ma vie, avec ma vaisselle sale et mon réfrigérateur vide. Au moins, dans ce monde, quelqu'un fait les courses et le ménage à ma place.

Chapitre 9

Lorsque je monte dans ma chambre une fois ma promenade terminée, une robe bleu pastel m'attend sur le lit. Je déteste le bleu pastel. C'est sûrement celle que Mrs Mansfield tient absolument à ce que je porte lors du dîner avec ce Mr Edgeworth. Barnes, qui a des dons de voyance ou a guetté mon retour, frappe doucement à la porte et me propose son aide pour me changer et me coiffer.

Je remarque qu'elle a les yeux rouges et le visage bouffi.

— Tout va bien, Barnes ?

— Oh, c'est mon frère, mademoiselle. Il interprète votre silence comme la preuve que tout est bel et bien fini. Ce qui, je lui ai dit, est ce qu'il y a de mieux pour toutes les personnes concernées.

— Mon « silence » ?

— Vous inquiétez pas, mademoiselle. Je m'occupe de lui.

Ma vie est déjà assez compliquée comme ça et franchement, je n'ai aucune envie d'en savoir plus. Ce n'est pas à moi de résoudre les problèmes du frère de Barnes en plus de devoir jouer le rôle de quelqu'un d'autre.

— Très bien, conclus-je en considérant la chose bleu pastel étalée sur mon lit. Vous n'avez pas une autre robe à me proposer ?

— Mais votre mère a été très claire, mademoiselle…

Et la pauvre Barnes a l'air si terrifiée à l'idée de désobéir aux instructions de Mrs Mansfield que je soupire et lui dis de laisser tomber.

Je passe en revue la ribambelle d'épingles à cheveux et de brosses posées sur la coiffeuse. J'ouvre quelques pots dont le contenu semble être destiné à hydrater ou à parfumer, mais je ne vois rien qui ressemble, même de loin, à du maquillage.

— Dans ce cas, Barnes, pensez-vous que vous pourriez trouver quelque chose pour me colorer les lèvres ou les joues, les deux si possible ?

Elle prend un air effaré et porte la main droite à son cœur.

— Allez, Barnes, je suis sûre que certaines femmes portent au moins un peu de fard à joues, même si elles ne veulent pas l'admettre.

— Vous ne faites pas ce genre de chose, mademoiselle, conteste-t-elle en baissant les yeux au sol.

— Mais je parie que ma mère, oui.

C'est du bluff. En tout cas, si Mrs Mansfield utilise en secret du blush ou autre, elle le fait assez subtilement pour que ça ait l'air naturel.

Barnes me dévisage comme un lapin pris dans des phares.

— J'ai raison, non ?

Elle commence à reculer en évitant mon regard.

— Vraiment, mademoiselle, je ne vois pas de quoi vous parlez.

— Allez, Barnes. Soyez sympa, empruntez-en pour moi. Ce sera notre petit secret.

Elle a déjà rejoint la porte.

— S'il vous plaît, mademoiselle, dit-elle d'une voix tremblante, m'obligez pas à faire ça. Votre mère… j'ose même pas imaginer ce qu'elle me ferait.

Je pose une main sur son épaule.

— Désolée, Barnes. J'irai en chercher en douce moi-même.

Elle s'agrippe au chambranle de la porte.

— Oh non, mademoiselle. Je vous en supplie ! Si elle voit quelque chose comme ça sur votre visage, elle va rejeter la faute sur moi, pour sûr.

— Je rêve ! Dans quelle espèce de régime fasciste est-ce que j'ai atterri ?

Les yeux de Barnes s'emplissent de larmes et je m'efforce de me calmer.

— Tout va bien, Barnes. Je vais être une bonne fille et m'en remettre à vos mains expertes pour que vous me rendiez belle, ce pour quoi je suis sûre que vous êtes parfaitement qualifiée.

Je l'oblige à s'asseoir une minute puis, lorsqu'elle semble remise, je lui souris d'un air encourageant et elle commence à m'habiller.

Une fois qu'elle en a fini avec moi, j'ai l'air (ou du moins l'inconnue du miroir a l'air) absolument ravissante. Et je dois admettre que, bien que cette nuance de bleu soit affreuse sur moi en temps normal, elle s'accorde à merveille avec le teint de ce corps d'emprunt. Je me pince les joues et mordille mes lèvres, un piètre substitut à l'arsenal de crèmes et de poudres habituellement à ma disposition. Tant pis ! Au moins je n'ai pas à m'inquiéter d'être la seule femme sans la moindre goutte de gloss à une soirée remplie de beautés peinturlurées, ce qui est ma version personnelle du cauchemar classique d'apparaître nue en public.

Quand je descends au salon, Mr et Mrs Mansfield m'y attendent en compagnie d'une femme brune d'une cinquantaine d'années qui tourne son visage rond vers moi avec un large sourire dévoilant ses fossettes, et d'une autre femme beaucoup plus jeune dont les cheveux roux flamboyants sont retenus par des rubans rose pâle et qui me dévisage de ses yeux bleu marine, une expression hautaine plaquée sur le visage. Je m'incline devant ces deux étrangères et note qu'on ne me les présente pas, ce qui signifie certainement que je suis censée les connaître.

Mrs Mansfield fait la plupart de la conversation et je finis par comprendre que la femme au visage joufflu est sa sœur, Mrs Randolph, et que la rousse dédaigneuse est la fille de cette dernière. Mrs Randolph n'est pas aussi jolie que sa sœur mais est dotée d'une personnalité très attachante. À en juger par son étreinte chaleureuse, je devine que ce membre de ma prétendue famille, une tante maternelle au sens le plus pur du terme, m'apprécie beaucoup. Quant à moi, mon intense besoin de reconnaissance fait que je l'aime immédiatement en retour. Sa fille Susan, en revanche, m'embrasse sur les deux joues en se disant « immensément soulagée » de voir sa cousine rétablie, mais ses yeux sont froids comme la pierre et son sourire n'est qu'une variante de sa grimace méprisante.

Un homme entre alors. Je ne vois d'abord qu'une silhouette à contre-jour dans l'encadrement de la porte.

— Miss Mansfield ! s'exclame-t-il. Vous semblez resplendissante. C'est un véritable plaisir de vous revoir, d'autant plus que vos parents m'ont dit que vous vous étiez remise rapidement.

Il avance et je vois enfin son visage.

— Oui, c'est ce que j'ai entendu dire, acquiescé-je en m'efforçant de ne pas le reluquer ostensiblement.

Il me décoche un large sourire. Pas mal. Pas mal du tout.

Ainsi, ce beau gosse est Mr Edgeworth. On est loin du vieux veuf que je m'étais imaginé. À peine quarante ans, je dirais. Des cheveux blond foncé, de grands yeux noisette et une petite fossette sur le menton qui me rappelle celle de Wes. Je ne savais même pas que Wes avait une fossette sur le menton jusqu'à ce qu'il rase cet horrible bouc. Qui voudrait camoufler un si formidable atout ? En parlant d'atouts, ceux de ce type ne sont pas mal non plus. Je m'oblige à détacher mes yeux de ses hauts-de-chausses moulants et je constate avec soulagement qu'il est tourné vers Mrs Mansfield, qui – je n'en reviens pas – est en train de glousser comme une adolescente.

— Je suis entièrement d'accord avec vous, Mr Edgeworth, déclare-t-elle. Jane semble au mieux de sa forme.

Je comprends soudain que toutes ces discussions autour de notre invité et ce cirque à propos du dîner et de ma tenue n'ont rien à voir avec son béguin pour cet homme ; la cible, c'est moi.

Je remarque qu'Edgeworth me lance des regards furtifs et je commence à me demander si mon décolleté est trop plongeant ou si j'ai renversé du vin sur ma robe. Mais quand je laisse mes yeux s'attarder sur lui plus d'une nanoseconde, je comprends que ce sont des regards approbateurs. Qu'il tente par ce contact visuel de m'inviter à prendre part à la conversation. Quelques œillades appuyées de Mrs Mansfield m'encouragent à intervenir. Hélas, ma gorge refuse de produire autre chose que des espèces de croassements et de couinements inintelligibles. J'ai les paumes moites et la bouche sèche.

Ce n'est pas comme si je ne m'étais jamais trouvée dans ce genre de rendez-vous arrangé. Mais je fais partie de ces gens qui détestent ça, si bien qu'il faut toujours m'y traîner sous un faux prétexte, en m'invitant par exemple à une soirée quelconque où – comme par hasard – on me présente au potentiel homme de mes rêves. Ces princes charmants sont allés du geek à la poignée de main aussi molle qu'une anémone de mer au comédien dont le *magnum opus* consistait à lécher le fond d'une dizaine de boîtes de conserve d'huîtres fumées. Et même si je ne ressens généralement pas le moindre intérêt pour l'homme qui a été convoqué à la fête, au dîner ou au vernissage par mes amis bien intentionnés, je finis toujours par me torturer l'esprit en me demandant quelle impression j'ai bien pu faire sur ce soi-disant prétendant.

Cette gymnastique mentale s'est avérée particulièrement éprouvante lors des rares occasions où je me suis laissé convaincre d'aller à un véritable *blind date*. Après ces entretiens en tête à tête, je passais des heures à déprimer parce qu'une espèce de crétin insipide avait semblé vouloir terminer la soirée aussi vite que moi. Après tout, quelle sorte de ratée n'est même pas capable d'intéresser un crétin insipide ?

Depuis quelque temps, j'ai donc décidé que les *blind dates* et autres rendez-vous arrangés ne servent à rien. Les hommes et les femmes intelligents aiment partir à la découverte du monde et chasser leur propre gibier, choisir leur propre mode de dysfonctionnement et répéter leur propre schéma de relations malsaines. Ils n'ont pas besoin des efforts charitables mais vains de leurs amis.

Qu'est-ce qui me perturbe à ce point ? Dans le meilleur des cas, ce scénario n'est que temporaire, alors qui se soucie de savoir si ce Mr Edgeworth m'apprécie ou essaie simplement d'être poli, et en quoi les espoirs et les attentes de ma « mère » ont-ils une quelconque importance ? Je n'ai rien à perdre. Je pourrais tout simplement considérer cette situation comme une aventure intéressante. Pourquoi ne pas en profiter pour tenter une petite expérience ? Et si je décidais d'être pleine de flegme et d'assurance, histoire de sortir un peu de la morosité de ma vie réelle ?

Bien sûr, mais s'il n'était pas intéressé par moi ?

Qu'importe ! En plus d'un nouveau visage et d'un nouveau corps, je pourrais aussi expérimenter une nouvelle personnalité. Cela ne devrait pas être plus difficile que d'essayer une nouvelle robe une taille trop grande. Ou, dans le cas présent, d'enfiler une robe Empire bleu pastel et d'affronter la foule sans le moindre maquillage. Plus rien n'est impossible maintenant que j'ai enfreint les règles les plus élémentaires en matière de mode et que je suis encore là pour en parler. Pourquoi ne serais-je pas capable de jouer le rôle d'une femme dotée d'une forte estime de soi, qui s'aime et peu importe ce que le beau gosse de la soirée ou son infâme mère pensent d'elle ?

Chapitre 10

Je me tourne vers Edgeworth avec un grand sourire et me mêle sans plus tarder à la discussion, en formulant des mots et des phrases dignes de ce nom. Je veille toutefois à le laisser diriger l'échange et à ne pas me montrer trop curieuse car je ne sais pas ce que je suis censée connaître de lui. Après tout, je suis une usurpatrice d'identité et je ne veux pas prendre le risque d'être démasquée en devant répondre à des questions auxquelles je ne suis pas en mesure de répondre. Sans compter que mon expérience tomberait à l'eau.

Lorsqu'il est l'heure de se mettre à table, Edgeworth m'offre son bras et tout le monde se met en marche deux par deux. Étrange, ce système de binômes qui ressemble à une sortie pédagogique jusqu'à la salle à manger. Pourtant, je dois avouer que la pression de son bras contre le mien est loin de m'être désagréable.

Fidèle à ma résolution d'expérimenter une nouvelle personnalité, je n'ai aucun problème à converser avec lui tout au long du repas. Je ne perds même pas mon sang-froid quand je fais tomber quelques gouttes de soupe sur ma robe. Je me contente d'en rire sans tenir compte du regard furieux que me lance Mrs Mansfield.

Edgeworth me glisse à mi-voix :

— Les choses semblent avoir le don de se renverser lorsque nous sommes l'un à côté de l'autre.

— Vraiment ? demandé-je avec un sourire.

— Je dois toutefois vous avouer que je ne me serais pas attendu à vous voir rire de si bon cœur après un tel incident.

Il me regarde comme s'il attendait une réaction de ma part, mais je n'ai hélas aucune idée de ce dont il parle. Il me faut un indice.

— Avez-vous oublié combien vous étiez irritée lorsque j'ai eu la maladresse de renverser du thé sur votre robe lors de cette réception chez Mrs Randolph ?

Il me sourit d'un air espiègle en penchant légèrement la tête. Une mèche de cheveux lui retombe sur le front et tout à coup, une image fugitive me traverse l'esprit : une tache humide qui s'étale sur ma robe et la colère vive qui s'empare de mes traits à la même vitesse. C'était du thé renversé sur une robe blanche.

Je suis si troublée d'avoir un souvenir me mettant en scène dans ce corps-là et à cette époque-là que je m'agrippe instinctivement au bord de la table pour éviter de tomber à la renverse.

Du calme. Ce n'est sûrement pas un souvenir réel. C'est tout bonnement impossible.

— Pardonnez-moi, murmure-t-il, les yeux pleins de sollicitude. Il était parfaitement déplacé de ma part d'évoquer cela.

— Ce n'est pas votre faute. Il me paraît évident que j'ai grand-peine à maîtriser mes émotions.

— Je… euh… je ne m'attendais pas à ce que cette conversation prenne cette tournure. Laissez-moi réparer mes torts en vous permettant de vous venger de ma maladresse. Libre à vous de verser le contenu de votre prochaine tasse de thé sur ma veste, Miss Mansfield.

J'éclate de rire.

— J'apprécie votre généreuse proposition, mais vous feriez mieux de ne pas me tenter. En tant que colérique compulsive, je suis contrainte de renoncer à ce genre de plaisir.

Je vois Mrs Mansfield tendre l'oreille en entendant le mot « proposition » et je souris intérieurement en pensant à Mrs Jennings qui croit avoir surpris le colonel Brandon en train de demander Elinor en mariage dans *Raison et Sentiments*.

Elle échange quelques messes basses animées avec sa sœur qui est assise non loin de moi, puis semble comprendre que la proposition de mon voisin de table n'était pas de nature matrimoniale.

Le dîner suit son cours, Edgeworth ne se lassant pas de me demander mon avis sur tout et rien, des choses futiles comme la météo, ou encore si je préfère savourer un livre ou le dévorer d'une seule traite.

Il semble sincèrement intéressé par mes réponses, contrairement à la plupart des hommes qui m'ont attirée par le passé. De temps à autre, Frank aimait se livrer à d'interminables monologues – j'appelais ça son « mode conférence » – mais il se fichait complètement de ce que je pouvais penser ou dire sur le contenu de ses discours. Wes était différent. Avec lui, c'était généralement moi qui parlais le plus et il se montrait plus attentif et soucieux de mes opinions que n'importe qui d'autre. Y compris Paula, qui est souvent si absorbée par le récit de ses propres malheurs que c'est presque un exploit quand j'arrive à en placer une. Toutefois, après ma rupture avec Frank, elle s'est improvisée infirmière des cœurs brisés, se faisant un devoir de m'apporter des plats préparés qu'elle me forçait à manger, me traînant en boîte de nuit pour me gaver de Martini puis me tenant les cheveux pendant je régurgitais le tout.

Edgeworth interrompt cette rêverie des plus inappropriées en abordant le sujet de l'art. J'interviens en racontant deux ou trois choses sur la peinture de la Renaissance que j'ai retenues de mes deux cours d'histoire de l'art suivis à la fac. Mon interlocuteur est visiblement bluffé. D'une manière générale, les sujets sur lesquels je me sens calée sont peu nombreux, en particulier quand ils touchent à l'actualité. C'est d'ailleurs pour cette raison que je finis souvent les dîners à jouer avec l'animal de compagnie ou le bébé de la famille ou à aider en cuisine.

Mais ici, dans un environnement où la télévision, la radio et Internet n'existent pas, je n'ai pas à me soucier de ne pas tout connaître de la dernière crise politique étrangère. Non pas que la politique soit au menu à cette table ; je suis quasiment sûre que ce ne serait pas considéré comme un sujet de conversation approprié pour ces dames. Alors oui, je l'avoue : il est plus facile de faire semblant d'être une jeune femme pleine d'assurance dans cette réalité-là que dans mon L.A. du XXIe siècle. Et je suis aussi consciente du fait que cette prétendue assurance va de pair avec l'ignorance et le sexisme. Je suis une traîtresse. Je ferais aussi bien d'être une de ces femmes voilées complaisantes de *La Servante écarlate*[1].

Edgeworth croise mon regard et me sourit. Je décide d'arrêter de composer dans ma tête le réquisitoire féministe de la Cour internationale de justice au jury. Je ferais mieux de continuer à parler d'art en contemplant son adorable fossette ou en me perdant dans ses yeux noisette.

En parlant d'yeux, je sens qu'il n'est pas le seul à me dévisager. En promenant mon regard parmi les convives, je remarque que Mr Mansfield, jusqu'ici impassible, a cessé d'engloutir méthodiquement le contenu de son assiette pour capter mon regard et hausser les sourcils, pour signifier son étonnement, j'imagine. Susan Randolph m'observe attentivement elle aussi. Quant à

1. Roman de science-fiction de Margaret Atwood dans lequel certaines femmes sont réduites à un rôle purement reproductif. (*NdT*)

Mrs Mansfield, elle murmure quelque chose à l'oreille de sa sœur dont les yeux se posent sur moi.

Si Edgeworth est conscient de tous ces regards braqués sur nous, il n'en laisse rien paraître. Il passe de la peinture à la littérature, exprimant son regret que nombre de ses amis considèrent les romans comme un genre littéraire inférieur ; il m'explique qu'il a récemment découvert le plaisir de se plonger des heures durant dans un bon roman et que cela lui a donné envie de lire davantage. Je suis évidemment de son avis, même si je ne suis pas vraiment au courant de ce qui se lit en ce moment – excepté *Orgueil et Préjugés*, bien sûr. Je mentionne également *Raison et Sentiments*, le seul autre ouvrage de Jane Austen publié à ce jour. Je décide de ne pas parler de Fanny Burney car j'ai trouvé *Camilla* à peu près aussi fascinant qu'une de ces peintures du XVIIIe siècle représentant des femmes en froufrous se balançant au milieu de chérubins joufflus. Quant à Maria Edgeworth, j'ai lu *Belinda* mais je suis restée sur ma faim, et d'ailleurs, qui sait si cette romancière n'est pas une de ses parentes ? J'ai, en revanche, adoré *Tom Jones*, mais ce roman a déjà presque cent ans en 1813. En vérité, la plupart des livres que j'ai lus n'existent pas encore.

Edgeworth me demande ce que j'ai pensé d'*Orgueil et Préjugés* et je mets tout mon cœur à lui expliquer à quel point cette histoire est passionnante et les portraits dressés par l'auteure sont réalistes et représentatifs de la nature humaine. Il ne l'a pas encore lu, mais déclare qu'il est à présent impatient de le faire.

Susan Randolph, qui nous observe depuis un petit moment, intervient :

— Mr Edgeworth, bien que je conçoive que votre nom puisse expliquer votre goût pour la lecture, je ne saurais trop vous conseiller de délaisser ce passe-temps.

— Je vous remercie de vos conseils, Miss Randolph. Je n'ai, toutefois, aucun lien de parenté avec la Mrs Edgeworth que vous évoquez.

— Néanmoins, poursuit Susan, l'auteure d'*Orgueil et Préjugés* vous ferait croire que les femmes ne pensent à rien d'autre qu'au mariage.

— Vous n'approuvez pas ce livre ?

— Il n'y a rien à approuver dans un roman où les personnages féminins passent leurs journées à rêver de se marier, à comploter dans le but de se trouver un mari ou à se lamenter. Comment pourrais-je approuver un portrait aussi réducteur de mon sexe ?

Je bois une longue gorgée de vin pour apaiser mes nerfs. Je n'adhère pas à cet accès de solidarité féminine, surtout venant d'une femme capable de regarder une de ses consœurs avec cette froideur reptilienne.

Edgeworth me lance un coup d'œil et s'éclaircit la voix.

— Très bien, mesdemoiselles. Puis-je vous demander si vous avez apprécié *Les Mystères d'Udolphe* ?

Je suis incapable de tenir ma langue plus longtemps.

— Il me paraît évident, Susan, que l'intention de l'auteure est de porter un regard satirique sur ce marché du mariage froid et calculateur pour lequel les femmes sont élevées, tout en reconnaissant que le mariage est en réalité l'un des rares choix de carrière existant pour les femmes de son époque. Néanmoins, je crois qu'elle prône l'amour, et le mariage d'amour, par-dessus tout.

Susan s'esclaffe.

— Pour ma part, je crois qu'elle approuve tacitement le droit d'une femme à aspirer à une situation bien au-dessus de ce pour quoi elle a été élevée : il y a d'abord le mariage au-dessus de son niveau de fortune, mais aussi le mariage au-dessus de son rang.

Je lève les yeux au ciel.

— Mon Dieu ! Mais où va ce monde ?

— Précisément ! Plus les jeunes femmes lisent de romans idiots, plus elles encombrent leur esprit de notions idiotes. Si vous voulez mon avis, cousine, je crois que vous lisez trop de romans.

— Et si vous voulez mon avis, *cousine*, je vais vous répéter les paroles d'un personnage brillant dans un roman remarquable : « Ce n'est pas faire preuve d'esprit que de ne pas se plaire à la lecture d'un bon roman[1]. » Quant à ces conneries postféministes à la

1. Austen (Jane), *Northanger Abbey*, tous les extraits de ce titre sont traduits par Félix Fénéon, édition Archipoche, 2011. (*NdT*)

Camille Paglia[1], vous semblez oublier, du haut de vos vingt ans, que si ces femmes aspirant à des situations bien au-dessus de ce à quoi on les destinait n'avaient pas existé, nous en serions encore à pondre un gosse par an et à nous saucissonner dans des corsets. Si j'étais vous…

Je prends soudain conscience que tous les convives se sont tus et me dévisagent. Je croise le regard de Mr Mansfield dont le verre de vin s'est arrêté à mi-chemin entre la table et sa bouche. Il s'éclaircit la voix et lève son verre à l'intention de Mrs Randolph.

— Décidément, nos filles sont des jeunes femmes pleines d'entrain, n'êtes-vous pas de mon avis ?

Mrs Randolph rit sans conviction et tend la main vers son verre de vin qu'elle renverse. Un remue-ménage s'ensuit, les valets de pied accourant pour nettoyer les dégâts et Mrs Mansfield évoquant une anecdote afin de nous expliquer comment elle est venue à bout d'une tache de vin sur une robe blanche. Et la tension est rompue.

In vino veritas.

Susan secoue ses boucles rousses en regardant Edgeworth d'un air hautain comme pour dire : « Je vous l'avais dit. » Mais dès qu'elle détourne les yeux, ce dernier me glisse :

— Je ne vais pas prétendre avoir saisi le sens de toutes vos allusions, Miss Mansfield, mais j'admire votre verve passionnée.

---

1. Écrivaine et critique sociale américaine, figure provocante du post-féminisme. (*NdT*)

Plonger dans ces doux yeux noisette est décidément bien plus agréable que croiser le fer avec Susan.

Il est le dernier hôte à prendre congé et, quand sa voiture est enfin annoncée, il s'incline pour me souhaiter bonne nuit. Alors qu'il relève la tête, une mèche de cheveux, toujours la même, retombe sur son front et une sensation étrange m'envahit aussitôt. Je le vois soudain avec des yeux différents. Il n'est plus l'homme attirant qui partage mes centres d'intérêt. Il n'est qu'un charmeur aux dehors trompeurs.

Je me plie au caractère solennel de ces adieux, marmonnant un « au revoir » et l'écoutant promettre de passer le lendemain matin, Mrs Mansfield lui répondant d'une voix mielleuse. Après son départ, elle se lance dans un interminable monologue et m'énumère *ad nauseam* les divers succès de la soirée tout en louant les charmes de mon prétendant, comme si je n'avais pas été présente pour constater tout ça par moi-même.

— Cependant, ajoute-t-elle, j'ai eu grand-peine à garder mon calme lorsque j'ai entendu ma nièce jacasser à propos des femmes complotant dans le but de se marier. Nous verrons combien de temps encore elle gardera ses grands airs. Trois Saisons à Londres et elle n'est toujours pas mariée ! Ma foi, vous en avez eu davantage et vous en êtes au même point. Personne n'est assez bien pour vous. J'avais presque abandonné tout espoir jusqu'à ce que Mr Edgeworth vienne s'installer dans le voisinage. Hélas, par la suite, vous avez failli tout compromettre. C'est un miracle qu'il ne vous en ait pas tenu rigueur. Je dois néanmoins reconnaître que vous vous êtes montrée particulièrement courtoise avec lui ce soir, même si je dois avouer que j'ai été scandalisée par cet éclat parfaitement incohérent auquel vous vous êtes livrée. Les hommes n'aiment pas les harpies.

Je lève les yeux au ciel et lui tourne le dos.

— Regardez-moi, Jane.

Je n'en fais rien.

— Très bien. Toutefois, si j'étais vous, j'éviterais de proférer ce genre de propos décousus. Vous ne savez jamais de quelle manière ils peuvent être interprétés. Ni ce qui pourrait en découler.

Je tourne vivement la tête. L'animosité que je lis dans ses yeux me noue la gorge.

— Bonne nuit, ma chère, me lance-t-elle d'une voix douce en fermant la porte.

J'essaie de me persuader que ce sont des menaces en l'air : que gagnerait-elle à attirer la honte sur sa propre famille en m'internant ? Mais je me souviens alors de ce qu'elle m'a laissée entendre à propos de son intention de raconter à tout le monde que je suis morte des suites de mon accident de cheval, et un frisson glacial m'envahit. Je dois vraiment apprendre à me maîtriser – surtout quand elle se trouve dans les parages.

Après l'avoir entendue regagner sa chambre, je descends discrètement dans le salon pour passer une demi-heure seule, à méditer sur les menaces de Mrs Mansfield, ses allusions concernant mes rapports avec Edgeworth et l'étrange réaction que j'ai eue quand il m'a souhaité une bonne nuit.

Chapitre 11

À bien y réfléchir, cette vague de méfiance qui m'a submergée quand Edgeworth a pris congé n'a rien de surprenant en soi. Après tout, le sexe opposé ne m'a jamais inspiré confiance. Cette réaction était donc tout simplement dictée par mon instinct de conservation.

J'ai envie de dire « bonne nuit » à Mr Mansfield. Je le trouve dans une pièce que je n'aurais jamais remarquée si je n'avais pas eu la curiosité d'aller voir ce qui se cachait derrière la porte située au fond d'une sorte de serre remplie de grands vases et de paniers de fleurs coupées. Je pousse la porte et vois Mr Mansfield en pleine contemplation d'une toile ; des dizaines d'autres sont accrochées aux murs, montées sur des chevalets ou empilées contre les meubles. Le sol est recouvert de bâches de protection et une odeur caustique se dégage d'une table encombrée de pots de peinture et d'autres récipients contenant divers accessoires.

Je demeure un moment interdite quand je remarque que ses toiles sont remplies de formes abstraites et de larges bandes de couleur, et qu'elles sont pour la plupart non figuratives. Pratiquait-on déjà cette forme d'art au XIXe siècle ? D'un autre côté, si je suis ici avec mon cerveau du XXIe siècle, j'imagine que d'autres incongruités sont possibles en matière d'histoire et d'art. J'aimerais interroger Mr Mansfield sur ses œuvres, qui offrent un délicieux décalage avec son époque. Hélas, comment le faire sans lui révéler mon ignorance ?

Il me sourit et recouvre la toile qu'il examinait. Poussée par la curiosité, je m'approche du chevalet et tends timidement la main vers le tissu qui dissimule le tableau.

— Puis-je ?

Il hausse un sourcil comme pour évaluer le sérieux de ma requête, puis retire le tissu, dévoilant une œuvre audacieuse dans l'esprit cubiste. Une partie de la peinture ressemble à de l'art semi-figuratif : je distingue ce qui pourrait avoir été un autoportrait regardant dans plusieurs directions à la fois, le reste n'étant qu'un enchevêtrement de traits et de tourbillons de couleurs.

— C'est magnifique !

J'aimerais connaître cette forme d'art afin de pouvoir dire quelque chose d'intelligent.

— Ne vous sentez pas obligée de ménager mon ego.

— Mais je le pense vraiment.

— Êtes-vous sûre que vous n'êtes pas en train de ressentir l'effet des vapeurs que vous inhalez dans cette pièce ? Il m'arrive moi-même de m'y sentir étrange. Mais cela vient peut-être des fleurs de la serre voisine : à dire vrai, il y en a tant que leur odeur m'incommode parfois.

— Elles sont nombreuses, en effet.

— Hélas, elles ne remplissent pas leur rôle, car comme vous pouvez le constater – ou devrais-je dire, le sentir – l'odeur qui règne dans mon atelier est tout aussi puissante qu'elle l'était avant que votre mère ne me cache à l'abri des regards derrière cette serre. Et cela n'a en rien diminué mon désir de venir m'y enfermer chaque jour.

Il me sourit d'un air penaud et ajoute :

— Nous avons tous nos petites faiblesses.

À qui le dit-il ! Je me sens soudain proche de Mr Mansfield : cet attachement vaguement honteux qu'il éprouve envers ses peintures et son atelier me renvoie à ma propre addiction incontrôlable aux romans de Jane Austen. Tout comme lui, je m'adonne à ma passion dans la solitude. Mes amis ne savent pas que la plupart de mes arrêts de travail ne sont pas des arrêts maladie mais des journées entièrement consacrées à ma romancière fétiche, pas plus qu'ils ne se doutent que le dernier best-seller qu'ils m'ont offert pour Noël ou pour mon anniversaire a généralement été abandonné à mi-lecture parce que j'éprouvais le besoin de relire pour la énième fois *Orgueil et Préjugés* ou *Raison et Sentiments*.

Il n'y a encore pas si longtemps, pas un seul de mes amis ne savait que cette passion m'avait poussée à rejoindre une association d'autres inconditionnels d'Austen : la Jane Austen Society of North America. Jusqu'à ce jour où Paula est tombée sur un courrier de la JASNA adressé à mon nom qui traînait dans ma chambre. Elle a éclaté de rire en découvrant la photo de plusieurs membres habillés façon Régence lors d'un grand rassemblement, puis s'est arrêtée net en voyant mon air sérieux.

En ce qui me concerne, je n'ai jamais participé à ces réunions. J'ai bien trop peur d'affronter cette confrérie d'intellectuels qui me jugeraient sûrement indigne de leur association étant donné que j'ai découvert Austen grâce à Colin Firth se pavanant en pantalon moulant dans un feuilleton de la BBC. Ils se ficheraient pas mal de savoir que j'ai acheté tous ses romans et que je les ai dévorés les uns après les autres avant de voir toute autre adaptation cinématographique. Une jeune femme possédant une figurine de Jane Austen – qui plus est toujours emballée dans sa boîte, car celle-ci est vraiment jolie – n'inspirerait que du mépris à cette foule d'érudits.

En vérité, je crois que l'idée de côtoyer des gens potentiellement plus excentriques que moi me dérange encore plus que leurs prestigieux diplômes universitaires. Non mais sans rire, lors de ces regroupements annuels, ils dansent lors de véritables bals époque Régence, et en costume pour la plupart ! Est-ce que le fait de rencontrer ces gens en chair et en os reviendrait à contempler mon addiction dans un miroir, et ai-je peur de ce que j'y verrais ? Et si jamais – Dieu m'en préserve – je cédais à la tentation et me rendais à l'un de ces bals ? Non contente de passer mes journées d'arrêt maladie à lire Austen en cachette, pousserais-je le vice jusqu'à le faire vêtue d'une robe Empire en mousseline ? Est-ce que mes complexes refoulés combinés à ce désir jamais sorti du placard – sans mauvais jeu de mot – sont la raison pour laquelle j'ai atterri dans ce monde fragmenté digne d'un roman d'Austen ?

— Jane ?

La voix de Mr Mansfield m'arrache à ce tourbillon de pensées ; il semble préoccupé.

— Vous sentez-vous bien, ma chère ?

Je m'efforce de sourire.

— Oui, oui.

Il replace le tissu sur son tableau.

— Asseyez-vous donc une minute si vous le voulez bien, dit-il en m'approchant une chaise. Alors, Jane, il semble que vous ayez conquis le cœur de Mr Edgeworth.

Je laisse échapper un rire gêné.

— Je n'appellerais pas vraiment ça une conquête.

— Je vous connais, Jane. Vous n'êtes pas de ces jeunes femmes qui accordent leurs attentions sans raison. Et j'ai constaté un changement notable dans votre attitude envers Mr Edgeworth entre ce soir et ce que j'ai pu observer en de précédentes occasions.

— Ah, vraiment ?

Mr Mansfield m'examine par-dessus ses lunettes.

— J'espère que vous n'êtes pas en train de vous moquer de moi.

— J'aimerais entendre votre point de vue.

Il sourit.

— Je tiens beaucoup à vous, Jane. Et je ne suis pas de ces parents – et ils sont nombreux de nos jours – qui se contentent de donner leur fille au plus offrant, sans considération aucune pour les sentiments et les souhaits de cette dernière. Votre mère est peut-être satisfaite du mariage de votre sœur Clara, mais ce n'est pas mon cas. D'ailleurs, avant de donner mon consentement, j'ai mis en garde Clara contre les risques d'épouser un homme pour lequel elle éprouvait moins d'affection qu'elle n'en avait pour sa fortune.

Il me regarde, un sourcil levé.

— Ne prenez pas cet air faussement outré, ma chère. Vous savez bien que c'est la vérité.

Il ôte ses lunettes et entreprend de les nettoyer.

— Je vous fais simplement part de mes observations, poursuit-il. Et je note que, naguère, vous vous montriez peu loquace avec Mr Edgeworth, cela en dépit des nombreux encouragements de votre mère. Vous profitiez de la moindre occasion pour vous engager dans des conversations ou des activités avec d'autres personnes et sembliez presque éviter sa compagnie. Votre mère l'a également remarqué et en a été fort contrariée. Je suis sûr que vous savez aussi bien que moi qu'elle souhaite vous voir épouser cet homme. Et comme vous n'êtes pas de nature timide, je suis parvenu à la conclusion – jusqu'à ce soir, j'entends – que votre attitude envers Mr Edgeworth n'était pas due à de la réserve, mais à de l'indifférence.

— Et à quoi avez-vous attribué cette indifférence ?

Il hausse les épaules.

— Vous avez peut-être du mal à concevoir qu'un veuf qui aimait sincèrement sa femme puisse se lier d'affection avec une autre personne. Toutefois, votre mère pense que vous l'appréciiez vraiment, du moins au début, et que vous avez ensuite mystérieusement changé d'attitude à son égard. Loin de moi de prétendre savoir ce qui se passe dans la tête d'une femme quand il est question d'amour. Cependant, j'ai moi-même remarqué que vos sentiments ont pris un tournant ce soir.

— Vous pensez que je suis amoureuse de Mr Edgeworth juste parce que je lui ai parlé au dîner ?

— Votre mère l'interprétera ainsi. Tout comme Mr Edgeworth. Ainsi, si vous ne voulez pas donner de faux espoirs à vos amies en les laissant penser que vous allez devenir la seconde Mrs Edgeworth, je vous conseillerais d'éviter de l'encourager.

Il me tapote la main puis ajoute :

— Non pas que je pense que votre comportement ait quoi que ce soit d'inconvenant, ma chère.

— C'est incroyable !

— Mr Edgeworth me semble être un homme aimable et galant. Il est issu d'une famille respectable et aux dires de tous, il posséderait une fortune considérable. Ce sont là d'importantes qualités, ma chère, mais à moins d'aimer cet homme, je crains que vous ne soyez jamais heureuse avec lui.

— Comment pourrais-je l'aimer ? Je le connais à peine.

Mr Mansfield sourit et replace ses lunettes sur son nez.

— Je savais que je pouvais compter sur votre franchise, Jane. Tenons-nous-en là pour l'instant et espérons seulement que les lubies de votre mère ne l'ont pas entraînée trop loin. Ou que Mr Edgeworth ne vous déclarera pas sa flamme avant que vous ne changiez de nouveau d'avis à son sujet.

— Vous plaisantez, j'espère !

Il me fait un clin d'œil et je ris, soulagée.

À la suite de cet entretien, je reste étendue sur mon lit, incapable de trouver le sommeil et ressassant dans ma tête cette conversation avec Mr Mansfield. Je ne suis pas dans un autre pays ; je suis sur une autre planète. Je bavarde tranquillement avec un type lors d'un dîner et tout le monde est prêt à commander les faire-part de mariage. Et moi qui trouvais que je spéculais trop !

S'il y a une chose que m'a apprise mon statut de femme célibataire en quête de ce Graal sacré que représente une relation décente, c'est que je ne dois rien présumer. Je n'ai pas le droit de présumer que je suis en couple avec un homme, même si je couche avec lui régulièrement. Je n'ai pas le droit de présumer qu'un homme va m'être fidèle, pas même mon propre fiancé. Et si je couche avec quelqu'un pour la première fois, je n'ai pas le droit de présumer que je vais recevoir ne serait-ce qu'un coup de fil du genre : « Salut, c'était sympa hier soir. » Si je suis chanceuse, il m'accordera peut-être cinq minutes en me croisant à une soirée deux semaines plus tard. Même Frank a attendu des mois avant d'employer le mot en « R » tant redouté ; le mot en « A » a pris encore plus de temps. Et maintenant, je devrais présumer qu'un homme avec qui j'ai échangé trois mots au dîner, un parfait inconnu, pourrait être un objet matrimonial si je ne refrène pas mes pulsions de pipelette ? D'accord, il n'est pas ce qu'on pourrait appeler un parfait inconnu pour Jane. Mais pour moi, si.

Tout comme le sont les autres protagonistes de ma vie d'emprunt. Cette pensée me fait frissonner malgré la douceur de la nuit. Comment est-il possible d'habiter le corps d'une étrangère, de parler avec la voix d'une étrangère et de se taper par-dessus le marché le passé, l'environnement, les parents et les amis de cette personne, qui maintiennent tous que vous n'êtes pas *vous* ? Mais surtout, comment vais-je redevenir celle que je suis vraiment ?

Chapitre 12

Je ne suis pas plus sur le point de trouver la solution le lendemain matin. Mrs Mansfield est tout sourires et se rembrunit juste le temps de me dire que j'ai l'air un peu pâle. Mais à peine ai-je entamé mon petit déjeuner qu'elle déclare que j'ai déjà meilleure mine. Il faut croire que le chocolat chaud « Mamie Mansfield » est la dernière révolution cosmétique en matière de soins du visage.

— Mr Edgeworth devrait arriver d'un instant à l'autre. Quand il sera là, je lui ferai remarquer que ce temps radieux serait propice à une agréable promenade dans les jardins.

C'est ça, cause toujours. Peut-être que le chocolat est bon pour la peau dans cette réalité-là. Et qu'il ne contient aucune calorie. Peut-être qu'il y a un Dieu, après tout.

Mrs Mansfield se tamponne les lèvres avec une serviette.

— Mr Edgeworth voudra certainement nous accompagner. Je vais alors prétexter une soudaine migraine. Le calme et la solitude étant les meilleurs remèdes à ce mal, je déciderai de rester à l'intérieur et insisterai pour que tous deux partiez sans moi.

Elle sourit, satisfaite, et étale de la confiture sur son pain. Quelle idée brillante : me laisser seule avec un spécimen masculin célibataire de premier choix. Si seulement elle savait avec combien d'hommes je me suis retrouvée seule ! Et ce que j'ai fait avec eux. Eh oui, Mrs Mansfield, je vous vois déjà réclamer vos sels. J'esquisse un sourire à cette pensée.

Elle réagit immédiatement.

— Je me réjouis de voir que mon idée ne vous déplaît pas. Vous vous montrerez bien entendu complaisante avec Mr Edgeworth et ferez preuve de toute la courtoisie dont vous êtes capable.

— À votre service, très chère.

Je me lève et m'incline dans un simulacre de révérence.

— Maintenant, j'aimerais prendre une longueur d'avance dans cette promenade avant l'arrivée de notre hôte. Avec votre permission, bien sûr.

— Vous n'êtes qu'une insolente ! s'exclame-t-elle avec mépris. Veillez à rester près de la maison, Jane. Je vous veux ici dès que Mr Edgeworth arrivera.

Je la salue comme un bon petit soldat.

— Oui madame !

Alors que je flâne dans le jardin, je me répète en boucle quelque chose qu'Anna m'a dit et qu'elle tient d'un illuminé de son cours de méditation ou d'un des innombrables charlatans New Age qu'elle paie pour disséquer son aura, polir ses cristaux ou procéder au nettoyage énergétique de sa maison. Franchement, elle ferait mieux de dépenser son argent pour un nettoyage physique à grande eau de cette vraie porcherie qui lui sert de toit. Bref, Anna m'a dit qu'il fallait se fier au fait que toute situation, aussi horrible qu'elle puisse paraître sur le moment, finit par déboucher sur quelque chose de bon. Maintenant que j'y pense, il est étrange que je me rappelle ces paroles, puisque je me mets généralement en mode sourde oreille quand elle me balance ses platitudes bien intentionnées.

Ah, si ! Je sais pourquoi je me souviens de cette prétendue vérité : c'est ce qu'elle m'a sorti quand j'ai découvert que Frank avait couché avec Amy. D'après elle, c'était une bénédiction que son infidélité m'ait été révélée avant, et non pas après le mariage. Je sais qu'elle avait raison, mais à ce moment-là, tout ce que je me demandais, c'était comment j'allais surmonter la tâche humiliante consistant à informer tous les invités qu'il n'y aurait pas de cérémonie et à renvoyer les cadeaux aux impatients qui avaient voulu être les premiers à faire leur choix. Mais elle n'en a pas démordu, me répétant que c'était une bénédiction d'être sauvée d'une illusion ; après tout, j'aurais pu épouser cette illusion, non ?

Mais que dire du fait que je voulais ma journée d'illusion ? Rien qu'un tout petit jour ? Était-ce trop demander ? Était-ce trop demander que de souhaiter avoir appris la vérité seulement après le mariage, une fois que j'aurais été la reine du bal dans ma robe de satin blanc ? C'était *mon* illusion, bordel ! Et Frank me l'avait volée en me trompant. Il m'avait empêchée d'atteindre cette étape clé de ma vie, cette preuve publique de ma valeur. J'aurais tellement préféré pouvoir dire : « Je suis divorcée. Ça n'a pas marché, voilà tout » plutôt que : « Je suis célibataire. Je n'ai jamais été mariée. »

Le fait que je tente de trouver du réconfort dans les mots d'Anna traduit bien l'ampleur de mon désespoir. En quoi cela peut-il être une bénédiction que de se retrouver coincée dans une sorte de distorsion temporelle où tout le monde pense que je suis quelqu'un que je ne suis pas et où ceux qui savent qui je suis ne sont même pas nés ?

Bénédiction ou pas, je dois m'efforcer de voir le côté positif des choses. Je n'ai pas le luxe de pouvoir me retirer dans ma chambre pour me glisser sous les couvertures comme je le fais chez moi. Ils penseraient sûrement que je suis de nouveau « souffrante » et feraient venir Monsieur Face de Truite et son horrible bistouri. Je dois positiver. Me persuader que je vais trouver le chemin du retour, même si en cet instant précis, je n'ai aucune idée de la façon d'y parvenir. Je vais arrêter de me torturer l'esprit. Je vais apprécier cette promenade parmi les arbres et les fleurs et arrêter de m'inquiéter de savoir combien de temps je vais rester coincée ici. Oh mon Dieu, et si c'était pour toujours ? Non ! Je ne dois pas y penser. Oui, je sais.

Ce n'est plus une pensée, c'est une obsession. Je suis ici, pour le temps qu'il faudra, réel ou irréel, voyage dans le temps ou folie passagère. Je pense, donc je suis réelle. Ou quelque chose comme ça. Ma mission : me focaliser sur l'instant présent et trouver un moyen de réintégrer le passé. Ou le monde parallèle. Ou ma raison.

Trop réfléchir n'a jamais rien résolu.

Un bruissement derrière moi me fait sursauter. Je fais volte-face et me retrouve nez à nez avec Edgeworth.

— Bonjour, bafouillé-je, confuse, en me prenant le pied dans l'ourlet de ma robe.

Je décide de faire comme si de rien n'était et m'adosse nonchalamment à un arbre. Hélas, je le manque d'un cheveu et ce n'est que grâce aux bons réflexes d'Edgeworth, qui me rattrape, que je ne me retrouve pas le cul par terre.

— Eh bien ! m'écrié-je en m'assurant que ma robe n'est pas déchirée. C'était élégant !

Il s'incline.

— Pardonnez-moi de vous avoir effrayée. C'est entièrement ma faute.

Je lui souris.

— Permettez-moi de ne pas être d'accord avec vous.

J'essaie d'imaginer Frank en train de porter le chapeau pour une de mes bourdes. Jamais de la vie, même pas en rêve ! Il adorait me répéter à quel point j'étais godiche et raconter mes derniers exploits d'empotée à tous ceux qui voulaient bien l'écouter.

Son rire et son regard condescendants n'avaient rien à voir avec le sourire enjoué d'Edgeworth, qui me fait penser à la façon dont Wes m'a souri le jour où j'ai fait tomber par terre un plat de gratin de macaronis. Il ne m'a pas seulement aidée à nettoyer les dégâts, mais il a aussi traité Frank de « pauvre type » parce qu'il riait à mes dépens.

— Êtes-vous blessée, Miss Mansfield ?

— Seulement ma fierté.

Les yeux d'Edgeworth pétillent.

— Je suis heureux que vous soyez physiquement indemne. Puis-je vous accompagner dans votre promenade ? me demande-t-il en m'offrant son bras.

Pourquoi pas ? Au soleil, ses cheveux paraissent plus dorés et ses yeux noisette ont viré au vert émeraude. Presque aussi clairs que ceux de Wes. Non, c'est faux ; il n'y a rien de comparable aux yeux de Wes.

— Votre mère m'a chargé de vous dire qu'elle a été prise d'une soudaine migraine. Elle a suggéré que j'aille vous tenir compagnie afin qu'elle puisse se reposer dans le calme et la solitude.

— Pauvre Mrs Mansfield !

Je pousse un soupir, mais j'ai peine à garder un visage impassible.

Edgeworth cligne des yeux, amusé. Mes soupçons lors de son départ la veille étaient probablement de simples mécanismes de défense faisant des heures sup. La confusion qui règne dans mon esprit est bien normale, après tout : non seulement je dois gérer cette situation hors du temps, mais je ne suis tout simplement pas habituée à me sentir aussi à l'aise avec un homme que je viens de rencontrer, tous siècles confondus. Excepté Wes, bien sûr, mais il était l'ami de mon petit ami quand je l'ai rencontré et pas un beau jeune homme célibataire, donc c'est différent. Quand je suis face à un homme disponible que je trouve attirant, je passe généralement la moitié du temps à préparer mes phrases dans ma tête et l'autre moitié à être hyper consciente de mon langage corporel. Je ne ressens rien de tel avec Edgeworth.

Nous passons près d'un banc de pierre au bord d'une allée de gravier et il me propose de m'asseoir quelques minutes.

— Volontiers.

Mais en croisant son regard, je comprends que quelque chose cloche.

Il baisse les yeux vers ses bottes.

— Je dois vous parler.

J'ai l'impression que mon sang se glace dans mes veines. D'où me vient cette soudaine boule dans la gorge ?

Il relève la tête et me dévisage.

— Permettez que je vous confie ce qui pèse sur ma conscience.

Je hoche la tête. Mon cœur bat si fort que je peux presque l'entendre.

— Pendant un temps j'ai espéré… non, j'ai cru que nous partagions une certaine complicité. Mais votre attitude a subitement changé et, comme vous refusiez de me parler, je suis parvenu à la conclusion que ma sœur avait joué un rôle dans ce revirement. Je suis bien conscient que Mary ne m'a jamais pardonné le service que je lui ai rendu, qui d'ailleurs, selon elle, n'en était pas un.

Il s'interrompt un instant et s'essuie les mains sur son pantalon. Je n'ai, bien entendu, pas la moindre idée de ce dont il parle.

— Puis il y a eu votre accident. Vous savez combien je désirais parler à vos parents. Mais je ne voulais pas leur révéler ce que vous ne sembliez plus reconnaître comme étant vrai. Lorsque vous vous êtes enfin rétablie, j'étais déterminé à vous faire changer d'avis sur ma personne. Je ne sais ce que j'espérais obtenir ; transformer votre aversion en indifférence, peut-être. Je n'osais en attendre davantage. Or, je constate aujourd'hui que quelque chose a changé ; du moins j'espère que je ne me méprends pas en pensant que vous n'abhorrez pas ma compagnie. C'est un début, n'est-ce pas ?

— Je…

— Oui ?

— Je ne suis pas bien sûre de savoir quelle sorte de malentendu… et vous me voyez désolée si j'ai… enfin, je ne suis pas sûre de comprendre ce que…

— En ce cas, permettez-moi d'être clair, déclare-t-il en repliant mes mains dans les siennes. Jane, si vous consentez à devenir ma femme, je vous promets que je dévouerai chaque heure de mes jours à me montrer digne de votre confiance.

Il a l'air si grave, si sérieux. Que puis-je répondre à cela ? Que dit-on à un homme qu'on est censée connaître mais qu'on ne connaît pas, et qui vous demande en mariage malgré tout alors même qu'il vit à une autre époque ? Je consulte mon catalogue cérébral des dialogues de Jane Austen, à la recherche d'une réponse possible. Le « pour ma part, je ne songe pas du tout au mariage pour le moment[1] » d'Emma pourrait amener Mr Edgeworth à l'attribuer, comme Mr Collins, à mon « désir d'exciter [sa] tendresse en la tenant en suspens, suivant l'élégante coutume des femmes du monde[2] ». Et son « croyez-moi, monsieur, je suis loin, loin d'être flattée de me trouver l'objet de telles déclarations » est bien trop dur. Il en va de même pour la tirade de Lizzy Bennet : « Sous quelque forme que se fût produite votre demande, jamais je n'aurais eu la tentation de l'agréer. » De toute manière, même si je voulais répondre par l'affirmative, il ne faut pas m'attendre à ce que Jane Austen me mâche le travail. Après tout, qu'est-ce qu'Emma a dit à Mr Knightley ? Justement ce qu'elle devait dire.

Edgeworth presse ma main, m'arrachant à mon mode recherche.

---

1. Austen (Jane), *Emma*, tous les extraits de ce titre sont traduits par Hélène Seyrès, édition Archipoche, 1997. (*NdT*)
2. Austen (Jane), *Orgueil et Préjugés*, tous les extraits de ce titre sont traduits par V. Leconte et Ch. Pressoir, édition 10/18, 1979. (*NdT*)

— Permettez-moi d'interpréter à mon avantage cet intéressant silence.

Mon Dieu ! Il est en train de citer Mr Elton presque mot pour mot, et *Emma* n'a même pas été écrit !

Il porte mes mains à ses lèvres, mais je les retire avant qu'il puisse sceller l'accord.

— Je ne voudrais pas être impolie, mais... avez-vous perdu la tête ?

Et sur ces mots, je me lève et m'éloigne à grandes enjambées sur l'allée de gravier, en veillant toutefois à ne pas attirer l'attention des domestiques éventuellement présents dans les parages.

Plus encore que la citation anachronique d'Edgeworth, cette demande en mariage passionnée me fait paniquer. Quand un homme m'a-t-il déjà parlé ainsi ? Certainement pas Frank, dont le « c'est bon, tu as gagné, on va se marier » marmonné après quelques verres de trop peut difficilement compter comme une demande en mariage, encore moins une déclaration d'amour. Pourtant, j'avais si désespérément besoin d'une preuve d'engagement que tout ce que j'ai ressenti le matin suivant a été de la gratitude quand il n'a pas plaidé le moment d'égarement dû à l'abus d'alcool. Quant à l'organisation du mariage, il avait été très clair sur ce point : « Laisse-moi en dehors de tout ça. Je me pointerai le jour dit, mais ma participation s'arrête là. »

Quel euphémisme ! Quand Frank n'était pas en train de se comporter comme un condamné à la potence – ou de faire du gringue à la créatrice de notre gâteau –, il profitait de la moindre occasion pour critiquer l'institution du mariage, expliquant que c'était un affront au libre arbitre et un moyen d'assujettir les femmes. Ces prises de position tranchées étaient bien sûr en totale contradiction avec les manipulations auxquelles il avait sans cesse recours pour que je plie son linge, débouche l'émulseur de sa machine à expresso ou mette à jour son logiciel. « Tu t'y connais tellement mieux que moi en informatique », plaidait-il. Un soir, alors que je consultais mes e-mails sur son ordinateur, j'ai pourtant découvert qu'il n'avait aucun problème à enregistrer et très vraisemblablement à se connecter sur bimbosexy.com et divers autres sites de filles-grandes-minces-et-nues, tous regroupés dans un dossier soigneusement classé.

J'entends le gravier crisser derrière moi.

— Vous ai-je offensée ? me demande Edgeworth, hors d'haleine.

— Pas le moins du monde. Je suis simplement…

Les mots restent bloqués dans ma gorge. Je lis tant de vulnérabilité dans ses yeux vert émeraude et tant d'émotions refoulées dans ses mâchoires crispées que l'espace d'un instant, je suis tentée de dire : « Oui, je veux vous épouser. Prenez-moi sur-le-champ et arrachez ce corset qui m'oppresse la poitrine. »

Je suis soudain prise d'un fou rire incontrôlable et je finis pliée en deux, secouée de hoquets et reniflant bruyamment. Je ne suis pas coincée dans la vie d'une inconnue. Je suis coincée dans une parodie à l'eau de rose d'un roman de Jane Austen.

— Ma chère, ma délicieuse Jane, s'exclame Edgeworth en amenant ma main à ses lèvres. Vous venez de faire de moi le plus heureux des hommes.

Il interprète manifestement mon hilarité comme une réponse affirmative.

— Holà ! m'écrié-je.

Je glousse encore en imaginant Edgeworth posant sur la couverture d'une romance sentimentale sous un titre aux belles lettres dorées, le genre de livre que ma mère a toujours sur sa table de chevet.

— Je ne vous cache pas que je suis attirée par vous, mais ne pensez-vous pas que tout cela va bien trop vite ? Nous n'avons même pas couché ensemble !

Edgeworth lâche ma main et il s'empourpre instantanément.

— Vous êtes cruelle, Jane.

— Pardon ?

Le silence qui s'ensuit me semble interminable.

— Êtes-vous fâché ? demandé-je.

— Je ne suis *pas* fâché.

Il se met à marcher de long en large en secouant la tête, puis donne un coup de pied dans un arbre. Il grimace de douleur et serre les poings.

Pas fâché du tout.

— C'est de la folie. De la pure folie.

J'ai soudain la bouche sèche. *Du calme, il ne le pense pas vraiment*. Je dois cependant admettre que rire comme une hyène en racontant des blagues de mauvais goût n'est certainement pas la meilleure attitude à adopter pour quelqu'un dans ma situation.

— Pouvez-vous m'expliquer, Jane, comment deux personnes qui se comprenaient si bien peuvent en arriver là ?

— J'aimerais pouvoir vous répondre, dis-je en m'efforçant de parler comme la Jane qu'il connaît – ou qu'il croit connaître. Mais pour vous dire la vérité, monsieur, je n'ai pas l'honneur de comprendre ce que vous insinuez.

— Ah. Je ne vais pas prétendre que je ne vous comprends pas.

— Et je ne vais pas prétendre que je vous comprends.

— Vous vous montrez particulièrement injuste envers moi. Je vous l'accorde, j'ai trente-huit ans et je ne suis pas un saint. Mais pouvez-vous réellement concevoir un portrait aussi déshonorant de ma personne ?

Tenter de donner un sens à cette conversation ressemble à faire les mots croisés du *New York Times* avec la moitié des mots en swahili. Mais je n'ai pas besoin de tout saisir. Je dois juste lui en donner l'impression.

— Je… je ne sais pas ce que je crois. Ni de quel « portrait déshonorant » vous parlez.

Il hausse les sourcils et scrute mon visage comme s'il cherchait à y déchiffrer quelque chose. Quoi ? La vérité ? Je vois son expression passer de la méfiance à la perplexité, puis ses traits se détendent enfin.

— Je dois avouer que j'ai du mal à vous suivre, mais je suis soulagé de constater que vous ne semblez pas penser du mal de ma personne.

Je suis si émue par la candeur de son regard que je me surprends à lui toucher la main. Il détourne la tête et porte sa main libre à son œil. Était-ce une larme ?

Je lutte contre l'envie de le prendre dans mes bras et de serrer sa tête contre mes seins. Et de lui arracher ses vêtements.

Quelle différence cela ferait-il si je changeais d'avis et acceptais sa demande ? Qui en souffrirait ? Après tout, cette réalité, quelle qu'elle soit, n'est que temporaire.

Une minute ! Ai-je si désespérément besoin d'une preuve d'engagement que je suis prête à me marier avec le premier venu ? Cette réalité est peut-être temporaire, mais combien de temps cela représente-t-il ? Des jours, des heures, des semaines, voire des années ? Ai-je vraiment envie de parier sur ce que « temporaire » signifie en épousant un inconnu uniquement parce que j'ai peur de passer à côté de la chance de ma vie ? Ou d'une réalité ? Ou même de deux réalités ?

Je crois bien que je vais devoir prendre le risque.

Edgeworth s'éclaircit la voix.

— Me feriez-vous l'honneur d'accepter que je vous rende visite à mon retour de la ville ?

— Vous avez plutôt intérêt.

Il sourit.

— Vous êtes un mystère que je suis bien déterminé à élucider.

— En ce cas nous sommes deux, Mr Edgeworth.

Et nous ne sommes pas les seuls à être deux : un couple de papillons blancs surgit de nulle part pour se livrer à un ballet aérien devant mes yeux. Ils s'éloignent et sont remplacés par un papillon orange moucheté de noir qui se pose aussitôt sur ma robe. Je m'apprête à le toucher mais Edgeworth arrête doucement mon geste d'une main.

— Ses ailes sont fragiles, il ne faut pas les toucher.

Impression de déjà-vu. Où ai-je déjà entendu ces mots ? Soudain je frissonne dans ma robe légère. Le temps était chaud et ensoleillé un instant plus tôt, mais voilà que tout s'est assombri. Je regarde le ciel. Des nuages gris passent devant le soleil. Une brise fraîche s'est levée et je regrette de ne pas avoir pris mon châle. Je rejoins la maison, Edgeworth marchant silencieusement à mon côté.

Quand nous entrons dans le salon, la migraine de Mrs Mansfield s'est miraculeusement envolée. Elle nous sourit en dévoilant ses fossettes mais ses yeux sont durs comme la pierre et se plissent alors qu'elle tente de déchiffrer mon expression.

Quand Edgeworth prend congé, un quart d'heure d'échanges polis plus tard – et sans repasser par le salon après être allé dire au revoir à Mr Mansfield dans son atelier –, elle m'observe sans mot dire. Mais sitôt qu'elle le voit s'éloigner à cheval par la fenêtre, elle se précipite dans l'atelier.

Je me retire dans ma chambre mais elle vient bientôt pointer le bout de son nez à ma porte.

— Votre père m'a informée que Mr Edgeworth a pris congé en lui promettant de nous rendre visite dès son retour de la ville.

Je ne réponds pas.

Mrs Mansfield pose une main sur sa hanche.

— Eh bien ?

Je m'assois devant la coiffeuse et m'empare d'une brosse à cheveux.

— Mr Edgeworth vous a-t-il demandée en mariage ?

Je m'aperçois que je ne peux pas faire grand-chose avec la brosse étant donné que mes cheveux sont attachés.

— Je vous ai posé une question, Jane.

— Il l'a fait, et j'ai dit « non ».

Ses yeux me transpercent.

— Que dites-vous là ?

Je lui adresse un léger sourire.

— Je le lui ai dit avec gentillesse.

Le visage de Mrs Mansfield se métamorphose en masque d'albâtre.

— Dites-moi, Jane : pensez-vous vraiment qu'un gentleman aussi aimable ou riche que lui vous demandera un jour en mariage ? Vous avez trente ans et votre dot, quoique non négligeable, n'est rien comparée à ce qu'un homme possédant la fortune de Mr Edgeworth serait en droit d'espérer. Et malgré cela vous osez rejeter sa demande. Vous osez désobliger votre mère.

Je serre les dents et m'abstiens de répliquer. En quoi ce que cette femme pense a-t-il une quelconque importance ?

— Et si votre père venait à mourir ? Qu'adviendrait-il de vous ? Souhaitez-vous finir vos jours dans cette maison pour y jouer le rôle de la tante célibataire s'occupant des enfants de son frère – puisse Dieu lui accorder un fils et héritier –, cela parce que vous étiez trop têtue pour vous marier quand vous en aviez la possibilité ?

Je la dévisage avec le même regard froid qu'elle braque sur moi. Je ne vais pas lui faire le plaisir de me voir m'énerver pour si peu.

— Eh bien ? insiste-t-elle.

Je hausse les épaules.

— Vous savez déjà tout.

— Excepté la raison pour laquelle vous avez rejeté sa demande. J'exige une explication.

— Il n'y a pas de raison particulière. Je ne suis pas amoureuse de lui, c'est tout.

— Qu'est-ce que l'amour vient faire dans tout cela ?

— Vous savez, ça ferait un super titre de chanson !

Je suis tentée de me lancer dans ma meilleure interprétation de *What's love got to do with it* de Tina Turner mais je me ravise, en particulier parce que

Mrs Mansfield me regarde déjà comme si j'étais un cafard qu'elle s'apprêtait à écraser.

— J'espère que vous avez conscience de ce que vous avez fait. Il ne vous courtisera plus.

Et sur ces mots, elle pivote sur ses talons et disparaît.

— Il reviendra, dis-je alors que je suis seule.

Mais je n'en suis pas si sûre. Il est peut-être parti avec l'intention de revenir, mais qui sait ce qui peut arriver ? Blessé dans son amour-propre, il ne voudra probablement pas risquer d'être rejeté une seconde fois. Il pourrait aussi rencontrer quelqu'un d'autre entre-temps.

Oh, et puis tant pis ! S'il ne revient pas, je vivrai avec mes regrets, si toutefois j'en éprouve d'ici là. Et si je suis toujours ici. Edgeworth doit s'absenter deux semaines ; cette comédie va sûrement se terminer avant son retour. Je refuse de penser qu'il puisse en être autrement.

C'est hélas plus facile à dire qu'à faire.

Chapitre 13

Voilà maintenant cinq jours que je suis otage dans ce corps, et celui-ci commence à dégager une odeur rance. Cela n'a rien d'étonnant en soi : non seulement les seuls accessoires dont je dispose pour mes ablutions quotidiennes se résument à un broc et à une bassine d'eau (dont la moitié finit généralement sur le sol et non sur ma peau), mais en guise de déodorant, j'en suis réduite à m'asperger les aisselles de parfum floral. Ce ne sera pas le cas aujourd'hui, décidé-je en rejetant les couvertures et en sonnant la cloche. Comme à son habitude, Barnes apparaît en quelques secondes.

— Barnes, j'ai besoin d'un bain.

Elle semble troublée.

— Maintenant, mademoiselle ?

— Vous préférez peut-être tenir des flacons de parfum sous le nez de tous ceux qui m'approcheront aujourd'hui ?

— Mais vous allez être en retard à l'église.

— L'église ? Barnes, je pue !

Elle tord son tablier entre ses mains.

— Votre mère a été très claire sur l'heure…

— Pitié ! Ne me dites pas que je suis obligée d'y aller.

Elle me regarde avec un air plaintif.

— Je vais vous frotter un bon coup et je vous promets que vous serez propre comme un sou neuf en moins de temps qu'il n'en faut pour avaler un de ces biscuits au gingembre de la cuisinière. Ensuite, je vais préparer votre robe jaune préférée et dès votre réveil demain, vous pourrez vous plonger dans un bain bien chaud.

— Et pourquoi pas dès notre retour de l'église ?

— Votre mère a été très claire…

— N'en dites pas plus. Je crois que je ne supporterai pas d'entendre une seule mauvaise nouvelle de plus avant d'avoir bu mon thé.

— Je vous fais monter un plateau pour le petit déjeuner ?

Je soupire. Au moins je n'aurai pas à croiser le regard de Mrs Mansfield avant d'avaler mon thé.

— Un plateau sera parfait. (Je lui montre mon aisselle droite.) Et pourriez-vous faire quelque chose pour ça, s'il vous plaît ?

En un rien de temps, je suis semi-désodorisée, habillée, et Mr Mansfield m'aide à monter dans une authentique calèche tirée par des chevaux dans laquelle nous rejoignons au trot une vieille église en pierre. Je ne boude pas mon plaisir. Je suis là, apprêtée dans une belle robe d'époque comme Lizzy Bennet ou Jane Austen elle-même, et je pénètre dans l'église silencieuse aux côtés des femmes coiffées de chapeaux et des hommes en gilet qui prennent place les uns après les autres sur les bancs, comme si j'appartenais à cet endroit.

Si l'on met de côté la nouveauté que représente ce cadre historique, cela fait une éternité que je n'ai pas assisté à une messe ; ce sera peut-être l'occasion de me calmer et de prendre du recul sur la situation.

Mais le pasteur, un homme chauve au visage grassouillet et au col sale, ouvre alors la bouche et, d'une voix haut perchée, commence à pontifier sur les mœurs légères des femmes de la société moderne. Hélas, au lieu d'égayer son discours d'anecdotes croustillantes, il illustre ses vagues généralités par la lecture de longs passages de la Bible. Et ça continue, inlassablement… Je jette un coup d'œil à Mr Mansfield dont les paupières sont mi-closes. Sa tête se renverse en arrière et il revient tout à coup à lui, essuyant le filet de bave au coin de sa bouche tout en m'adressant un petit sourire penaud. Les dames âgées assises sur le banc de la rangée opposée, au contraire, regardent leur pasteur, captivées, et hochent la tête pour manifester leur approbation.

Il n'est pas évident de tromper l'ennui dans cette église : chaque fois que je fais mine de me retourner pour observer la foule des fidèles, je croise une dizaine de paires d'yeux rivées sur moi. Est-ce que je fais tache à ce point dans ce lieu ? Mon nez coule-t-il ? Puis je me dis que ces gens veulent probablement s'assurer par eux-mêmes de l'intégrité de mon cerveau à la suite de ma prétendue chute. C'est sûrement bien plus intéressant que d'écouter le sermon du pasteur. Je repère Mrs Randolph et sa fille. Cette dernière lit son livre de messe avec une moue méprisante. Quant à Mrs Mansfield, elle passe son temps à me chuchoter de rester tranquille et de me comporter comme une dame.

Je parviens finalement à m'évader en regardant fixement un point dans le vague et en m'imaginant sur le canapé de cuir usé de mon appartement, devant le foutoir de mon bureau au travail, dans ma chambre jonchée de vêtements, bavardant avec Paula et Anna tout en faisant les dernières retouches maquillage avant de sortir, puis descendant un Dirty Martini agrémenté de deux olives en flirtant avec mon barman préféré. Je m'imagine dans mon propre corps, parlant avec ma voix, me sentant moi-même.

Mais ma rêverie est grossièrement interrompue par un bruit de… ai-je bien entendu ? Quelqu'un vient de lâcher un pet dans l'église. Pas un pet du genre « oups, ça m'a échappé », mais plusieurs véritables coups de clairon. Et pas un seul, mais trois, chacun provenant d'une direction différente. Bon sang ! Ce dernier vent est émis assez près de moi pour que j'en respire les effluves. Je sors de mon sac un flacon d'eau de lavande et le tiens sous mon nez pendant le reste de l'office, consciente de l'ironie de mon inquiétude d'indisposer les autres avec mon odeur. Je me demande si Elizabeth Bennet ou Jane Austen ont dû faire face à de telles agressions olfactives lors de leurs dévotions hebdomadaires. Pas étonnant que Mary Crawford ait été si horrifiée à l'idée de voir Edmund Bertram devenir pasteur. Je commence à apprécier à sa juste valeur *Mansfield Park.*

Le matin suivant, Barnes tient sa promesse. À peine ai-je extirpé mon corps crasseux du lit et sonné la cloche qu'elle apparaît sur le seuil et m'annonce qu'elle va « lancer le processus immédiatement ».

« Processus ». Le mot n'est pas trop fort. Je vois tout d'abord débarquer dans ma chambre une énorme baignoire en cuivre portée par deux domestiques qui la posent sur plusieurs couches de fines serviettes. Environ une heure et deux bols de chocolat chaud plus tard, les seaux commencent à arriver : des seaux énormes, fumants, et de toute évidence très lourds apportés par des mains invisibles aux deux bonnes qui ont porté la baignoire et transpirent maintenant sous l'effet combiné de leurs efforts et de la vapeur. Barnes supervise le déroulement des opérations.

Je m'aperçois que chacun de ces seaux a été hissé jusqu'au troisième étage de la maison, tout ça pour un simple bain. Pour moi. Je regarde les domestiques d'un air penaud et commence à m'excuser pour le dérangement, mais elles se contentent de faire une révérence, tête baissée, tout en marmonnant et en échangeant des regards qui semblent dire : « Vise un peu l'autre folle. » Alors je reste silencieuse. De toute manière, mon besoin de laver ce corps prime sur mon empathie pour la classe prolétaire.

Le dernier seau est enfin apporté et vidé, après quoi Barnes ajoute juste ce qu'il faut d'eau froide et ses assistantes s'en vont, essuyant leur front trempé de sueur avec le coin de leur tablier et donnant l'impression qu'elles auraient bien besoin d'une séance de chiropraxie.

Barnes m'aide à retirer ma chemise de nuit et me tend une espèce de robe fourreau à manches longues tombant jusqu'aux pieds. Puis elle étale une épaisse couche de serviettes sur la partie dorsale de la baignoire et je comprends alors que je suis censée entrer dans le bain vêtue de cette combinaison, vraisemblablement pour éviter de me brûler la peau au contact de la surface métallique.

Je plonge un orteil dedans – la température est parfaite. Quelques secondes plus tard, je me prélasse avec de l'eau jusqu'au cou, les yeux clos et la tête posée contre le dossier molletonné de la baignoire. Je ne prendrai plus jamais pour acquises les installations sanitaires, quelles qu'elles soient, à commencer par ma minuscule cabine de douche qui empeste le moisi. Mais ce bain est mille fois plus agréable.

Je suis réveillée par Barnes qui se racle la gorge et me demande si je souhaite laver mes cheveux. Pourquoi pas ? Soyons fous ! Mais quand elle me masse la tête avec une espèce de pâte visqueuse dont l'odeur ressemble à s'y méprendre à celle d'un rhum-coca, je me demande si je vais vraiment sortir de là avec des cheveux plus propres.

Pourtant, une fois que je suis séchée, habillée et assise devant le miroir de la coiffeuse, Barnes brossant mes boucles soyeuses et parfaitement démêlées, je me dis qu'il est préférable de ne pas savoir ce qu'il y a dans ce shampoing. Je décide toutefois de limiter les shampoings à une fois par semaine. Quant aux bains, je parviens à en négocier deux par semaine malgré la crainte de Barnes qu'un lavage si fréquent ne soit néfaste pour ma santé.

Lorsqu'elle quitte la pièce, je frissonne, non pas à cause de mes cheveux humides, mais parce que je m'aperçois que je viens de m'établir un programme dans un lieu où je n'ai rien à faire.

Chapitre 14

Alors que la calèche nous emmène de nouveau au trot vers la petite église en pierre, je songe qu'en l'espace de seulement une semaine (si le temps peut être mesuré dans ce monde), je suis entrée dans une routine. Du pain chaud avec de la confiture tous les matins et de la viande rôtie en fin d'après-midi ; entre les deux, de la broderie, des promenades dans le jardin et quelques réprimandes de Mrs Mansfield accompagnées de remarques insidieuses sur mon statut de femme célibataire. Les soirées sont consacrées à la lecture à haute voix pendant que Mrs Mansfield coud puis, après un passage par l'atelier de Mr Mansfield, je me love sous les couvertures avec les deux objets qui m'aident à garder la raison : *Orgueil et Préjugés* et *Raison et Sentiments*.

Ce soir-là n'est pas différent des autres. Alors que je lis une page de ma précieuse édition originale à la lueur des chandelles disposées sur ma table de chevet, je comprends – comme me l'ont déjà appris mes innombrables lectures des six romans de Jane Austen – pourquoi les enfants ne se lassent jamais d'écouter les mêmes histoires. Il y a un aspect réconfortant dans cette familiarité et dans le fait de savoir avec certitude que tout va bien se terminer, qu'Elizabeth et Mr Darcy vont vivre ensemble à Pemberley, qu'Anne Elliot va percer l'âme du capitaine Wentworth et que Mr Elton va devoir finir ses jours auprès de sa *cara sposa*. Tout cela est si différent des dénouements aussi injustes qu'imprévisibles que nous réserve la vraie vie et de l'inertie de cette demi-vie dans laquelle j'évolue.

Pourtant, je ne peux pas dire que cette première édition constitue l'unique plaisir de mes journées et de mes soirées. Certes, la « réalité » de ce monde est plus odorante et moins hygiénique que celle de mes fantasmes, dans lesquels je m'imaginais assise dans un salon silencieux, feignant de broder pendant qu'un beau gosse en pantalon moulant me lançait des regards éloquents depuis l'autre côté de la pièce. Comment aurais-je pu envisager les choses autrement ? Après tout, à l'exception de la famille pauvre de Fanny Price à Portsmouth et des préjugés snobs de sir Walter Elliot quant aux conditions dans lesquelles Anne doit être accueillie chez Mrs Smith, personne ne parle de saleté et d'odeurs dans les romans. Encore moins de pots de chambre et de tout le remue-ménage qu'implique un simple bain. Il n'en est pas davantage fait mention dans les adaptations cinématographiques hollywoodiennes aseptisées : la moins orthodoxe de toutes limite son évocation de l'insalubrité de l'époque à l'image d'un animal de ferme de belle taille errant dans la maison des Bennet. Heureusement, rien de tel ne s'est immiscé dans la réalité où je me trouve, pas plus que dans le coffret des deux DVD d'*O&P* de la BBC que j'ai regardés tant de fois que je pourrais rejouer par cœur quasiment toutes les scènes des cinq heures de film.

Tous ces visionnages et relectures sont-ils à l'origine de ce qui m'arrive ? Quand Frank m'a surprise en train de regarder *Orgueil et Préjugés* au milieu de la nuit pour la énième fois, il s'est moqué de moi en qualifiant ma fascination pour Jane Austen de nostalgie postmoderne. Non pas que j'aie la moindre idée de ce que « postmoderne » signifie, en dépit des nombreux monologues que Frank m'a servis sur le sujet.

Des portraits aseptisés, pas d'installations sanitaires, des mères étouffantes… et pourtant, il y a quelque chose dans la simplicité et la tranquillité de cet univers qui non seulement ne me déçoit pas, mais dépasse toutes mes attentes. Je n'entends pas le bruit de fond incessant des ondes Internet, iPod et radio qui encombrent ma tête d'un flot de sons, de mots et d'images presque chaque minute qui passe. Je n'avais d'ailleurs jamais remarqué leur existence avant de m'apercevoir qu'ils avaient disparu.

Mes amis me manquent, c'est vrai. Mais à l'inverse, certaines choses ne me manquent pas du tout. Comme de me réveiller en larmes en repensant à la trahison de Frank – le fait d'être ici a, en quelque sorte, atténué cette douleur. Ou de devoir supporter mon patron lunatique et passer une journée de plus à lire des scénarios qui, Dieu merci, ne deviendront jamais des films. Ou encore de répondre à ses téléphones qui sonnent sans arrêt, de me faire sermonner parce que j'ai oublié de réapprovisionner le réfrigérateur en bouteilles d'une mystérieuse eau norvégienne, puis de le conseiller sur un cadeau d'excuse à offrir à sa petite amie.

Wes me manque, cela dit. J'aimerais pouvoir le faire rire en lui racontant les dernières frasques de mon patron dont la mégalomanie n'a d'égale que sa stupidité. Ou siroter une vodka avec lui à la fin d'une soirée en faisant la vaisselle dans sa cuisine pendant que les autres invités « comatent » dans le salon parce qu'ils ont trop forcé sur la nourriture et le vin. Et que dire de ses talents de cordon-bleu qui n'ont étrangement aucun effet sur sa silhouette filiforme ? Il est aussi difficile de rester fâchée contre Wes dans ce monde qu'il l'est de ressentir davantage qu'un vague chagrin pour Frank.

Quant à Mrs Mansfield, elle limite depuis peu ses remarques acerbes à l'évocation de mon célibat ; pas une seule allusion à ma folie ni aux asiles en plusieurs jours. C'est sûrement grâce aux efforts considérables que je fais pour employer un langage châtié et réserver ma verve sarcastique du XXIe siècle au journal que j'ai commencé à écrire.

Voilà une raison de plus d'attendre demain avec impatience. Ça, et mon bain.

— Mademoiselle ?

Je me redresse brusquement dans la baignoire, envoyant des gerbes d'eau sur Barnes qui me domine de toute sa hauteur, une serviette tendue devant elle.

— Désolée, Barnes. J'ai dû m'assoupir.

— Ce n'est pas grave, mademoiselle.

Elle se tamponne le front avec un coin de son tablier puis me présente de nouveau la serviette. Je me lève et elle m'enveloppe dedans, puis dans un peignoir que j'attache autour de ma taille avant de laisser tomber la serviette par terre.

Je sens alors quelque chose couler le long de ma jambe et remarque que ce n'est pas de l'eau mais du sang.

Ce n'est pas mon jour habituel mais il faut dire que je ne suis pas dans mon corps.

— Barnes ?

Elle tourne vivement la tête, interrompant sa tâche consistant à décider laquelle des deux robes qu'elle a sorties conviendrait pour la première partie de la journée.

— On dirait bien que j'ai mes règles. Pouvez-vous me donner quelque chose ?

Elle me regarde d'un air absent.

— Pardon ?

— J'ai mes menstruations, Barnes.

Silence.

Je montre du doigt le tapis qui présente maintenant la preuve de mon état.

— Désolée, Barnes, mais si vous n'allez pas me chercher ce que vous avez qui pourrait ressembler à un tampon ou à une serviette hygiénique, il va y avoir de bien plus gros dégâts.

Barnes s'empourpre.

— Oh, mon Dieu !

Elle laisse tomber les robes sur le lit et se rue vers un tiroir pour en sortir de longues bandes de tissu enroulées et un étrange objet qui ressemble à une ceinture. Elle dépose le tout dans mes mains avant de quitter la pièce, les joues écarlates, en bredouillant quelque chose à propos d'une bassine d'eau.

Je ne sais pas quoi faire avec la ceinture mais ce n'est certainement pas à Barnes que je vais demander de m'expliquer comment m'en servir étant donné qu'elle ne semble pas avoir recouvré son calme quand elle revient avec la bassine d'eau ainsi qu'un bol vide qu'elle place sous mon lit, sans doute pour recueillir les linges souillés. Je constate avec soulagement que je ne suis pas censée passer la journée à serrer un paquet de tissu entre mes cuisses : Barnes range les deux robes candidates du jour dans l'armoire et sort une chemise de nuit toute propre de ma commode. Elle m'aide à l'enfiler tout en marmonnant qu'elle va dire à ma mère que je suis « indisposée » aujourd'hui, puis me remet au lit illico. Une expérience qui n'a rien à voir avec ce à quoi je suis habituée. Pas d'insertion de tampon avant de filer au boulot comme un jour normal, quelle que soit l'intensité de mes crampes ou de mes saignements – et mes règles sont généralement assez douloureuses pour me clouer légitimement au lit.

— Alors, que voulez-vous manger pour le petit déjeuner ?

Barnes semble moins nerveuse maintenant que je suis installée dans mon lit et qu'elle a tamponné le tapis avec un tissu humide, apparemment satisfaite du résultat.

— Surprenez-moi !

Elle m'adresse un demi-sourire, soulagée, puis s'incline et commence à s'éloigner.

— Au fait, Barnes, comment appelez-vous ça ?

Je pointe le doigt vers mon bas-ventre.

— Mademoiselle ?

Le rouge monte de nouveau à ses joues.

— Comment appelez-vous ce qui m'oblige à rester couchée aujourd'hui ? Allez… entre femmes ?

Elle jette un coup d'œil à la porte entrouverte, songeant sans doute à prendre la fuite, puis se retourne vers moi.

— Vous voulez dire votre…

Elle baisse la voix et lance des regards furtifs par-dessus son épaule, comme pour s'assurer que personne n'écoute. Puis elle ferme la porte par précaution et s'adosse à celle-ci.

— Vous voulez dire votre flux mensuel ?

— Oui. Merci, Barnes.

Elle reste là un moment à me dévisager, hésitante.

— Y a-t-il autre chose ?

— Juste un petit déjeuner.

Et sur ces mots, elle se sauve.

Chapitre 15

— Barnes, ça fait un jour et demi que je suis au lit. Vous ne croyez pas que c'est assez ?

Barnes dépose un plateau sur ma table de chevet. Je salive à la vue du bœuf rôti froid, des épaisses tranches de pain et du pot de moutarde. Être confinée dans ma chambre a fait de l'arrivée de ces plateaux-repas une pause bienvenue dans la monotonie de mes journées.

— Mais vous êtes souffrante, mademoiselle.

— Pas du tout. D'ailleurs, je crois que j'ai arrêté de saigner.

Ce qui suffit pour lui faire piquer un fard. Elle baisse les yeux sur ses chaussures et tord son tablier entre ses mains.

— Votre mère a été très claire…

Si j'entends cette rengaine une fois de plus, je crois que je vais exploser.

— Est-ce que je pourrai sortir de cette chambre demain, alors ?

— Bien sûr, mademoiselle. Si vous n'êtes plus indisposée.

Je soupire et m'installe confortablement dans mon lit. Quel monde étrange : alors qu'il semble qu'on puisse donner libre cours aux fonctions corporelles les plus répugnantes dans la maison du Seigneur sans choquer personne, avoir ses règles fait d'une femme une paria dans sa propre demeure.

— Merci, Barnes. Ce sera tout.

Je vais manger un peu, désengourdir mes jambes puis écrire mon journal.

Le rôti de bœuf est délicieux. Je ne m'étais pas rendu compte d'à quel point j'avais faim. Une fois l'assiette vide, je m'autorise une petite promenade dans la pièce, ce qui est possible maintenant que j'ai enfin compris le fonctionnement de cette étrange ceinture menstruelle. Les saignements semblent avoir cessé, mais on ne sait jamais. Je constate avec étonnement que dans ce corps, je n'ai saigné qu'un jour et demi, sans la moindre crampe. Ces règles sont les plus indolores de toute ma vie, et on dirait bien qu'elles sont déjà terminées.

Je regarde par la fenêtre le ciel plombé de nuages et les pelouses vertes et humides. Au moins, mon alitement ne me prive pas de soleil. Je n'ai jamais aimé marcher sous la pluie. Néanmoins, je vais me défouler un bon coup en décrivant dans mon journal la situation des femmes à l'époque de Jane Austen. Je n'ai personne d'autre que moi-même à qui pousser mes coups de gueule. Que disait Anne Elliot dans *Persuasion* ? « Nous vivons enfermées chez nous, dans une tranquillité qui nous laisse en proie à nos sentiments[1] ». C'est vrai, Anne. Et ça craint !

Je sors le mince cahier relié de cuir que j'ai caché dans une boîte à chapeau tout au fond de mon armoire. On n'est jamais trop prudente, surtout quand on vit sous le même toit que des individus comme Mrs Mansfield. C'est drôle, quand j'y pense : j'ai eu beau fouiller cette pièce dans les moindres recoins dans l'espoir de trouver des lettres ou un journal que la véritable Jane aurait pu posséder – quelque chose qui aurait pu me donner des informations sur sa vie –, je n'ai rien trouvé d'autre que ce petit carnet vierge caché, ou oublié, dans ce carton à chapeau.

Je m'empare de l'écritoire portative posée sur la commode et m'installe dans un fauteuil recouvert de soie moirée rose foncé. Dans l'écritoire se trouvent des liasses de feuilles blanches, de la cire à cacheter, des plumes d'oie et un encrier. Aucune lettre, bien sûr. Je n'en reviens toujours pas de la vitesse à laquelle je me suis habituée à écrire avec une plume d'oie. Pas une seule tache d'encre sur mes habits ni sur le papier. Juste une écriture gracieuse qui, je m'en rends compte en feuilletant mon journal, n'a pas grand-chose en commun avec ma propre graphie. Je reconnais pourtant les mots que j'ai écrits.

---

1. Austen (Jane), *Persuasion*, (trad. André Belamich), édition 10/18, 1980. (*NdT*)

Je frissonne et tourne les pages pour arriver là où je me suis arrêtée. Soudain, une des dernières pages noircies d'encre attire mon attention. « Courtney Stone », est-il écrit. « Courtney Stone Courtney Stone Courtney Stone », répété inlassablement, d'une écriture régulière suivant des lignes imaginaires et s'étalant sur la page suivante.

Mais... ça alors ! Aux trois quarts de la deuxième page, il est écrit « Jane Jane Jane Jane Jane Jane », sans interruption jusqu'à la page d'après où, quelques lignes plus loin, il est écrit « Jane Mansfield Jane Mansfield Jane Mansfield », jusqu'en bas. Loin de m'amuser, cet anachronisme me donne la chair de poule et un frisson me parcourt alors que je referme le journal d'un coup sec.

Je ne me souviens pas d'avoir rempli ces pages de noms.

Je le fourre au fond de sa boîte, mon envie d'écrire envolée. Je ne souhaite plus qu'une chose : me coucher et dormir afin de chasser ces pensées de ma tête. Mais alors que je suis étendue sur mon lit, incapable de trouver le sommeil, le front couvert de sueur et les couvertures roulées en boule dans un coin, mon esprit se repasse en boucle ces pages noircies de noms.

Le fait que je ne me rappelle pas les avoir écrits n'est que le symptôme d'un plus vaste problème : en dépit du choc culturel quotidien que j'éprouve en vivant ici, je ne peux pas nier que je commence à me sentir différente. Il est, en effet, difficile de penser à moi en tant que Courtney quand tout mon entourage me prend pour quelqu'un d'autre et que personne ne m'appelle par mon vrai prénom ni ne partage mes souvenirs personnels. Et comment savoir avec certitude qui je suis quand la voix qui sort de ma bouche est aussi étrangère que le reflet que me renvoie le miroir ?

Mais je ne veux pas y penser. Non. Je vais lire *Orgueil et Préjugés*. Tiens, je vais l'ouvrir à une page au hasard et y puiser conseils et sages paroles. Je dispose les trois volumes sur mon lit et j'en choisis un. Puis je ferme les yeux et j'ouvre le livre avant de lire une ligne au hasard :

« Il lui tardait maintenant d'être de retour. Elle brûlait d'être sur les lieux, de pouvoir se renseigner… »

Je me sens immédiatement réconfortée. Si Lizzy peut rentrer chez elle et que tout se termine bien, alors il y a de l'espoir pour moi aussi. Je vais lire un peu pour me calmer, puis dans quelques heures je m'endormirai et qui sait où je me réveillerai demain ?

Chapitre 16

À mon réveil, je constate avec joie que je ne saigne plus, ce qui signifie que Barnes n'aura aucune excuse pour prolonger mon alitement. Je n'en reviens toujours pas que mes règles n'aient duré qu'un jour et demi. Voilà une raison de plus pour admirer les qualités de ce corps d'emprunt, outre sa chevelure brillante et sa silhouette élancée. Anna me lancerait sûrement un : « Je te l'avais dit. » Elle affirme que les femmes rendent leurs règles plus longues et plus douloureuses en refusant d'écouter les besoins physiologiques de leur corps qui seraient de laisser le sang s'écouler librement et de lever le pied pendant quelques jours tout en s'émerveillant du miracle du cycle féminin. Désolée, mais en temps normal, je n'ai pas le luxe de pouvoir prendre plusieurs jours de congé par mois pour m'extasier devant le prétendu miracle de mon cycle, et je doute que ce soit le cas pour Barnes et ses copines des classes opprimées.

Je suis si absorbée par mes réflexions sur le féminisme, la lutte des classes et l'injustice que je ne remarque pas que Barnes se tient devant ma porte jusqu'à ce que je l'entende tousser discrètement. Je lui fais signe d'entrer, comme tous les matins, puis je hoche la tête en guise d'approbation quand elle me présente la robe qu'elle m'a choisie pour la première partie de la journée. Je m'étonne de la facilité avec laquelle je suis également tombée dans cette routine.

Je suis si heureuse de pouvoir enfin sortir de ma chambre que j'éprouve un élan de bonne humeur à la vue de Mrs Mansfield attablée devant son petit déjeuner, cela malgré ses sourcils arqués et son regard inquisiteur. Le soleil entre par les portes-fenêtres, et avec lui la promesse d'aller flâner dans les jardins. Je n'arrive pas à croire que je pense en termes de « flâner dans les jardins » ! Je réprime un gloussement que j'essaie de masquer derrière un sourire à l'intention de Mrs Mansfield tout en étalant de la confiture de fraises sur un toast.

— Cessez de glousser, je vous prie. C'est une attitude particulièrement inappropriée chez une femme dont l'âge donnerait à penser qu'elle enseigne à des écolières et non qu'elle en possède les manières.

Je pose mon couteau afin de ne pas être tentée de le lui lancer à la figure.

Elle me dévisage comme si elle me mettait au défi de le faire, mais je me contente de sourire et tamponne délicatement mes lèvres avec ma serviette.

— Merci pour vos bons conseils, maman.

Elle plisse les yeux, sceptique, mais je reste impassible.

— Bien, déclare-t-elle en jetant sa serviette sur la table avant de se lever. Venez me rejoindre au salon après votre promenade.

Je viens de remporter le premier round de la journée.

Je goûte aux délicieuses sensations de me retrouver au grand air : le soleil réchauffe mon visage et mes muscles raides se dénouent au fur et à mesure de ma longue promenade. Alors que j'emprunte le chemin de gravier qui longe l'enclos, le joli cheval crème m'aperçoit et s'approche au trot de la barrière, balançant sa tête comme pour dire « bonjour ». Je me sens irrésistiblement attirée par lui.

Je caresse son nez de velours et, sans réfléchir, frotte ma joue contre la sienne. Un flot de sensations fugaces me submerge alors : j'entends et je sens le martèlement des sabots alors que je chevauche ma monture, le vent dans mes cheveux, le craquement des branches qui me frôlent, et mon estomac qui bondit alors que je fends l'air…

Je sursaute en m'apercevant que je suis en train de m'agripper à la crinière de la jument ; Belle, c'est son nom – comment le sais-je ? Elle pose sur moi ses yeux bruns brillants bordés de longs cils blancs. Je la caresse d'une main tremblante.

— Tout va bien, ma belle.

En suis-je vraiment sûre ? Je rejoins la maison d'un pas vacillant. Il faut que je me ressaisisse.

J'ai certainement imaginé toutes ces choses, me demandant ce que Jane avait pu ressentir lors de sa chute avant même de m'en rendre compte consciemment. Mon esprit me joue des tours. N'importe qui serait perturbé dans ma situation, alors pas d'affolement. Il ne faut surtout pas que Mrs Mansfield doute un seul instant de ma forme olympique.

Quand je pénètre dans le salon, je vais déjà beaucoup mieux. Mrs Mansfield me fait un signe de la tête et je m'empare de mon cadre à broder avec plus d'impatience que jamais. J'aspire au calme méditatif qui s'empare de moi lorsque je suis devant mon ouvrage.

Une fois de plus, je contemple avec émerveillement les doigts minces de ces mains étrangères passer l'aiguille à travers le tissu et créer des motifs élaborés sans le moindre effort. Je n'ai pas besoin de réfléchir : c'est comme si je laissais simplement mes doigts tenir l'aiguille, choisir la couleur des fils et coudre des fleurs, des oiseaux et des feuilles. Et, comme chaque fois que je brode, un sentiment de paix m'envahit tandis que j'observe ces doigts – mes doigts – accomplir leur tâche. Mais *je* n'y suis pour rien.

Alors que je suis absorbée par les va-et-vient de l'aiguille et le tic-tac de l'horloge, une image fugace me traverse l'esprit : il s'agit d'Edgeworth sortant de son écurie, des brins de paille accrochés à ses cheveux et à ses vêtements. C'est tout, mais cela suffit pour me faire frissonner de la tête aux pieds. Ce n'est pas comme si j'imaginais cette scène, mais plutôt comme si je me la remémorais. Or, comment est-il possible d'avoir un souvenir qui n'est pas le mien, et auquel par conséquent je ne devrais pas avoir accès ?

Pourtant, je *sais* que c'est un souvenir. Aussi troublant que la sensation d'être éjectée de ce gentil cheval. Ou de voir du thé renversé s'étalant sur ma robe blanche.

Le problème, c'est que ce ne sont pas mes propres souvenirs.

Le lendemain, cette même image d'Edgeworth sortant de l'écurie surgit de nouveau dans ma tête. Pourquoi s'impose-t-elle à moi quand je me promène dans le jardin ou quand je m'endors ? Et pourquoi est-elle encore présente quand je me réveille le matin suivant au son du chant des oiseaux ?

Pendant que Barnes boutonne ma robe, je décide d'aller me promener avant le petit déjeuner afin de faire le vide dans mon esprit. Mais à peine suis-je parvenue à la première allée de gravier que je suis frappée par une évidence que j'avais jusqu'ici refusé de voir : mon esprit – mon identité – est rattaché aux souvenirs de ma propre vie, celle de Courtney Stone. Et cette liasse de souvenirs, cette chose que j'appelle « mon moi », réside à présent dans le corps de Jane. Or, ce corps possède un cerveau bien à lui, qui contient lui aussi des souvenirs – visuels, pratiques, sensoriels. Peut-être que plus je m'habitue à vivre dans le corps de Jane et à utiliser son cerveau, plus ce dernier me laisse accéder à son contenu.

Je frissonne malgré la chaleur et je serre mon châle d'été autour de mes épaules. Qu'est-ce que je m'imaginais ? Que j'avais un don inné pour la broderie ? Que dire alors de cet accent raffiné avec lequel je parle ? Ou du fait que je *sais*, sans avoir besoin de réfléchir, comment faire une révérence quand j'entre dans une pièce, servir le thé, ou encore marcher pour rejoindre la salle à manger ? Et cela ne signifie pas seulement mettre un pied devant l'autre et recommencer. Une partie de moi comprend instinctivement que le langage corporel est primordial dans un lieu où si peu de choses sont exprimées à voix haute. La place de chacun, qui entre dans une pièce en premier, qui est le suivant – tout cela obéit à des règles tacites établissant le degré d'importance des uns et des autres, qui ont autant de poids que si elles étaient écrites noir sur blanc. Comment pourrais-je avoir une connaissance intime de ce langage, moi qui n'ai fait que lire quelques romans sur cette période ?

Mes talents de brodeuse m'ont marquée plus que le reste en raison du décalage flagrant avec la réalité, mais le fait est que la chance ou le hasard n'ont rien à voir là-dedans. L'explication scientifique – si quoi que ce soit peut être qualifié de « scientifique » dans cette situation – est que je suis en train de profiter des bénéfices de la mémoire cellulaire et kinesthésique en me faisant passer pour Jane. Grâce à cette aide de son cerveau qui contient ses souvenirs relatifs à la broderie, aux révérences, au langage et à Dieu sait combien d'autres choses, il n'est pas surprenant que je joue ce rôle avec brio. Sans ces souvenirs inexprimés, même le plus distrait des observateurs remarquerait que quelque chose cloche chez moi. Mais ce n'est pas le cas. Tout le monde tombe dans le panneau. Ils sont même tombés dans le panneau quand je répétais à cor et à cri que je n'étais pas Jane.

Mais alors, que va-t-il advenir de la personne que je suis vraiment ? Que va-t-il advenir de cette liasse de souvenirs appelée Courtney, de mon véritable moi réfugié à l'intérieur de ce corps, à l'abri des regards ? Est-ce qu'il va – et moi avec – disparaître peu à peu, vaincu par l'assaut des activités synaptiques et l'effet cumulatif de la mémoire cellulaire, qui évolue maintenant en pensée consciente ?

Cette image mentale d'Edgeworth sortant de l'écurie n'est-elle que le premier d'une avalanche de souvenirs qui ne m'appartiennent pas, des souvenirs qui vont occuper de plus en plus de place dans mon esprit, jusqu'à ce que je finisse par oublier qui je suis ? Ou bien mon esprit va-t-il se scinder en deux afin d'offrir un espace de stockage pour chaque vie ? Comment vais-je parvenir à gérer tout ça sans devenir folle ?

Puis-je consciemment stopper cet afflux de souvenirs afin de m'accrocher à ma propre personnalité ? Cela compromettrait-il ma crédibilité en tant que Jane au point de me faire démasquer, voire pire, interner ?

D'un autre côté, ai-je vraiment envie d'endiguer ce flot ? Après tout, cette mémoire inconsciente et instinctive présente un avantage indiscutable : je n'ai pas à m'inquiéter de paraître maladroite ni d'avoir à réapprendre des gestes pratiques que Jane maîtrise déjà. J'aurais d'ailleurs bien du mal à expliquer pourquoi je suis soudain incapable de les reproduire.

En suivant cette logique, les pensées-souvenirs de Jane pourraient également constituer un atout. Pourquoi le fait de les laisser s'exprimer impliquerait-il forcément de devoir vider mon esprit de ses propres souvenirs ? D'où me vient cette idée selon laquelle le disque dur du cerveau ne contient pas assez d'espace pour stocker les souvenirs de deux vies ?

Je me demande ce que je découvrirais si jamais ces souvenirs me revenaient dans leur intégralité. Tout, probablement. Je connaîtrais tout de cette femme dont j'habite le corps ; tout sur sa famille, sa vie, ses amis, et même Edgeworth. Tout ce que ses lettres, ses journaux ou autres écrits auraient pu m'apprendre si de tels documents existaient. Je n'aurais plus à faire attention à ce que je dis quand je rencontre de nouvelles personnes, ni à craindre qu'on perce mon secret parce que j'ignore des choses que je suis censée savoir. Ce serait un tel soulagement ! Cette vigilance de chaque instant est tout simplement épuisante.

Mais où, dans ce monde sans téléphones ni e-mails, se trouvent ces satanées lettres ? Pourquoi la chambre de Jane, comme d'ailleurs la maison tout entière, semble-t-elle vide de tout ce que la jeune femme aurait pu écrire ou recevoir par écrit ?

J'ai passé au peigne fin chaque tiroir et chaque cachette potentielle dans sa chambre ainsi que dans toutes les pièces où j'ai eu l'occasion de fouiner, mais en vain.

J'arrive devant la maison quand j'ai une illumination : et si Jane avait caché son journal ou sa correspondance – voire les deux – dans l'atelier de son père ? Je n'ai pas encore fouillé ce lieu ; l'idée ne m'a même pas traversé l'esprit. Ce serait pourtant la cachette idéale étant donné que l'odeur ambiante y est trop puissante pour le nez délicat de Mrs Mansfield. Je pourrais même aller y jeter un coup d'œil maintenant. Mr Mansfield ne rentrera pas de sa promenade à cheval matinale avant une bonne demi-heure.

Je me glisse à pas de loup dans le saint des saints de Mr Mansfield, qu'il ne ferme heureusement pas à clé.

Tout en faisant attention à ne pas tacher mes vêtements de peinture, j'ouvre un par un les tiroirs et les placards, inspectant leur contenu. RAS. J'aperçois alors, sous une table au fond de la pièce, un étrange coffret en bois à moitié dissimulé par un imposant vase de fleurs (Mrs Mansfield refuse de céder). Se pourrait-il que ce soit ce que je cherche ? Si j'étais Jane, ce serait exactement le genre d'endroit où je cacherais mes précieux documents.

Le cœur battant, je pousse le vase et me faufile sous la table pour m'emparer du coffret dont le lourd couvercle est doté d'une étrange poignée. Il contient quelque chose de volumineux ; je sens une masse compacte glisser à l'intérieur quand je le pose sur la table. Sans doute un gros paquet de lettres, ou bien un journal. Je tente de soulever le couvercle mais rien ne bouge. Je le secoue un peu et comprends qu'il faut le faire coulisser. Je l'ouvre en retenant mon souffle.

À l'intérieur, un rat brun est étendu sur le dos, les pattes raides et ses yeux vitreux fixant le vide.

J'entends un cri strident résonner avant de comprendre qu'il sort de ma propre bouche, et je manque de percuter Barnes qui fait irruption dans la pièce au moment où j'en sors en courant.

— Mon Dieu, qu'est-ce qui se passe ici ? s'écrie-t-elle.

Incapable de parler, je lui montre du doigt la boîte ouverte sur la table. Elle s'approche de celle-ci.

— Barnes, non !

Mais elle regarde déjà à l'intérieur.

— Vous en faites pas, mademoiselle. Ce rat est aussi mort qu'il peut l'être. Je peux vous promettre qu'il ne vous fera aucun mal.

Elle accourt vers moi et me tapote le bras en me souriant gentiment.

— Allons, allons, mademoiselle.

Merci mon Dieu ! Bien sûr qu'il est mort. Pour quelle autre raison serait-il étendu sur le dos avec les pattes en l'air ? Je frissonne.

— Vous devriez monter vous passer de l'eau sur le visage, me conseille Barnes.

Je parviens à hocher la tête et je me penche en avant, soudain prise de vertiges.

— Barnes ? Est-ce que nous en avons beaucoup (je fais un vague geste vers l'horrible piège à rat) dans la maison ?

— Ah pour ça, oui ! Mais grâce au vieux Jack, le meilleur menuisier de ce pays, on n'en a pas vu un seul depuis des années. Je suis aussi surprise que vous de trouver cette bestiole ici, mais je vous promets que le vieux Jack va trouver par où il est passé et boucher ce trou avant même que vous ayez fini votre petit déjeuner.

Mon estomac se retourne à la pensée de la nourriture.

— Barnes ?

— Oui, mademoiselle ?

— Vous ne direz rien de tout ça à Mrs... je veux dire, à ma mère, n'est-ce pas ?

Elle me lance un regard compatissant.

— Bien sûr que non, mademoiselle. Allez vous rafraîchir, maintenant.

— Vous êtes une véritable amie, Barnes.

— Oh, mademoiselle, vous êtes trop bonne !

Elle me fait une révérence, tête baissée, mais je devine son visage rayonnant de plaisir derrière les fanfreluches de son bonnet.

Après avoir aspergé mon visage d'eau fraîche et m'être étendue sur mon lit quelques minutes, je me sens plus sereine, mais aussi affamée. Je crois que j'ai eu mon compte d'émotions pour la journée. Mais alors que je descends l'escalier pour rejoindre la salle du petit déjeuner, je me souviens qu'Edgeworth est censé rentrer de Londres demain.

Chapitre 17

Je suis en train de me gaver de pain à la confiture de fraises en essayant d'arrêter de me torturer l'esprit à me demander s'il va venir et, si oui, combien de temps après son retour, mais aussi si j'en ai vraiment envie étant donné que Mrs Mansfield va être surexcitée si cela arrive, quand cette dernière fait irruption dans la salle du petit déjeuner.

— Je vais envoyer votre père présenter ses respects à Mr Edgeworth après-demain. Et je compte l'inviter à dîner dès que possible, faute de quoi Mrs Moore va me devancer.

Je pose mon pain, l'appétit coupé, et je sors cueillir des roses dans le jardin. Mon panier est presque rempli quand l'image d'Edgeworth me revient. Or, cette fois, au lieu d'un souvenir fugace, c'est toute une scène que je vois se dérouler dans ma tête. Une scène dans laquelle je suis à la fois participante et observatrice. Je me vois – ou, plus précisément, je me vois sous les traits de Jane – en train d'épier Edgeworth alors qu'il sort de l'écurie. Sa/ma gorge se noue et je me mets à transpirer en le voyant marcher vers l'endroit où je me trouve, cachée derrière un buisson. Je ne suis pas venue ici dans le but de l'espionner mais je ne veux pas qu'il remarque ma présence. Quand il change brusquement de direction et s'éloigne sans m'avoir repérée, je me détends enfin, relâchant mes muscles tendus et poussant un soupir de soulagement.

Puis l'image s'évapore.

Je baisse les yeux vers mon panier de roses à moitié rempli. Le rouge clair de leurs pétales veloutés et la délicatesse de leur parfum sont aussi réels que l'agréable brise qui caresse mon visage et transporte leur effluve jusqu'à mon nez, aussi réels que l'image d'Edgeworth sortant de l'écurie, et aussi réels que les sensations physiques que j'ai éprouvées en observant la scène. Je ne peux plus nier qu'il s'agisse d'un souvenir de Jane que je me suis approprié. Un souvenir si récurrent et si précis qu'il doit forcément avoir une signification particulière.

Je me retire dans ma chambre afin de réfléchir au calme. Mais à peine une demi-heure plus tard, Barnes frappe à ma porte et m'annonce que l'homme en question m'attend au salon.

J'ai soudain la gorge sèche et les mains moites. Il n'était pas censé rentrer avant demain ! Je prends mon courage à deux mains et descends au rez-de-chaussée où Mrs Mansfield est en train de lui proposer à manger, à boire et un confortable fauteuil. Edgeworth pose sur moi ses yeux noisette pleins de bienveillance. Les rayons du soleil s'immisçant entre les rideaux illuminent ses cheveux de reflets dorés. Je ne ressens aucune gêne.

Mrs Mansfield ne perd pas de temps et l'invite aussitôt à dîner.

— Je vous remercie, mais c'est impossible, répond-il. Je suis en effet venu ici dans l'intention de vous inviter vous et votre famille à dîner chez moi ce même jour. Ma sœur Mary est arrivée de Londres, et puisque Miss Mansfield et elle ont eu tant de plaisir à se lier d'amitié lors de son dernier séjour ici, je ne doute pas que la perspective de ces retrouvailles les enchantera l'une comme l'autre, conclut-il en me lançant un regard éloquent.

Rencontrer la sœur d'Edgeworth, en voilà une bonne idée ! Si je me débrouille bien, elle pourrait constituer une précieuse source d'informations. Quant à son frère, il m'attire encore plus aujourd'hui que lors de notre dernière rencontre. Je commence même à apprécier son style vestimentaire, ou du moins son allure générale. Je n'ai, bien sûr, rien à redire sur son pantalon moulant, et cette veste queue-de-pie possède également un certain charme. Mais même les accessoires les plus excentriques de sa tenue me paraissent séduisants, comme cet incroyable chapeau haut de forme ou encore son col de chemise qui lui remonte presque jusqu'à la mâchoire.

On frappe timidement à la porte. C'est Barnes, qui me jette un regard penaud avant de s'adresser à Mrs Mansfield.

— Pardon de vous interrompre, madame, mais vous m'avez demandé de vous faire savoir...

— Oui, oui, je sais, l'interrompt Mrs Mansfield qui se met debout en levant des yeux exaspérés vers Edgeworth. Je n'ai décidément pas une seule minute de répit. Si vous voulez bien m'excuser, Mr Edgeworth.

Ce dernier s'est déjà levé et s'incline devant elle.

Mrs Mansfield poursuit :

— Je vous dis à dimanche, en ce cas. Nous aurons grand plaisir à vous voir, vous et Miss Edgeworth, à l'église.

— Ma sœur et moi serons chez notre tante demain. Nous l'accompagnerons donc à l'église de son village.

— Très bien. Ne vous sentez surtout pas obligé de prendre congé à cause de moi.

Elle me lance un regard appuyé avant de quitter la pièce. Il n'est pas difficile de deviner qui a eu l'idée de faire intervenir Barnes au moment opportun.

Edgeworth se rassoit, cette fois dans un fauteuil plus près du mien.

— Ma sœur m'a chargé de vous dire qu'elle est désolée de ne pas avoir été en mesure de venir vous présenter ses respects aujourd'hui. Elle est très impatiente de vous revoir. Tout comme je l'étais moi-même.

Il plonge ses yeux dans les miens avec une telle intensité que je sens mes joues s'enflammer.

— Il me paraît inutile de vous demander si vous vous portez bien : votre beauté resplendissante parle pour vous.

Il baisse les yeux sur ses mains puis me dévisage de nouveau avant de continuer :

— Pardonnez-moi, mais je ne peux m'empêcher de vous répéter combien je suis heureux de vous voir. Si certaines affaires ne m'avaient pas retenu en ville, je serais rentré plus tôt.

Il tend la main vers moi et je lui donne la mienne. Il effleure ma paume avec son pouce et un frisson d'excitation traverse mon corps. Je plonge mes yeux dans ses iris noisette et… Mr Mansfield entre d'un pas raide.

Edgeworth lâche ma main et se lève d'un bond. Je ne sais pas exactement ce qu'a vu Mr Mansfield, mais mon prétendant semble aussi troublé que moi. Mon « père » nous observe un instant avant de se lancer dans des salutations cordiales.

C'est à peine si je les entends échanger leurs politesses, puis Edgeworth bredouiller quelque chose à propos d'une affaire urgente à régler avec son intendant. Quelques minutes plus tard, il prend congé en nous souhaitant une bonne journée.

Je marmonne une excuse bidon à Mr Mansfield avant de filer dans ma chambre.

Assise sur mon lit, je repense au contact des doigts d'Edgeworth et à son regard magnétique quand Mrs Mansfield fait irruption dans la pièce sans se donner la peine de frapper.

— Jane, je veux que vous rendiez visite à Miss Edgeworth lundi matin. Après tout, il incombe aux voisins, et en particulier à une amie proche, de lui souhaiter la bienvenue.

Cela s'avère finalement inutile : je suis sur le point de quitter la maison pour me rendre chez ma prétendue amie quand j'entends le cliquetis des roues d'une calèche suivi de l'écho de deux voix féminines résonnant dans le hall d'entrée, l'une d'entre elles étant celle de Mrs Mansfield.

Je descends l'escalier à pas de loup pour jeter un coup d'œil discret dans le vestibule. Hélas, le radar de Mrs Mansfield est allumé. Elle se retourne instantanément et me lance d'une voix enjouée :

— Quelle délicieuse surprise, Jane ! Miss Edgeworth est ici !

Mary Edgeworth, une petite brunette toute en rondeurs, se précipite vers moi et me plante un baiser sur chaque joue avant de me serrer dans ses bras.

— Dieu merci vous allez bien, chère Jane !

Elle recule un peu pour mieux m'observer. Ses yeux ont la couleur du chocolat et son visage est rond et velouté. Ce n'est pas le genre de fille à faire tourner les têtes au premier regard mais quand elle sourit, de charmantes fossettes creusent ses joues et la lumière fait ressortir des paillettes dorées dans ses iris bruns. Toutefois, son plus bel atout est sans aucun doute sa voix dont le timbre étonnamment rauque et sexy est en total décalage avec le reste de sa personne. Je l'adopte immédiatement comme étant la marque de fabrique de Mary Edgeworth.

La jeune femme demande à Mrs Mansfield la permission de m'emmener faire un tour en calèche.

— Cela nous ferait grand bien de prendre l'air, explique-t-elle. Mais par cette chaleur écrasante, marcher serait un véritable calvaire.

Je me réjouis à cette idée jusqu'à ce qu'elle propose à ma « mère » de se joindre à nous. À mon grand soulagement, cette dernière décline, certainement dans le but d'encourager le développement d'une amitié entre sa fille et la sœur du célibataire le plus prisé du coin.

À peine le cocher a-t-il refermé la porte sur nous que le visage de Mary s'assombrit.

— J'étais morte d'inquiétude quand j'ai eu vent de votre chute. Et furieuse contre mon frère de ne pas m'en avoir informée plus tôt. Fort heureusement, il m'a annoncé votre rétablissement dès qu'il l'a su. Quoi qu'il en soit, je n'ai pas eu l'esprit tranquille jusqu'à ce que je puisse enfin vous voir de mes propres yeux.

Je la laisse m'observer, mal à l'aise, en me demandant si elle va remarquer que son amie n'est plus tout à fait la même.

— Alors, qu'en dites-vous ?

Mais elle continue à m'examiner en silence. Je m'efforce de paraître détendue, jetant quelques coups d'œil aux arbres et aux champs qui défilent par la fenêtre de la voiture. Mais je reviens sans cesse à ces doux yeux bruns. Une fois ou deux, elle semble sur le point de parler, puis se ravise. Finalement, elle déclare :

— Vous êtes trop bonne pour me le reprocher, mais ce changement dans vos manières… j'en connais la cause.

— Vraiment ?

Elle est bien la seule.

— Ma chère Jane, j'ai dû me retenir pour ne pas vous écrire de nouveau en constatant que vous ne répondiez pas à ma dernière lettre. J'ai pensé que vous étiez fâchée ou bouleversée. Les deux, peut-être.

Elle soupire avant de poursuivre :

— Quelle idiote j'ai été d'avoir attendu ! Si je vous avais écrit, votre mère m'aurait certainement parlé de votre chute. Ainsi je serais venue sur-le-champ et non pas plusieurs semaines plus tard.

Elle me sonde du regard.

— Vous ne semblez pas fâchée contre moi, pourtant. M'avez-vous pardonné pour ce que je vous ai écrit ?

— Ce que vous m'avez écrit, fais-je en écho, tentant de gagner du temps car je n'ai pas la moindre idée de ce dont elle parle.

— Mon Dieu ! Je n'avais jamais envisagé cette possibilité… Avez-vous reçu ma lettre ? Elle aurait dû vous parvenir une bonne semaine avant votre accident.

— Je ne sais pas… enfin, il ne me semble pas.

— Je n'arrive pas à croire qu'une telle chose soit possible.

— Était-ce important ?

— Oh, ma chère ! s'exclame Mary en tordant son mouchoir entre ses mains, le regard tourné vers la fenêtre. Écrire ces choses est en quelque sorte moins désagréable que les dire à haute voix.

Elle cligne des yeux et se mord les lèvres, visiblement au bord des larmes.

— Qu'y a-t-il, Mary ?

Je me surprends à lui serrer la main.

— Mon frère a-t-il encore une chance de gagner votre cœur ? Si c'est le cas, je suis convaincue qu'il est de mon devoir de vous dire ce que je sais. Mais si vous êtes toujours aussi peu disposée à son égard que vous sembliez l'être lors de notre dernière entrevue, il est inutile que je vous répète ce que j'ai déjà eu grand-peine à vous écrire. Si je n'avais pas entendu de la bouche de Susan Randolph que vos sentiments envers Charles semblaient avoir pris un nouvel essor, je ne me permettrais pas de vous tourmenter en vous révélant ce que contenait cette lettre. Contenu qui n'a semble-t-il été la source d'aucun tourment, puisqu'elle n'est jamais arrivée à destination.

Jane a dû brûler cette lettre, ou alors elle l'a cachée si soigneusement que je n'ai pas réussi à mettre la main dessus. Je réponds en l'observant attentivement.

— Votre frère et moi n'avons peut-être pas toujours été les meilleurs amis du monde. Néanmoins, il me semble que c'est quelqu'un de bien.

— Je vois.

— Cela dit, je ne le connais pas très bien.

— Oh, mais vous allez le connaître, croyez-moi ! Vous allez connaître exactement ce qu'il voudra bien vous laisser entrevoir de sa personne. Rien de plus. C'est précisément ce qui m'inquiète.

— Ai-je raté quelque chose ? C'est bien de votre frère que nous parlons, n'est-ce pas ?

— Et vous êtes mon amie, Jane, n'est-ce pas ? Vous savez quels rapports j'entretiens avec Charles. Avez-vous donc tout oublié ?

Pendant que je réfléchis à une réponse plausible, Mary demande au cocher d'arrêter les chevaux.

— Jane, cela vous plairait-il de marcher le long du chemin ? Si nous rejoignons le village, nous allons certainement rencontrer quelque connaissance et il y a de grandes chances que nous ne puissions poursuivre notre discussion.

Le cocher nous aide à descendre de la voiture et nous nous promenons quelques minutes sous la chaleur écrasante, bras dessus, bras dessous. Fort heureusement, Mary ne me presse pas de répondre à sa question.

Je me rappelle alors que c'est elle qui voulait me parler de quelque chose qu'elle aurait écrit à Jane à propos de son frère.

Si elle ne crache pas le morceau maintenant, je vais finir par dépérir dans cette fournaise. Je lui jette un coup d'œil ; son visage est aussi rouge et ruisselant de sueur que le mien. Je me lance.

— Je vous en prie, dites-moi ce que vous avez écrit dans cette lettre.

Elle se tourne vers moi avec un sourire hésitant, puis dégage doucement son bras et fait encore quelques pas. Elle s'arrête enfin, ôte son chapeau et lisse une mèche de cheveux humides retombant sur son front.

— Très bien, chuchote-t-elle d'une voix rauque. Je crains que mon frère ne soit pas un homme à qui il faille se fier. Sans entrer dans les détails, je me suis aperçue qu'il était...

— Oui ?

Elle évite mon regard.

— ... libertin. Voilà. À présent vous savez tout.

Elle me dévisage un instant en se mordillant la lèvre avant de baisser les yeux de nouveau.

— C'est tout ? Vous ne pensiez tout de même pas que votre frère vivait comme un moine, si ?

Mary se redresse de toute sa hauteur, mais je la dépasse encore d'une bonne tête.

— Bien sûr que non. Mais je ne m'attendais pas non plus à ce qu'il séduise une domestique sous notre propre toit.

— En êtes-vous certaine ?

— Je les ai surpris à plusieurs reprises en train de converser très librement, et je les ai même vus s'embrasser une fois. Par la suite, lorsque j'ai découvert qu'elle se trouvait dans un état qui ne lui permettait certainement pas de rester à notre service, j'ai parlé à Charles.

— Un état ?

Quand a-t-il embrassé cette femme, c'est ça que je veux savoir.

— Oui, Jane. Elle était enceinte.

— Ne me dites pas que vous l'avez renvoyée.

— J'ai donné à cette pauvre fille suffisamment d'argent pour qu'elle puisse rentrer chez ses parents et y mettre au monde son enfant, et je lui ai, par ailleurs, fourni des références qui l'aideront à trouver un autre travail. Toutefois, je ne pouvais pas lui permettre de rester chez nous. Et elle ne le souhaitait pas non plus.

— Qu'en est-il de votre frère ?

— Il a nié qu'il était le père de l'enfant, jurant qu'il n'avait jamais pris de libertés avec elle.

— De toute évidence, vous n'en croyez pas un mot.

Mary me regarde avec de grands yeux et ouvre la bouche comme si elle allait parler, mais les mots semblent rester coincés dans sa gorge.

— Je les ai vus s'embrasser ! finit-elle par s'exclamer.

Je m'efforce de garder un ton neutre.

— Quand cela s'est-il passé ?

Elle réfléchit un instant.

— Il y a environ huit mois.

Je m'aperçois que j'ai retenu mon souffle.

— Qu'est-ce que cela prouve ?

— Vous n'êtes pas sérieuse. Une fille qui travaille à son service ? Sous son autorité ? Même si elle était son égale, aucun homme qui se respecte n'embrasse une femme à laquelle il n'est même pas fiancé.

— Si encore il y avait eu contrainte ou intimidation, je serais d'avis qu'on le pende haut et court. Mais cela ne semble pas être le cas. Et le fait qu'elle soit enceinte ne signifie pas forcément que votre frère soit le coupable. L'a-t-elle accusé ?

Mary bafouille quelque chose d'incompréhensible en me dévisageant comme si elle ne me connaissait pas. Elle finit par me répondre dans un filet de voix.

— Elle n'a rien dit de tel, bien sûr. À moi, la sœur de Charles ?

Nous marchons encore une minute, durant laquelle je médite sur la pudibonderie de cette société qui reconnaît à peine le processus de reproduction de l'espèce humaine, encore moins le fait que ces mêmes humains y jouent un rôle actif.

— Bien entendu, poursuit-elle, j'ai suggéré à Charles qu'il devrait l'épouser, cela en dépit du fait qu'elle serait rejetée par tous nos amis, et lui aussi par conséquent.

— Qu'a-t-il répondu ?

— Il m'a dit qu'il était désolé pour elle mais qu'il n'avait pas l'intention d'assumer le devoir d'un autre homme. Comment est-il possible d'être aussi insensible ?

Mary tremble presque de rage.

Je lui demande d'une voix aussi douce que possible :

— Pourquoi le détestez-vous tant ?

Elle me regarde, interloquée.

— Comment pouvez-vous me poser une telle question ? Vous savez pertinemment qu'il a ruiné mon seul espoir de bonheur.

Au bord des larmes, elle sort un mouchoir et se tamponne les yeux. Je n'ose pas lui demander ce qu'a – ou aurait – fait son frère, puisqu'il paraît évident que je suis censée le savoir.

Le chemin sinueux nous conduit à une mare. Une légère brise s'est levée, le premier signe de répit au cœur de cette canicule.

— Pourquoi ne pas nous asseoir une minute ? proposé-je. L'herbe semble sèche ici, et je suis sur le point de m'évanouir tellement j'ai chaud.

Mary approuve sans mot dire et nous nous installons sur la pelouse, un exercice des plus périlleux en raison de mon corset étroitement lacé qui m'empêche de plier le haut de mon corps.

Nous restons assises un moment à contempler l'eau scintillante et à écouter le chant des oiseaux. Il n'y a personne dans les parages. La douce brise rafraîchit agréablement mon visage, mais seul un vent bien plus frais et puissant pourrait pénétrer à travers cet instrument de torture humide de sueur qui me comprime la poitrine.

Mary me prend soudain la main.

— Jane, veuillez me pardonner cet éclat. Vous seule savez ce qui vous a amenée à accorder à Charles le bénéfice du doute en dépit des preuves qui l'accablent. Toutefois faites attention, chère amie. Observez l'attitude de mon frère, pas seulement envers vous, mais également envers autrui. Que ces observations – anciennes et actuelles – vous servent de guide.

Ce conseil est tout ce qu'il y a de plus sensé. Je dois, d'ailleurs, admettre qu'il y a quelque chose en Mary (en dépit de sa pudeur sexuelle, qui, au fond, n'est pas sa faute) que je trouve authentique et ingénu.

— Ne vous inquiétez pas pour moi, Mary. Je sais prendre soin de moi-même.

— Oh, vraiment ? s'étonne-t-elle en me donnant une tape amicale sur le bras. Est-ce pour cette raison que vous êtes tombée de votre jument après que cette horrible voyante vous a mise en garde contre les risques de monter à cheval cet été ?

— Quelle voyante ?

Mary plisse les yeux.

— Vous n'avez pas pu oublier cela. Vous étiez pâle comme la mort en sortant de sa tente.

Je dois bien pouvoir trouver une explication qui contente à la fois mon amie et ma curiosité.

— C'était vraiment une mauvaise chute, vous savez. Ma mémoire me joue des tours depuis.

— Ma chère Jane !

— Rien d'inquiétant. Le médecin affirme que cette amnésie n'est que temporaire.

— Ainsi vous ne vous souvenez vraiment pas de cette voyante que nous avons vue à la foire ?

— Quelques bribes de souvenirs par-ci par-là… Mais rien de très précis.

Je suis de toute évidence en train de devenir une menteuse aguerrie, car elle semble convaincue.

— Je vous en prie, Mary, rappelez-moi ce qu'elle a dit. Je raffole de toutes ces idioties, pas vous ?

Elle frissonne malgré la chaleur et me regarde droit dans les yeux.

— Plus maintenant. Vous avez consenti à la voir uniquement parce que j'ai insisté, pensant que ce serait amusant. Vous m'avez répondu que cela le serait seulement si cette femme exauçait votre rêve d'être quelqu'un d'autre. Un souhait qui, dirait-on, s'est presque réalisé.

Sa voix s'étrangle et elle détourne la tête.

Je passe un bras autour de ses épaules mais elle le repousse.

— Je suis vraiment désolée, Jane. Il est bien normal que vous ne soyez plus tout à fait vous-même en ce moment.

— Ne vous excusez pas. Vous avez raison. Plus encore que vous ne pourriez l'imaginer. J'aimerais…

Non. Pas question.

— Qu'y a-t-il, chère amie ?

En cet instant, ses yeux ressemblent à ceux d'Anna le soir où j'ai découvert l'infidélité de Frank.

— Je ne peux pas vous en parler.

— Pourtant je vois bien que vous en avez envie.

Puis-je lui faire confiance ?

Je prends une profonde inspiration et plonge mon regard dans le sien. Je ne lis que de l'inquiétude dans ses yeux bruns.

— Promettez-moi que vous n'en soufflerez mot à personne.

Mary hausse un sourcil.

— Ma chère, vous m'insultez. Mais je vois à votre expression que vous êtes sérieuse. Bien sûr que je vous le promets. Je vous en prie, cessez toute cette cérémonie, vous me rendez nerveuse.

— Je vous préviens : il se peut que vous ne me croyiez pas.

— Vous me mettez au supplice, Jane.

Je respire un bon coup et je me lance.

— Je sais que je ressemble à Jane et que je parle comme elle, mais je ne suis pas Jane. Cela va vous paraître absurde, mais je suis en fait quelqu'un d'autre. Je me suis réveillée un matin dans ce corps étranger et dans cette vie qui n'est pas la mienne. Je ne suis pas en mesure d'expliquer comment, mais c'est la vérité. Je vous le jure.

Mary plisse les yeux, scrutant mon visage.

— Qu'en est-il de cette perte de mémoire dont vous avez parlé ? Cela ne pourrait-il pas être l'explication que vous cherchez ?

— Je vous ai dit que j'avais perdu la mémoire uniquement parce que je ne savais pas comment justifier mon ignorance autrement. La vie de Jane est une page blanche pour moi. Mes souvenirs sont ceux d'une vie différente, d'une personne différente.

Elle reste un instant silencieuse.

— Je vous crois sincère, Jane. Toutefois, ne pensez-vous pas qu'il puisse s'agir d'un cas particulièrement sévère d'amnésie ? J'ai cru comprendre que ce n'était pas inhabituel après pareille chute. Quant au reste, cela pourrait tout simplement être le fruit de la confusion qui règne dans votre esprit. Une confusion des plus compréhensibles.

— Non. Je saisis bien votre raisonnement mais je ne vois pas les choses de cette façon. D'ailleurs, si vous vous posez des questions au sujet de ma santé mentale, je peux vous assurer que j'ai toute ma raison, même si je comprends qu'à vos oreilles, mes paroles doivent répondre à la définition même de l'irrationnel.

J'observe sa réaction. Elle soupire, l'air perplexe, mais son regard et ses gestes n'ont rien perdu de leur chaleur.

— Je vais être honnête avec vous, déclare-t-elle. Je vous crois sincère. Et vous m'en voyez désolée. Je crois aussi qu'en temps voulu, tous vos souvenirs reviendront et que vous sortirez de cet état de confusion.

En attendant ce moment, et pour toujours si vous le souhaitez, je resterai votre amie.

L'émotion me fait monter les larmes aux yeux.

— Vous ne pouvez pas imaginer à quel point ces dernières semaines ont été éprouvantes, sans personne à qui me confier et avec cette crainte constante qu'on m'enferme dans un asile.

— Ma pauvre amie !

Elle passe son bras autour de mon cou.

— Puis-je vous en parler de temps en temps ? Vous poser des questions sur des choses dont Jane se souviendrait ?

Mary lisse sa robe et me lance un regard espiègle.

— À condition que vous cessiez de faire référence à vous-même à la troisième personne. C'est si étrange ! D'accord ?

J'acquiesce en silence sans pouvoir réprimer un sourire.

— Je promets de vous aider à vous souvenir de tout, ajoute-t-elle. Tout ira bien. J'en suis convaincue.

Je la prends dans mes bras, le cœur débordant de gratitude.

Alors que nous rejoignons la calèche bras dessus, bras dessous, je me sens emplie d'une énergie nouvelle, comme jamais depuis mon arrivée ici. Le fait d'avoir une amie, une personne à qui je peux me confier sans craindre d'être trahie ou ridiculisée, dépasse toutes mes espérances.

Hélas, les voix démoniaques qui décortiquent tout ce qui m'arrive de bon dans ma vie commencent à se manifester à grands cris. Et si j'avais tort ? Si Mary décidait de retourner sa veste et de tout rapporter à Mrs Mansfield ? Elle pourrait penser que je serais mieux dans un asile et agir ainsi par amitié, en croyant bien faire.

Non. Je ne vais pas commencer à me monter la tête en passant en revue toutes les éventualités possibles. D'ailleurs, ce serait sa parole contre la mienne. Personne n'est au courant de cette conversation. Et je n'ai pas l'intention de mettre quoi que ce soit par écrit dans une lettre.

Elle m'a bien conseillé de faire attention, non ?

Chapitre 18

Le soir du dîner chez Edgeworth, Barnes me ficelle et me boutonne dans une robe blanche vaporeuse qui me fait ressembler à une jeune mariée vierge, une chose que je n'aurais jamais pensé dire de moi-même un jour. Cela dit, alors que je contemple mon reflet dans le miroir, je songe que j'ai l'air de tout sauf de moi-même.

La voiture nous emmène jusqu'à la propriété d'Edgeworth en suivant un long chemin ombragé coupant à travers un bois dense. Au détour d'un virage, Mrs Mansfield me donne un petit coup de coude en haussant un sourcil et je vois se dresser devant moi une demeure monumentale. Bon sang, mais c'est Pemberley !

— Quinze mille par an, ma chère, commente Mrs Mansfield. Pouvez-vous seulement concevoir une telle richesse ?

— Houlà, non !

Mais c'est bien sûr un énorme mensonge. Je me sens comme Elizabeth Bennet découvrant la maison de Mr Darcy après avoir rejeté sa demande en mariage. « Et dire que de cette demeure je pourrais être la châtelaine ! »

Mrs Mansfield ouvre la bouche pour parler, mais son mari la devance.

— Je ne gagne peut-être pas quinze mille par an, mais j'ose espérer que notre fille ne vit pas dans la misère.

— Ce n'est pas ce que je voulais dire, réplique-t-elle d'un ton sec. Néanmoins, il est du devoir d'une fille de faire un bon mariage afin d'assurer le bien-être des générations futures.

— Avec un tel fardeau sur les épaules, c'est un miracle qu'il y ait encore des jeunes filles qui choisissent de se marier.

Il me fait un clin d'œil discret et je m'efforce de ne pas rire.

Son épouse fulmine.

— Jane n'est plus vraiment ce qu'on pourrait appeler une jeune fille.

Je presse mes mains contre mes tempes.

— S'il vous plaît tous les deux, pourriez-vous éviter de critiquer mon âge avancé ? Vous me donnez mal à la tête.

— Quant à ce soir, Jane, poursuit Mrs Mansfield, je vous prierai de ne pas ignorer Mr Edgeworth et de témoigner tous les égards possibles à sa sœur.

De toute évidence, elle se fiche éperdument des éventuels effets secondaires de la grave blessure à la tête dont sa fille pourrait souffrir.

— La pauvre doit se sentir bien seule sans ses parents et avec son frère pour toute compagnie, ajoute-t-elle. Je dois, toutefois, reconnaître que son visage quelconque et sa voix masculine réduisent ses chances de trouver un époux qui soit à la fois aimable et riche.

— Il se trouve que j'aime beaucoup sa voix. Et je pense que ce doit être le cas de beaucoup d'hommes.

Mrs Mansfield émet un grognement de mépris. Je jette un coup d'œil à mon « père » qui contemple les vastes pelouses verdoyantes de la propriété. Nous arrivons heureusement à destination une minute plus tard.

Un valet de pied en livrée coiffé d'une perruque poudrée nous invite à pénétrer dans l'élégant hall d'entrée aux douces tonalités de jaune et de bleu. Edgeworth et Mary nous accueillent chaleureusement, sans que je note aucune tension apparente entre eux.

Nous sommes les premiers arrivants, mais pas les seuls invités de la soirée. Leurs cousins nous rejoignent quelques minutes plus tard : un homme quelconque d'une trentaine d'années prénommé Mr Talbot et la sœur de ce dernier, Anne Talbot, une jolie fille très grande d'environ dix-sept ans vêtue d'une robe rose à manches bouffantes. Ils sont accompagnés de leur mère, une femme énergique en robe de soie pêche dont les battements de cils lorsqu'elle salue Mr Mansfield lui font baisser les yeux et s'éclaircir la voix. Elle me fait penser à ces cinquantenaires de Beverly Hills qui s'habillent comme leurs filles et font encore tourner les têtes, le maquillage outrancier et l'aspect figé du Botox en moins.

— Miss Mansfield ! s'écrie-t-elle en traversant la pièce pour venir s'installer sur le canapé jaune pâle entre sa fille et moi. Vous êtes aussi ravissante que me l'a décrit ma nièce.

Son sourire révèle un espace entre ses incisives légèrement proéminentes, qui lui donne un air à la fois sexy et ingénu.

Avant que j'aie le temps d'ouvrir la bouche pour répliquer, elle ajoute :

— Quel plaisir de retrouver le calme de la campagne après avoir affronté l'agitation de la première Saison d'Anne à Londres. On dit que c'est une épreuve pour ces jeunes filles, mais que dire alors de leurs pauvres mères qui doivent consacrer chacune de leurs heures à d'interminables réceptions, dîners et bals bondés. Je suis sûre que vous pouvez difficilement concevoir un tel degré d'épuisement à *votre* âge, chère Jane.

Je me raidis.

— Pour tout vous dire, j'adore faire la fête.

Mrs Talbot ouvre la bouche puis la referme en pinçant les lèvres.

— Je vois.

Elle s'évente rapidement et esquisse un sourire.

— Une fête en compagnie de gens respectables est toujours un agréable moment à passer, surtout quand l'hôte est un ange. Ne trouvez-vous pas que mon cher Charles fait partie de ces gens, Miss Mansfield ?

Edgeworth, qui est en pleine conversation avec Mr Mansfield près de l'immense cheminée en marbre, entend son nom et s'incline dans notre direction, puis croise mon regard en levant subrepticement les yeux au ciel.

Mrs Talbot poursuit à voix basse.

— Tenez ! Lorsque j'ai laissé entendre que mon pauvre mari souffrait atrocement de sa goutte, ce cher Charles a immédiatement insisté pour se rendre à Hargrove Court.

— C'est une maison de retraite ?

— Je suppose que l'on pourrait effectivement dire qu'elle se situe en retrait, mais Hargrove Court est la demeure ancestrale de mon cher époux. Il est, bien entendu, trop fier pour demander conseil à quelqu'un, mais je sais qu'il se réjouira d'apprendre que son neveu préféré s'est proposé de l'aider à régler certaines affaires. Vous savez comment sont les hommes quand il s'agit de leurs affaires : toujours à aller s'enfermer dans la bibliothèque pour deviser de je ne sais quoi des heures durant.

Elle me lance un regard complice.

Un autre valet de pied apparaît sur le seuil et nous annonce que le dîner est servi d'une voix aussi solennelle que celle d'un entrepreneur de pompes funèbres accueillant les proches du défunt lors d'un enterrement. Alors que nous entrons au pas dans la salle à manger, Mary se glisse vers moi pour me chuchoter à l'oreille :

— Pardonnez-moi de vous avoir placée à côté de ma tante Talbot ; elle y tenait absolument.

Je pousse un soupir. C'est à peine si j'ai eu l'occasion d'observer Edgeworth, encore moins de passer du temps avec lui.

Je reste sans voix devant l'abondance des plats qui composent le repas. Depuis mon arrivée dans ce monde, je me suis peu à peu habituée à voir la table des Mansfield garnie d'un nombre infini de mets. D'abord choquée par le gâchis que cela représentait – la nourriture qui encombrait la table et le buffet aurait pu rassasier au bas mot cinq fois plus de bouches que celles ici présentes – j'ai fini par comprendre avec soulagement que personne n'était censé manger de chaque plat. Sinon, tout le monde aurait été obèse et constamment soûl, la quantité et la variété des vins servis étant tout aussi remarquables. À ce propos, je trouve que ces gens tiennent étonnamment bien l'alcool, y compris les femmes, bien qu'elles coupent généralement leur vin avec de l'eau. Quant à la nourriture, j'ai arrêté de me raconter des idioties sur les calories imaginaires et j'ai décidé de surveiller mon alimentation après avoir remarqué l'apparition d'une petite bedaine disgracieuse.

Toutefois, rien ne m'a préparée à ce dîner chez Edgeworth. Je finis par perdre le compte du nombre de plats, qui sont changés au moins trois fois au cours du repas. Idem pour les discours de Mrs Talbot vantant les talents de sa fille ou les innombrables qualités de son neveu. On dirait presque qu'elle a le béguin pour lui.

Elle me fait penser à la mère de Frank qui, lors de notre dîner de fiançailles, s'est lancée dans un argumentaire visant à m'expliquer à quel point Wes était un bon parti. Pas son fils, que j'allais épouser, mais Wes, le meilleur ami de ce dernier. Est-ce que je pouvais concevoir qu'un jeune homme aussi séduisant que Wes soit encore célibataire ? Est-ce que je savais que Wes avait autrefois sauvé la vie de son mari alors qu'il s'étouffait avec un morceau de viande ? Et enfin, est-ce que je savais qu'au lycée, Wes lui portait ses courses jusqu'à la voiture quand il avait décroché ce job d'été au supermarché ?

Pauvre Wes. Il semblait vouloir disparaître sous la table, tandis que Frank continuait à siffler des verres de tequila en faisant semblant de trouver normal le fait que sa mère chante les louanges de son meilleur ami – et non les siennes – à sa future épouse.

Le raclement de la chaise voisine sur le sol me ramène à la réalité ; Mrs Talbot et les autres convives féminines sont debout et m'attendent pour l'exode de l'après-souper jusqu'au salon. Je me demande de quoi vont parler les hommes une fois seuls. Discuter de leurs exploits sexuels ? Se poiler en racontant des blagues cochonnes, le cigare aux lèvres ? Personnellement, je pense qu'un cigare puant ne rivalisera jamais avec une bonne cigarette à la fin d'un repas.

La clope, parlons-en, justement. Bien qu'il m'arrive d'imaginer que j'en glisse une entre mes lèvres pour aspirer une apaisante bouffée de nicotine, je n'ai ressenti aucun symptôme de sevrage depuis mon arrivée ici. Lors de mes précédentes tentatives – volontaires – d'arrêt du tabac, j'étais tellement en manque que je me rongeais les ongles jusqu'au sang et que je me sentais parfaitement capable de commettre un meurtre gratuit avec le premier objet tranchant me tombant sous la main. Ici, pourtant, ne pas fumer s'est révélé plus facile que jamais. Ce qui est une bonne chose en soi, car même si j'avais une cigarette à ma disposition, je suppose que l'allumer serait hors de question.

Une fois dans le salon, Mary parvient à m'arracher aux griffes de Mrs Talbot en l'entraînant dans une conversation avec Mrs Mansfield au sujet des tendances vestimentaires en vogue dans la capitale. Apparemment, les robes resserrées à la taille ne sont pas encore au menu. Cependant, je décroche vite quand Mrs Talbot se lance dans une description des dernières nouveautés en matière de passementerie.

Mon amie s'affale dans le canapé à côté de moi mais elle a à peine le temps de s'excuser de m'avoir abandonnée que les hommes nous rejoignent.

— Venez donc faire une promenade en calèche avec moi demain, me glisse-t-elle. Nous pourrons enfin discuter.

Elle s'assure que tous les invités ont leur café ou leur thé puis vient se rasseoir près de moi. Hélas, son frère la sollicite aussitôt.

— Nous feriez-vous l'honneur de nous jouer un morceau, Mary ? Je suis sûr que nos hôtes aimeraient entendre le son de votre nouveau pianoforte.

Cet instrument doit être un cadeau qu'il lui a offert. Comme Mr Darcy à sa propre sœur.

La pauvre Mary n'est visiblement pas emballée par cette idée, mais les autres invités se mettent à la supplier en chœur si bien qu'elle finit par se lever et se dirige vers le pianoforte comme si elle n'avait aucun autre désir dans la vie. L'Actors Studio aurait certainement des leçons à recevoir d'elle.

Son frère vient prendre la place vacante à côté de moi. Je croise le regard venimeux de Mrs Talbot, qu'elle transforme immédiatement en un sourire tout en dents et fossettes. Qu'est-ce qui lui prend ?

Je sens des papillons dans mon ventre alors qu'Edgeworth s'installe confortablement et me sourit. Il fleure bon le savon et le linge propre. Ses lèvres et ses joues sont un peu rouges – sans doute à cause du vin – et ses yeux paraissent plus bruns que verts à la lumière de la bougie.

Les doigts de Mary frappent la première note sur le clavier. Je tourne la tête vers elle et la vois baisser promptement les yeux, comme quelqu'un pris en flagrant délit d'observation.

Mon voisin me chuchote à l'oreille :

— Vous mériteriez de recevoir une médaille de bravoure, Miss Mansfield. On dit que la femme d'un aristocrate français émigré a préféré se porter volontaire pour la guillotine plutôt que de s'asseoir à côté d'une certaine dame lors d'un dîner.

Je pouffe et il me faut prendre plusieurs profondes inspirations avant d'être capable de croiser son regard. Son sourire espiègle manque de me faire exploser de rire de nouveau.

Puis une mèche de cheveux retombe sur son front et, alors qu'il lève la main pour la ramener en arrière, la musique devient plus douce et je le vois faire ce même geste en sortant de l'écurie. De nouveau, il s'approche de ma cachette pendant que mon cœur bat la chamade avant de bifurquer à la dernière seconde. Mon visage est encore brûlant quand j'aperçois une jeune femme élancée sortir à son tour du bâtiment, des mèches de cheveux auburn s'échappant de sa coiffure et le tablier parsemé de brins de paille. Elle rattrape Edgeworth et tend le bras vers lui en souriant, confiante. Il prend sa main et l'amène à ses lèvres dans un geste courtois avant de s'éloigner d'un pas pressé en époussetant ses habits et en jetant des regards autour de lui comme pour s'assurer que personne ne les a vus. Cachée derrière mon buisson, je tremble de tout mon être, le cœur soudain lourd et vide.

Les acclamations des hôtes m'arrachent à mes pensées. Je suis la seule à ne pas battre des mains et je m'aperçois qu'Edgeworth est en train de me dévisager. Je lui lance un regard glacial et me joins au concert d'applaudissements.

— Êtes-vous souffrante ? s'enquit-il à voix basse.

— Vous autres n'avez décidément que cette question à la bouche !

Je me lève prestement et vais rejoindre Mary au pianoforte pour lui dire combien j'ai aimé sa prestation, bien que je l'aie à peine entendue. Pendant que les autres invités se répandent en louanges, je jette un coup d'œil à mon soupirant qui s'efforce de faire bonne figure mais n'arrête pas de lancer des regards furtifs dans ma direction, l'air meurtri.

La soirée touche heureusement à sa fin ; je peux à peine me résoudre à croiser ses yeux. Dans la calèche, je reste muette tandis que Mrs Mansfield se réjouit à outrance du fait qu'Edgeworth soit venu s'asseoir près de moi dans le salon. Mon seul désir est de me retrouver seule afin de mettre au clair mes émotions.

Chapitre 19

C'est un sentiment de trahison. Cette émotion qui m'a prise de court comme une gifle quand j'ai vu Frank avec Amy et – comme si ça ne suffisait pas – quand j'ai appris que Wes savait tout depuis le début et m'avait menti pour couvrir son ami.

J'ai bien compris que la scène qui m'a traversé l'esprit chez Edgeworth était un souvenir appartenant à Jane. Ce que je ne pige pas, c'est pourquoi je ressens également ses émotions. À moins que… se pourrait-il que ce soient les miennes ?

Quelle différence cela fait-il, au fond ? La conclusion, c'est qu'il ne faut pas se fier à Edgeworth. D'ailleurs, le fait que je le trouve attirant aurait dû me mettre la puce à l'oreille immédiatement : n'ai-je pas toujours été attirée par des hommes qui ne peuvent pas s'empêcher de flirter avec d'autres femmes à ma fête d'anniversaire ? Je possède un radar ultrasophistiqué capable de détecter le pire spécimen du genre parmi une foule de milliers d'hommes et de le rendre irrésistible à mes yeux. Pourquoi un changement de siècle, de corps ou même de cerveau devrait-il y changer quelque chose ?

Je suis étendue sur mon lit, le corps engourdi. Je dois faire le vide dans mon esprit. Je me faufile jusqu'au salon et récupère le premier volume d'*Orgueil et Préjugés* que j'ouvre à la page une. Voilà. C'est exactement ce qu'il me faut. Le meilleur remède à tous mes maux.

Quand Mary passe me chercher le lendemain matin, j'ai les yeux bouffis et je suis abrutie par le manque de sommeil, mais heureuse de la voir. Voilà une personne sincère et honnête sur qui je peux compter.

Aujourd'hui, mon amie est venue sans son cocher et me conduit elle-même dans sa petite calèche découverte jusqu'au joli coin où j'ai fait sa connaissance. Le temps, considérablement plus gris et frais que lors de notre dernière sortie, est idéal pour une promenade dans cette décapotable version XIXe siècle, qui est trop lente pour créer une brise mais ménage ma coiffure déjà protégée par un de ces horribles chapeaux *de rigueur*[*] que je suis obligée de porter – c'est soit ça, soit affronter Mrs Mansfield, et j'ai appris à choisir mes batailles.

Nous nous installons sur une nappe en lin que Mary étale sur l'herbe.

— Chère amie, me pardonnez-vous de vous avoir fait endurer cet horrible dîner ? m'implore-t-elle. Vous avez l'air bien pâle aujourd'hui.

---

* En français dans le texte. (*NdT*)

— Je dois admettre que ce n'était pas la meilleure soirée de ma vie, mais vous n'y êtes pour rien.

Mon amie me sourit.

— Vous êtes trop bonne. Ce que ma tante Talbot peut être fatigante quand elle parle de Charles comme s'il était le sauveur de son mari !

— Ah ?

Elle balaie une feuille de sa robe.

— Mon oncle n'a pas plus besoin de l'aide de Charles pour gérer son domaine que ma tante n'a besoin d'une nouvelle robe. Non, c'est pour une tout autre raison que la présence de mon frère est souhaitée.

Elle guette ma réaction. Je détourne les yeux et me mets à contempler la mare.

— Vous n'avez pas deviné ?

— Je ne crois pas.

— C'est pourtant évident, ma chère : ma tante est déterminée à faire de lui son gendre.

— Pardon ?

— Ces fameuses « affaires à régler » dont elle vous a parlé ne datent pas d'hier. En vérité, cette femme a des goûts de luxe et ne regarde pas à la dépense. Ses excès ont presque ruiné mon oncle et elle espère qu'une alliance entre Charles et Anne permettra de remettre à flot leur barque.

Il faut que je bouge. J'ai besoin de marcher. Je ne peux pas rester assise une minute de plus à l'écouter. Pourquoi cela devrait-il m'importer, de toute manière ? Si Edgeworth veut épouser Anne, qu'il le fasse !

Je commence à me mettre debout mais Mary me retient d'une légère pression sur mon bras. Ses yeux brun doré sont pleins de sollicitude.

— Vous ai-je contrariée, Jane ?

— Bien sûr que non.

— Ma chère, mon frère n'éprouve aucun penchant pour elle. Il faudrait être aveugle pour ne pas voir que son intérêt se trouve ailleurs.

Je me lève et m'étire afin de dissimuler les larmes chaudes qui me montent aux yeux. Qu'est-ce qui cloche avec moi ?

— Cela m'est parfaitement égal, répliqué-je.

— Je vois bien que vos sentiments ont changé et ma foi, je ne vais pas tenter de vous cacher les miens. Jane, si vous avez enfin ouvert les yeux sur sa personne, je suis heureuse pour vous.

Elle se lève à son tour et pose une main sur mon épaule, mais je me dégage.

— Je préférerais ne pas en parler.

— Marchons un peu, en ce cas, et apprécions simplement le silence.

— Une chose dont j'ai fort peu profité hier soir.

Elle rit.

— Jane, vous êtes bien méchante de me tourmenter ainsi au sujet de cette soirée désastreuse, me reproche-t-elle en glissant son bras sous le mien. Ma tante ne nous avait pas informés de son intention de nous rendre visite si rapidement après nous avoir reçus chez elle. Si je l'avais su plus tôt, jamais je ne vous aurais imposé sa compagnie.

Nous marchons quelques minutes sans rien dire. L'herbe tendre, la brise caressante, la lumière diffuse dansant sur la surface ridée de l'eau et le gazouillement des oiseaux m'apaisent peu à peu et m'aident à faire le vide dans ma tête. Mrs Talbot veut marier sa fille à son neveu ? C'est une chose que de lire dans un roman que lady Catherine souhaite que son neveu Darcy devienne son beau-fils en épousant sa fille Anne ; c'en est une autre que d'être témoin d'un tel projet dans la vraie vie, ou plutôt dans cette espèce de monde sans issue dans lequel je me trouve.

— Ce lieu est un véritable havre de paix, fais-je remarquer quand nous retrouvons notre petit coin d'herbe.

— Dans quelques jours, une fois que mon frère et nos invités seront partis chez mon oncle, je serai en paix moi aussi. J'envisage de me rendre à Bath et vous me feriez un grand honneur si vous acceptiez de m'y accompagner. Charles a demandé à Mrs Smith, mon ancienne gouvernante, d'être ma dame de compagnie afin que je puisse entreprendre ce voyage. Bath n'est peut-être pas la ville thermale la plus en vue du moment et sera peu animée en cette période de l'année, mais rien de comparable à l'isolement de la campagne. Je suis sûre que nous trouverons suffisamment de distractions pour nous contenter l'une et l'autre. Par ailleurs, je suis convaincue que ce séjour sera bénéfique aux rhumatismes dont se plaint Mrs Smith.

Comment hésiter une seule seconde à partir à la découverte du Bath de Catherine Morland et d'Anne Elliot ? Sans parler du fait que ce serait l'occasion de m'éloigner quelque temps de Mrs Mansfield.

Mary m'arrache à mes pensées.

— Je lis sur votre visage que l'idée ne vous déplaît pas. Oh, Jane, acceptez-vous de m'accompagner ?

— Oui ! m'écrié-je en l'embrassant, aux anges. Bien sûr que j'accepte !

Chapitre 20

Alors que nous faisons route vers cette ville que je n'ai visitée qu'à travers les romans de Jane Austen, dont un n'a pas encore été écrit – je dois arrêter de me référer au temps de la même façon qu'avant –, je jette un coup d'œil à Mary qui dort, la tête posée sur l'épaule d'une Mrs Smith somnolente. En dépit de ses prétendus rhumatismes, cette cinquantenaire quelconque à l'allure maternelle n'est pas invalide comme le personnage homonyme de *Persuasion*. Il ne nous a pas fallu longtemps pour convaincre Mrs Mansfield d'accepter de me laisser partir avec mon amie : cette dernière voyage non seulement avec une dame de compagnie approuvée par son frère aîné, mais également avec une seconde calèche pour les bagages, sa femme de chambre ainsi qu'un contingent de domestiques destiné à garantir notre sécurité durant le trajet. Cerise sur le gâteau, ma « tante » Randolph doit se rendre à Bath la semaine prochaine, ce qui, comme l'a précisé Mrs Mansfield, nous assurera « le meilleur des chaperonnages » pour les réceptions et autres bals.

Le fait qu'Edgeworth ne nous accompagne pas n'a semblé faire aucune différence à ses yeux : apparemment, puisqu'il n'est plus dans les parages, je suis libre de partir moi aussi.

Je suis en général nerveuse quand je pars en vacances loin de chez moi, ce qui m'arrive assez rarement. La principale source de stress consiste à décider quels vêtements je vais emmener et comment tout caser dans mes valises. Or, ce voyage n'implique rien de tel. Mon rôle s'est borné à regarder Barnes préparer mes malles sous la supervision de Mrs Mansfield, la veille du départ.

Une fois la dernière malle remplie et Mrs Mansfield sortie de ma chambre, j'ai remarqué que la domestique semblait plus préoccupée que d'habitude.

— Qu'y a-t-il Barnes ? Êtes-vous fatiguée ?

— Oh, non, mademoiselle. Je me disais juste que cette semaine est pleine d'adieux, avec vous qui partez à Bath et mon frère qui s'en va lui aussi.

— Votre frère ?

— Depuis que Mr Dowling lui a interdit de faire le service, James n'arrêtait pas de broyer du noir et Mr Dowling était à deux doigts de le renvoyer. Finalement, James a pris les choses en main et je pense que c'est ce qu'il pouvait faire de mieux, de partir aussi loin de cette maison que ses jambes peuvent le porter.

Elle a encore soupiré et a sorti de la malle une combinaison parfaitement pliée pour la plier de nouveau.

— Mais comment va-t-il subvenir à ses besoins ?

— Il y a quelque temps, un de ses amis d'enfance qui est devenu marchand de tissus lui a proposé de travailler pour lui. Mais jusque-là, il avait toujours trouvé des excuses pour ne pas accepter, a-t-elle ajouté en baissant les yeux.

— Je... je suis sûre qu'il réussira.

— Merci, mademoiselle.

Je suis restée assise sur mon lit pendant que Barnes fermait les malles. C'est à peine si j'avais remarqué l'absence de James dans la salle à manger, trop préoccupée par ma propre situation pour perdre une seule minute à m'interroger sur les raisons de sa disparition. Ma foi, il serait plus heureux sans une fille qui n'était même pas fichue de se rappeler qu'elle avait autrefois éprouvé des sentiments pour lui. De toute façon, ma vie est déjà bien assez compliquée sans que j'aie besoin de m'encombrer d'une idylle clandestine – et encore moins d'une relation sérieuse – avec un domestique. Je suppose que je commence à tourner snob.

— Barnes, quand vous aurez des nouvelles de votre frère, voulez-vous bien lui dire que je suis désolée si je l'ai fait souffrir ? J'espère que vous savez que cela n'a jamais été mon intention.

Barnes s'est tournée vers moi, les yeux larmoyants.

— Oh, mademoiselle ! Vous êtes si bonne. Dieu vous bénisse.

Alors que la calèche s'arrête enfin dans une longue rue bordée de maisons de ville du XVIIIe siècle, je m'interroge sur le bien-fondé de sa remarque louant ma bonté. Si je suis si bonne que ça – ou si Jane l'est, en l'occurrence – pourquoi laissons-nous des hommes tels que Frank ou Edgeworth nous briser le cœur ?

Mary ouvre les yeux et me sourit, l'air encore endormie. Je me souviens alors de la chance que j'ai d'être ici à Bath, loin des restrictions de la campagne et du risque de sombrer dans la dépression.

— Vous aimez ? me demande mon amie alors que je me lève avec précaution, mes jambes tout engourdies.

Je considère l'enfilade d'élégants bâtiments en pierre de couleur miel. Une extrémité de la façade est ornée d'arbres verdoyants côtoyant un édifice à l'architecture néoclassique, tandis qu'une fontaine en pierre trône à l'autre bout. Le soleil est bas dans le ciel et sa lumière rose dorée baigne les bâtiments. De l'autre côté de la rue, je vois des calèches d'où descendent des femmes coiffées de turbans à plumes et des hommes en queues-de-pie et hauts-de-chausses. Une porte s'ouvre et les couples défilent d'un pas majestueux devant un valet de pied en perruque poudrée. Les échos de violons et de rires me parviennent et j'aperçois des lustres étincelants par les fenêtres de l'étage.

— Vous plaisantez ? m'exclamé-je. Je n'arrive pas à en croire mes yeux !

Et ce n'est pas peu dire : comme si ma vie ici n'était pas assez surréaliste, la scène à laquelle j'assiste de l'autre côté de la rue me paraît si étrangement familière que je me demande un instant si je ne suis pas en train de vivre un autre souvenir de Jane, ou bien si ce tableau vivant ne sort pas tout droit d'une version cinématographique de *Northanger Abbey*.

Souvenir ou non, et peu importe d'où il vient, une chose est sûre : cet endroit est tout ce dont je pouvais rêver, en dehors de retrouver mon vrai chez-moi. De la demeure grandiose de la tante de Mary dont nous avons l'entière jouissance, au personnel zélé prêt à satisfaire nos moindres besoins, sans parler de ma chambre chaleureuse et confortable – qui, de fait, ressemble plus à une suite – et de l'absence de Mrs Mansfield rôdant dans les parages, tous les éléments sont réunis pour que je me sente au paradis.

Être ici avec Mary me permet également de prendre mes distances avec Edgeworth. J'ai beau me répéter qu'il ne joue qu'un rôle temporaire dans cette vie d'emprunt, je ne peux pas nier qu'il est trop risqué pour moi de rester près de lui. Je ne parviens pas à établir un lien entre cette image troublante de lui et de la femme aux cheveux auburn et l'effet qu'il produit sur moi chaque fois que je le vois. Je suis tout simplement incapable de contrôler mes émotions en sa présence. J'en ai eu la preuve lorsqu'il est passé me souhaiter bon voyage.

Notre tête-à-tête n'a pas duré plus d'un quart d'heure, et Mr et Mrs Mansfield étant dans les parages, on ne peut pas vraiment dire que la conversation était intime… jusqu'à ce qu'il prenne congé.

— Ces jeunes femmes vont bien nous manquer, Mr Edgeworth, a déclaré Mrs Mansfield. Je ne sais comment je vais faire sans Jane à mes côtés.

J'ai dû me retenir de lever les yeux au ciel.

— Il me semble que seul Shakespeare a trouvé les mots pour exprimer ce qu'il en coûte de quitter un ami, a rétorqué Edgeworth.

Il m'a lancé un regard doux avant d'ajouter :

— « Quand vous me quittez, le chagrin reste et le bonheur s'en va[1]. »

Puis il s'est tourné vers Mrs Mansfield en souriant.

— N'êtes-vous pas de cet avis, Mrs Mansfield ?

— Vous semblez être un grand amateur de théâtre, Mr Edgeworth, a fait remarquer Mr Mansfield.

— Je crois que Miss Mansfield aime le théâtre – et la poésie – tout autant que moi.

De nouveau, il m'a regardée furtivement comme s'il tentait de me faire passer un message silencieux, puis il a souri à Mr et Mrs Mansfield avant de nous saluer et de prendre congé.

Je ne suis même pas sûre d'avoir réussi à bafouiller un « au revoir » : j'étais si nerveuse qu'après son départ, il m'a fallu prendre l'air et marcher une bonne heure afin que ma respiration reprenne un rythme normal et que mes mains cessent d'être moites.

---

1. Shakespeare (William), *Beaucoup de bruit pour rien*, (trad. François Guizot), édition Didier, 1864.

Allongée dans mon lit, la tête lovée au creux de mon oreiller, je remercie encore le ciel d'avoir fait en sorte que le monde de Jane Austen soit dépourvu de téléphones, d'agendas électroniques et d'ordinateurs. Pour une fois dans ma vie, mon bonheur ne dépend pas des messages laissés sur mon répondeur ou ma boîte mail. Quant au courrier normal, il y a peu de chances que je reçoive une lettre d'Edgeworth. Vive les rituels de drague archaïques ! Plus il sera loin de moi et mieux je me porterai.

Vraiment, je ne pouvais pas rêver d'une meilleure occasion. Sans Mrs Mansfield pour me taper sur les nerfs et Edgeworth pour m'embrouiller les idées, je vais pouvoir me concentrer sur la seule chose qui importe : retourner là où je suis censée être. Et peut-être même m'amuser un peu entre-temps.

Chapitre 21

Tout le monde semble être en vacances ici à Bath. D'ailleurs, à bien y réfléchir, ce n'est pas seulement la ville qui donne cette impression : on dirait que la vie elle-même n'est qu'une suite ininterrompue de congés pour tous les gens que je croise. À l'exception des domestiques, bien sûr, qui devraient décidément s'organiser en syndicat. Cela dit, même pour les femmes des classes privilégiées – non mariées, j'entends – ces « vacances » ne sont pas des plus réjouissantes. C'est comme si vous rêviez de vous envoler pour les Caraïbes, Paris, ou encore Las Vegas, mais que votre sens du devoir vous amène à passer vos quelques jours de repos à rendre visite à papa-maman. La principale différence ici, c'est que ces vacances en famille sont une condamnation à perpétuité. Vous n'avez aucun boulot ni appartement où aller vous terrer, juste un puits sans fond d'heures de couture et d'interminables journées au salon avec maman.

Pas étonnant que la femme dont je vis la vie ait eu si désespérément envie d'en changer. Si sa seule option de carrière – le mariage – se résume à enchaîner les grossesses et à éduquer des marmots tout en étant soumise à un coureur de jupons, qui ne le voudrait pas à sa place ? C'est pour cette raison que me retrouver dans une autre ville avec ma nouvelle amie et loin du joug de Mrs Mansfield me donne un véritable sentiment de liberté.

Outre ses magnifiques bâtiments dont les façades en pierre semblent tantôt blanches, tantôt dorées ou roses selon la lumière, Bath offre un charmant mélange de ruelles sinueuses, de ponts piétonniers et de jardins d'agréments. Après avoir fait l'expérience de l'isolement de la campagne, je ne me lasse pas d'observer les gens tout en m'émerveillant devant l'architecture et les boutiques. Je ne vois pas comment quiconque pourrait préférer la monotonie du paysage rural à la diversité des rues de Bath. Je commence d'ailleurs à douter du sérieux de ce biographe qui prétendait que Jane Austen haïssait Bath. Comment peut-on haïr cette ville ? En rire, peut-être. Mais la détester ?

On peut rire de beaucoup de choses à Bath, comme de ce curieux rituel consistant à aller flâner dans la *Pump Room*, le centre social névralgique de la ville. Cette pièce présente l'architecture prétentieuse d'un temple grec bien qu'elle côtoie une immense cathédrale gothique. Toutes les personnes importantes font leur apparition quotidienne dans cette salle ornée de magnifiques lustres pour arpenter son plancher, écouter l'orchestre jouer sur la petite estrade, savoir qui se trouve en ville et, par-dessus tout, voir ce que les autres portent.

Le jour de notre arrivée, nous avons inscrit notre adresse dans l'énorme livre d'or de la *Pump Room*, de sorte que tout le monde sache où nous séjournions. Nous avons également laissé des cartes de visite chez les connaissances de Mary dont les noms étaient listés dans le livre. Hélas, il a ensuite fallu endurer des visites de courtoisie ennuyeuses chez lesdites connaissances, des femmes pour la plupart, pour qui la définition d'une conversation passionnante consiste à parler du temps, de la dentelle qu'elles utilisent pour orner leurs robes et des derniers scandales du moment comme celui de la femme qui a dansé cinq danses d'affilée avec le même homme sans qu'ils soient fiancés. Assurément le scoop de l'année.

Mais la *Pump Room* présente bien plus d'avantages que de permettre aux touristes séjournant à Bath de rencontrer ces charmantes dames : elle se targue également de leur proposer une eau minérale aux vertus curatives. J'ai d'abord été intriguée par cette eau qu'une sorte de barman distribue aux fidèles qui viennent chaque jour en boire un verre ou deux avec solennité. Toutefois, après ma première – et dernière – gorgée, j'ai compris que ce n'était pas le genre de goût que je finirais par apprécier avec le temps. En fait, je me suis juré de ne plus jamais boire de cette eau à moins d'avoir un pistolet braqué sur la tempe.

Il y a aussi ceux pour qui boire l'eau n'est pas suffisant, ou alors que le goût rebute autant que moi. Quoi qu'il en soit, ces gens-là préfèrent aller s'immerger dans l'eau brûlante des bains que j'aperçois depuis les fenêtres de la salle. Ainsi, quand on en a marre de regarder les gens faire le tour de la pièce bien au sec, on peut toujours se rabattre sur le spectacle des baigneurs en maillots jaunes moulants qui font trempette en contrebas.

Lorsque nous sommes lassées de cette salle, nous allons fouler les vastes pelouses qui s'étendent devant les bâtiments blancs étincelants en arc de cercle du Royal Crescent, ou bien nous nous promenons dans le centre-ville. C'est ce que je préfère : flâner, faire du lèche-vitrines et m'arrêter çà et là dans une pâtisserie pour déguster un thé et des petits pains chauds ornés de raisins croustillants. Il y a tant de choses à découvrir en marchant que je ne m'inquiète même plus du nombre de calories englouties.

Bien entendu, nous ne résistons pas à l'envie d'entrer dans les boutiques. Comme le dit si bien Mary, il serait scandaleux de quitter Bath sans avoir rendu visite à son couturier préféré sur Milton Street pour y faire des folies. Dépense donc, ma fille. D'ailleurs, Mrs Mansfield a insisté pour que je m'achète de nouvelles robes, et Mr Mansfield a appuyé les paroles de sa femme en me donnant une bourse bien remplie. Il faut dire que nous avons été invitées à un bal et que nous voulons y paraître sous notre meilleur jour.

Hélas, une halte chez le couturier n'a rien d'aussi amusant que de faire la tournée des pâtisseries. Outre le fait qu'il n'existe aucune variété dans le choix du style et de la longueur, acheter une robe au siècle de Jane Austen demande un effort d'imagination dont mon cerveau du XXIe siècle est incapable. Pas un seul portant de vêtements achevés, encore moins de cabines d'essayage, sans parler de l'impossibilité de sortir du magasin en sentant dans sa main le poids rassurant d'un joli sac contenant une robe enveloppée de tissu. J'ai malgré tout fini par me faire à l'idée de cette absence de satisfaction immédiate et par laisser Mary m'aider à choisir les tissus, les couleurs et les motifs de ma robe. De toute évidence, il faut du temps pour s'habituer à ce type de shopping, qui consiste en gros à trouver la matière première adéquate, à imaginer le résultat final et à faire confiance aux goûts vestimentaires de ses amies. Je me console en songeant qu'au moins, la taille Empire sied plutôt bien à ce corps d'emprunt.

C'est aujourd'hui notre quatrième jour à Bath et Mary a décidé qu'une baignade dans les thermes brûlants s'imposait après toutes ces heures passées à marcher et à faire les magasins. Elle me fait remarquer que le temps s'étant rafraîchi, la chaleur de l'eau sera loin d'être désagréable.

— De plus, ma chère, ajoute-t-elle, cette eau n'est pas seulement salutaire pour les personnes à la santé fragile ; elle est également bénéfique au teint.

— Je n'ai pas l'intention d'aller barboter dans ce bocal à poissons et de m'offrir en spectacle avec les cheveux dégoulinants à tous les curieux de la *Pump Room* en quête de distraction.

— Nous allons nous rendre aux bains de la Croix, ma chère. Vous verrez combien les eaux y sont exquises.

La façon dont Mary est parvenue à une telle conclusion reste un mystère pour moi. Il fait une chaleur suffocante dans les thermes. Alors que nous entrons dans le bassin, vêtues de ridicules maillots de bain jaunes qui nous couvrent du cou aux chevilles, mes narines sont assaillies par le pot-pourri d'odeurs émanant des corps plongés dans l'eau bouillonnante autour de moi. Même les sachets aromatiques d'orange épicée disposés dans des bols flottants attachés à des rubans autour de notre cou ne peuvent rien contre la puanteur qui se dégage de l'eau fumante.

Cependant, les effluves de cette soupe humaine ne sont pas aussi répugnants que la vue de certains baigneurs. À seulement quelques brasses de nous, une dame corpulente grimace tandis qu'une jeune femme l'aide à défaire les bandages souillés qui entourent ses jambes avant de les plonger, plaies à vif, dans l'eau. Sa dame de compagnie n'a pas l'air en meilleure forme physique. Elle crache littéralement ses poumons et asperge de postillons toutes les personnes se trouvant dans un rayon de dix mètres. C'en est trop pour moi : je sors précipitamment de l'eau et me poste au bord du bassin, tremblante.

Mary lève les yeux vers moi depuis l'eau brûlante.

— Elle est chaude, je vous l'accorde. Mais laissez votre corps s'habituer à la température et vous verrez que, d'ici quelques minutes, vous y serez à votre aise.

Je m'agenouille près du rebord et lui glisse à voix basse :

— Vous n'avez donc pas vu ces gens derrière vous ? Non, ne regardez pas tout de suite !

Mary tourne la tête en direction des deux femmes puis me regarde, le visage aussi serein qu'avant.

— Oui, eh bien ?

— Eh bien si vous ne sortez pas vous aussi de ce bain, vous risquez d'attraper une de ces maladies horribles dont elles souffrent !

— Ne soyez pas bête, me chuchote-t-elle. Ce lieu est un préservateur de santé. D'ailleurs, je ne peux m'empêcher de penser que si nous avions amené ma pauvre mère ici, elle n'aurait peut-être pas succombé à sa dernière crise.

Ou alors elle aurait succombé plus tôt.

— Je n'ai jamais rien vu de plus insalubre que ce lieu !

Mon amie promène ses yeux autour d'elle avant de les poser de nouveau sur moi, l'air étonné.

— Oh, j'y pense ! Savez-vous que ces eaux sont réputées pour guérir de nombreux maux ? Elles pourraient peut-être vous aider à recouvrer la mémoire.

— Je crois que je préfère l'amnésie… et des vêtements secs.

— Soit. Cela vous dérangerait-il que je reste encore quelques minutes avant de vous rejoindre ?

Elle lance un regard à Mrs Smith qui se prélasse, les yeux clos, apparemment inconsciente de la saleté qui l'entoure. Mary fait un geste dans sa direction.

— Je vais, bien entendu, dire à Mrs Smith qu'elle peut rester aussi longtemps qu'elle le souhaite.

— Pour votre bien à toutes les deux, je préférerais que vous n'en fassiez rien.

Elle me fait signe de partir. Alors que je me rhabille à la hâte, je prie pour ne pas avoir été exposée moi-même à une maladie que seul un avenir rempli d'antibiotiques prescrits à outrance serait en mesure de guérir.

À peine suis-je sortie du bâtiment dans l'air vivifiant de cette journée fraîche mais ensoleillée que j'aperçois une silhouette vaguement familière traverser la rue dans ma direction. L'homme est à contre-jour si bien que je ne le reconnais pas tout de suite. Il sort enfin de la lumière éblouissante ; c'est James, le frère de Barnes.

Nos regards se croisent et il se fige soudain, hésitant visiblement à venir à ma rencontre. Je prends mon courage à deux mains et lui adresse un petit signe de la tête. Il s'approche alors d'un pas incertain en soulevant son haut-de-forme et en lissant les plis de sa veste. Je n'aurais jamais imaginé qu'un domestique puisse être si élégant en civil. En fait, il a l'air aussi distingué que tous les prétendus gentlemen que j'ai rencontrés à Bath. Sans compter qu'il est bien plus beau que la plupart d'entre eux.

Il se poste devant moi et se met à se dandiner nerveusement d'un pied sur l'autre tout en prenant soin d'éviter mon regard.

Que suis-je censée dire ?

Je m'efforce de lui sourire.

— James ! Quelle charmante surprise.

— Vraiment ? demande-t-il en s'inclinant, soudain écarlate.

Il finit par se ressaisir.

— J'espère que vous vous portez bien, mademoiselle.

— Que faites-vous ici à Bath ? Je vous croyais parti travailler pour un de vos amis.

— C'est exact, mademoiselle. Et c'était une véritable aubaine. Mon nouvel employeur a commencé par m'avancer assez d'argent pour acheter ces habits.

Il montre sa veste d'un air penaud, comme s'il n'avait pas le droit de la porter.

— Et pour s'assurer que j'en faisais bon usage, il m'a envoyé à Bath afin de régler une petite affaire pour lui.

— Je suis heureuse pour vous.

— Merci mademoiselle. C'est bien aimable à vous.

Il a du mal à croiser mon regard plus de deux secondes d'affilée. Se pourrait-il qu'il se soit passé quelque chose entre ce type et moi ?

— Pourquoi êtes-vous si formel ? Personne ne nous regarde, vous savez.

— Pardonnez-moi… Jane, finit-il par articuler en osant cette fois me regarder dans les yeux, avec une telle intensité que j'en ai le souffle coupé.

— Ne serait-ce pas plutôt à moi d'implorer votre pardon ?

Il pose sa main gantée sur la mienne et presse doucement mes doigts. Ses yeux bruns sondent mon visage et je sens le feu me monter aux joues.

— Jane, je n'ai pas osé… J'ai tellement de choses à vous dire. Accepteriez-vous de me rencontrer demain ? Devant le labyrinthe des jardins de Sydney, disons, à 14 heures ? Je vous retrouverai près de l'angle nord-ouest.

Ses yeux se portent soudain derrière mon épaule et il lâche ma main comme si elle était brûlante. Je me retourne pour voir ce qui l'a troublé. C'est Mary.

Elle nous observe longuement, les sourcils légèrement froncés.

— Vous voilà enfin, Jane.

— Mary, je vous présente Mr Barnes. Mr Barnes, voici mon amie, Miss Edgeworth.

James écarquille les yeux mais s'incline immédiatement devant mon amie qui hoche à peine la tête en guise de réponse.

— Si vous voulez bien m'excuser, mesdames, bafouille-t-il. Je dois partir. Je vous souhaite une bonne journée.

Il nous salue avant de pivoter sur ses talons et de s'éloigner dans la rue.

— C'était vraiment impoli, fais-je remarquer à Mary.

— Et comment ! réplique-t-elle avec condescendance. Me présenter à l'un de vos domestiques comme s'il était un gentleman digne de mon rang !

— Il ne travaille plus chez nous. Il se trouve qu'il est maintenant marchand de tissus. Et depuis quand êtes-vous devenue si snob ? Non pas que je me souvienne de quoi que ce soit vous concernant.

— Vous êtes cruelle, Jane.

— Vous l'avez également été en le traitant comme un moins-que-rien. Est-ce un tel manquement à l'étiquette que de faire preuve d'une courtoisie ordinaire envers quelqu'un qui a travaillé dans ma maison ?

— Je n'aurais jamais pensé que les mots « courtoisie » et « ordinaire » pouvaient aller de pair.

Je la dévisage afin qu'elle baisse les yeux, mais elle soutient mon regard sans ciller. Puis elle fait demi-tour et commence à marcher en direction de la maison. Je lui emboîte le pas, l'humeur maussade.

Une fois que nous sommes arrivées, Mary fait une halte dans le vestibule pour examiner les cartes de visite déposées dans le plateau en argent. Je la dépasse d'un pas pressé, ôte mon chapeau et m'apprête à monter m'isoler dans ma chambre.

— Jane ! m'interpelle-t-elle d'une voix douce. Puis-je vous parler ?

— Je ne suis pas d'humeur à recevoir un sermon.

— Ce n'est pas mon intention.

Je hoche la tête et tends mon chapeau et mon châle à Mrs Jenkins, la gouvernante, avant de suivre mon amie au salon.

Elle s'installe sur le canapé, m'invitant de la main à m'installer à son côté, et je viens m'asseoir aussi loin d'elle que possible. Mrs Jenkins entre alors dans la pièce avec le thé. Je songe que le peu d'intimité qu'offre ce monde est accentué par la présence quasi constante des domestiques. Non pas que cela me dérange si j'avais une aide ménagère à ma disposition à L.A., peu importe qu'elle soit tout le temps dans mes pattes ou non.

Dès que la porte se referme sur Mrs Jenkins, Mary s'éclaircit la voix :

— Jane, je m'excuse de vous avoir parlé sèchement tout à l'heure, ainsi que de m'être montrée froide avec votre ami. Comprenez que je m'inquiétais pour votre réputation. Cette ville regorge de colporteuses de ragots et si une seule d'entre elles vous avait vue main dans la main avec un simple marchand, qui plus est l'un de vos anciens employés, votre vie serait vite réduite à la plus grande misère.

Je lève les yeux au ciel.

— Vous ne croyez pas que vous dramatisez ? Vous ne sembliez pas vraiment inquiète pour la réputation de votre frère quand vous lui avez suggéré d'épouser une domestique travaillant dans *votre* maison.

— Mais c'était là une question de devoir et d'honneur, et cela doit toujours primer sur toute considération du rang des futurs époux. Comment pouvez-vous faire une telle comparaison ?

Je bois une gorgée de thé. Mary tressaille.

— Ne me dites pas que vous êtes amoureuse de ce Mr Barnes !

— Absolument pas. Non. Enfin, je veux dire, pourquoi le serais-je ? Je ne sais pas… En fait, je ne me souviens de rien le concernant.

— Je vois, murmure-t-elle d'un air préoccupé.

— De toute manière, si j'étais amoureuse de lui, pensez-vous que je vous le dirais, après la réaction que vous avez eue ?

Mon amie soupire bruyamment.

— Je ne peux pas vous reprocher d'être sur vos gardes.

Ce n'est sûrement pas sa faute si elle est si coincée, mais je ne vais pas la laisser s'en tirer aussi facilement.

— Dites-moi la vérité, Mary. Resteriez-vous mon amie si j'aimais un homme que vous n'approuvez pas ?

— Je serai toujours votre amie. Mais je dois dire que même si votre amnésie constitue un inconvénient certain, elle pourrait vous être profitable dans le cas particulier de votre ami Mr Barnes.

— Facile à dire pour vous.

— C'est pourtant la vérité, chère amie. Je mentirais si je vous disais qu'une telle alliance se ferait sans difficulté pour vous et pour vos proches. Par ailleurs, je conçois fort bien que vous ne vous souveniez pas de la nature de votre relation avec Mr Barnes, mais comment auriez-vous pu oublier les sentiments que vous éprouviez à son égard ? Non, vraiment, je ne crois pas que vous ayez jamais été amoureuse de cet homme.

Ses paroles s'imposent soudain comme une évidence.

— J'imagine qu'il faudrait bien plus qu'une chute de cheval pour entraîner une telle amnésie.

Mon amie pouffe de rire, s'étranglant presque avec son thé, et je me mets à glousser également. Et la tension entre nous s'envole comme par enchantement. Je décide toutefois qu'il est préférable de garder certaines choses pour moi, notamment mon rendez-vous du lendemain avec James, que je n'ai pas l'intention d'annuler. Je suis convaincue qu'en connaissant mieux le passé de Jane, je mettrai toutes les chances de mon côté pour rentrer chez moi.

Chapitre 22

Le soir venu, alors que je me brosse les cheveux, assise devant la coiffeuse de ma chambre, je mesure soudain l'absurdité de toute cette histoire. Je suis là, à débattre avec Mary du type d'homme que je devrais ou non fréquenter, alors que je n'appartiens même pas à ce monde.

Plus mon séjour ici s'éternisera, plus il me sera difficile de garder un semblant d'objectivité. Après tout, je ne porte pas simplement un déguisement. Je porte la vie d'une autre personne. Son visage. Et son corps. Je contemple mon reflet tout en continuant à me coiffer. Même ce rituel du brossage du soir face au miroir est devenu machinal – et, je le confesse, je considère de plus en plus cette image qu'il me renvoie comme étant mon visage. Pourtant, dans la vraie vie, je me couche sans une seule pensée pour mes cheveux emmêlés. Je me sens aspirée presque malgré moi par la vie de Jane, mais je n'ai pas le choix : comment avancer chaque jour, sinon ? Surtout quand Mary est la seule personne à savoir que je ne suis pas Jane. Certes, elle a sa propre interprétation du problème.

Quoi qu'il en soit, il faut que je garde mes distances, d'une manière ou d'une autre. Je dois consacrer toute mon énergie à retrouver mon identité. Toutes ces distractions ne sont que des pièges.

Je repose la brosse et me mets au lit. Allongée dans l'obscurité, sans miroir et sans personne pour m'appeler Jane, je peux enfin imaginer que je suis la vraie Courtney, que j'ai l'apparence de Courtney – mon apparence, je veux dire. Que m'arrive-t-il ? Depuis quand fais-je référence à moi-même – à mon vrai moi, Courtney – à la troisième personne ?

Il me faut un certain temps avant de parvenir à me détendre suffisamment pour m'endormir.

La matinée suivante est si pluvieuse que mon projet de sortir en douce pour aller retrouver James manque de tomber à l'eau. La perspective de devoir me frayer un chemin entre les flaques, les pieds dans la boue, n'a rien de réjouissant, surtout avec les longues robes et les chaussures non imperméables qui composent ma garde-robe. Sans parler de ce froid humide qui va s'infiltrer sous le fin tissu de ma tenue. Je ne suis tout de même pas désespérée au point de chausser des socques, ces machins hideux servant à surélever les chaussures du sol détrempé et qui me font penser à des fers à cheval.

Toutefois, quand Mary et moi nous retirons dans le salon après le petit déjeuner, la pluie s'est transformée en léger crachin. À midi, la bruine a cessé complètement, le soleil commence à percer les nuages et je fais part à mon amie de mon intention d'aller me promener et faire les magasins. Mary rechigne à sortir par ce « temps exécrable », ce qui me convient parfaitement. Ainsi, il me sera plus facile d'honorer mon rendez-vous de 14 heures et j'aurai même du temps avant pour marcher et me vider l'esprit. Mais alors que je vais chercher une paire de gants et un châle dans ma chambre, Mary apparaît sur le seuil. Elle a changé d'avis ; est-ce que cela me dérangerait terriblement qu'elle m'accompagne ?

Que puis-je répondre ? Je trouverai plus tard une excuse pour me débarrasser d'elle.

Nous faisons une première halte dans la *Pump Room* où Mary parcourt des yeux le registre sacré avant de me regarder d'un air ironique.

— Comme prévu, Susan Randolph et votre tante sont arrivées.

— Je suppose que cela signifie que nous allons devoir leur rendre visite.

— Nous pouvons difficilement faire autrement.

— Au moins, Mrs Randolph… ma tante, pardon, semble être quelqu'un de bien.

Mon amie hausse un sourcil, amusée.

— « Semble » ? Vous parlez comme si vous n'aviez pas passé suffisamment de temps en sa compagnie pour vous faire une opinion de sa personne.

— Pour cela, il faudrait que je me rappelle avoir passé ce temps avec elle.

Le sourire de Mary s'efface et nous sortons en silence de la *Pump Room*.

Nous marchons dans la rue quelques minutes, puis elle prend la parole.

— Pardonnez-moi, chère amie. Je comprends maintenant à quel point ce problème de mémoire est sérieux, et vous m'en voyez bouleversée.

Je hausse les épaules et elle glisse son bras sous le mien.

— Néanmoins, poursuit-elle, je suis heureuse de constater que vous semblez vous rappeler qu'il ne faut pas se fier à Susan. Quant au reste, je vous promets de faire de mon mieux pour vous aider à tout vous remémorer.

— À quel point ne faut-il pas s'y fier ?

— Susan a toujours été jalouse de vous. Dès qu'un jeune homme vous accorde la moindre attention, elle fait son possible pour se mettre en avant à vos dépens. Une qualité fort peu appréciable chez une femme.

— Je suis sûre qu'elle se réjouira de me voir célibataire, sans un seul jeune homme épousable en vue.

Juste à ce moment, deux gentlemen en pantalons rayés et cols hauts, l'un avec d'épais cheveux bruns et l'autre blond, apparaissent à l'angle de la rue. Ils marchent dans notre direction puis nous dépassent en nous reluquant ostensiblement.

— En effet, me lance Mary avec un sourire espiègle. Pas un seul jeune homme en vue.

— Oh, mais s'ils connaissaient mon âge avancé, ils changeraient de trottoir immédiatement.

— Balivernes ! Je connais deux femmes qui se sont mariées à trente ans passés.

Je me tourne vers elle en feignant de prendre un air grave.

— Tant que ça ?

— Taisez-vous donc ! réplique-t-elle. Alors, qu'avez-vous l'intention d'acheter, aujourd'hui ?

— Rien de spécial. En fait, je crois que je vais abandonner l'idée de faire les boutiques et passer le reste de l'après-midi à me promener.

— Quelque part en particulier ?

— Je pense que je vais simplement marcher au hasard des rues pour faire le vide dans ma tête.

Je sens les yeux de Mary braqués sur moi tandis que je feins un intérêt soudain pour l'architecture du bâtiment près duquel nous passons.

— Cela dit, ajouté-je, je serais heureuse de vous raccompagner à la maison d'abord.

— Avant d'aller faire un tour du côté des jardins de Sydney ?

Je trébuche et manque de mettre le pied dans du crottin de cheval.

— Comment le savez-vous ?

— Jane, je l'ai entendu.

Je tente de reprendre une contenance et continue à marcher.

— C'est le pire des lieux où le retrouver, Jane. On va vous voir. Et cela fera les choux gras de toutes ces commères qui n'ont rien de mieux à faire.

— Écoutez, Mary. Je ne vous ai pas accompagnée à Bath pour y être assignée à résidence. Je suis adulte. Une adulte de trente ans, devrais-je préciser. Alors si les langues de vipère de la ville pensent que je suis trop jeune pour rencontrer un homme dans un lieu public, vous pouvez les remercier du compliment pour moi. Qu'elles aillent le crier haut et fort sur les toits du Royal Crescent ou l'imprimer dans les journaux, je m'en contrefiche. Parce que tout ça s'arrête ici et maintenant.

Mary me dévisage, bouche bée. Elle semble vouloir parler mais se ravise. Tant mieux, parce que ma colère retombe seulement après quelques minutes. Entre-temps, nous avons regagné la maison.

Mon amie s'approche de la porte et me lance un regard hésitant. On dirait presque que je lui fais peur.

— Je sais que vous agissez dans mon intérêt, dis-je à contrecœur.

— Laissez-moi au moins vous accompagner, me supplie-t-elle. Je pourrais faire le guet et détourner l'attention des personnes… indésirables se trouvant dans les parages.

— Je vous remercie, mais c'est non.

Elle soupire.

— Oh, Jane. Que va-t-il advenir de vous ?

— Je serai prudente, je vous le promets.

Je lui tapote la main. Il m'est impossible de rester fâchée contre elle.

— D'ailleurs, je ne voudrais surtout pas vous mettre dans une situation potentiellement compromettante.

— Mais...

— Cessez de vous inquiéter. Je serai de retour avant le dîner.

— Ces couleurs vives sont bien trop voyantes sur vous. Mettez plutôt cela, déclare-t-elle en ôtant son grand châle marron et en l'échangeant avec le mien.

Elle observe le rendu de l'étole sur moi.

— Et les rubans de votre chapeau sont trop... Voilà, prenez plutôt le mien.

Son chapeau jaune paille orné de rubans couleur chamois devrait me permettre de me fondre dans la masse plus facilement que celui que je portais.

Elle approuve ma transformation d'un hochement de tête.

— Voulez-vous toujours aller au bal ce soir ?

— Comment rater une occasion de me pavaner dans ma nouvelle robe ?

Mary sourit, visiblement soulagée. Et je file.

Impossible de me perdre sur le chemin des jardins de Sydney, qui se trouvent au bout de notre rue. À quelques mètres de l'entrée, un morceau de papier jeté par terre attire mon attention. C'est une longue publicité pour une foire qui doit se tenir à Bath prochainement. Elle se termine par ces mots : « des marchandises de toutes sortes, des spectacles de marionnettes, des magiciens et une voyante. »

Je retiens la partie de l'annonce mentionnant la « voyante » avant de fourrer le papier dans mon sac à main. Me trouver dans une atmosphère semblable à celle que Jane a connue avec sa voyante pourrait m'aider. Comment ? Je n'en ai aucune idée. Tout ce que je sais, c'est que je dois me rendre à cette foire.

Lorsque j'entre dans les jardins, je constate avec soulagement que la perspective de devoir marcher dans la boue semble avoir découragé les gens, cela en dépit du soleil qui brille. Seuls quelques groupes de promeneurs déterminés flânent ici et là, mais je veille à garder mes distances de peur de tomber sur une connaissance. Je suis déjà venue ici avec Mary et je sais donc où se trouve le labyrinthe. Je parviens à ce que je pense être l'angle nord-ouest, mais avec mon pitoyable sens de l'orientation, cela pourrait tout aussi bien être l'angle sud-est. Quoi qu'il en soit, je ne vois aucun signe de James.

Je me retourne en entendant quelqu'un s'approcher d'un pas pressé derrière moi. C'est lui. Il s'incline et m'entraîne aussitôt à l'écart dans un bosquet d'arbres. Nous marchons un peu, puis j'aperçois un banc à moitié caché par les feuillages.

— Si nous nous asseyions ? suggéré-je en lui montrant le banc.

— Je n'aurais jamais dû vous faire venir ici après toute cette pluie. Si vous deviez attraper froid en vous asseyant sur ce banc glacé…

— Ne vous inquiétez pas.

Il fronce les sourcils, sceptique.

— Regardez, le rassuré-je en prenant un mouchoir pour essuyer les gouttes de pluie de la surface.

— Si vous le permettez.

Il sort un mouchoir de sa poche et l'étale sur le banc à ma place.

Nous nous installons et, alors qu'il arrange sa veste, je remarque que ses mains tremblent légèrement.

À travers une trouée dans les arbres, j'aperçois un homme et une femme d'une cinquantaine d'années richement vêtus marcher tranquillement dans notre direction. James leur jette un regard puis se tourne vers moi.

— Où avais-je la tête en vous faisant cette proposition ? Si on nous voyait ensemble, votre réputation pourrait être compromise.

— Je vous assure que je me fiche complètement de ce que les gens peuvent penser.

Je vois l'étonnement s'inscrire sur le visage du jeune homme.

— Je croyais pourtant que c'était pour cette raison que vous aviez… euh… arrêté de me parler.

— James, vous devez savoir qu'après ma chute, je n'étais plus tout à fait moi-même, je ne savais pas – oh et puis merde !

Il prend un air choqué et je ne sais pas si je dois en rire ou en pleurer.

— J'aimerais que tout le monde arrête de me traiter comme si j'étais un vase en porcelaine. Y compris vous.

Il me lance un regard blessé. Ma colère retombe et je ressens soudain une grande lassitude.

— Qu'y a-t-il, Jane ?

— Ok. Voilà. La vérité, c'est que je ne me souviens plus de rien. De vous, de nous et de plein d'autres choses.

Devant son air stupéfait, je décide qu'il est préférable de ne pas lui en dévoiler davantage.

— C'est à cause de ma chute. C'est temporaire.

J'aimerais qu'il arrête de me dévisager avec ces yeux de merlan frit.

— Je suis désolée, James, mais je n'y peux rien. Si je suis venue ici aujourd'hui, c'est parce que je veux savoir ce qui s'est passé entre nous. Comment cela a commencé. À quel point c'était… sérieux.

Ses yeux s'agrandissent davantage.

— Mon Dieu. Vous voulez dire que vous ne vous rappelez pas ?

Je croise son regard mais il baisse aussitôt les yeux vers ses mains.

— Je suis vraiment désolée, James.

— Ce n'est pas grave, mademoiselle.

— Voulez-vous bien cesser de m'appeler comme ça ? Ces formalités sans fin m'insupportent.

— Mais cela ne me semble pas approprié. Surtout maintenant.

— Pitié, James, vous n'allez pas vous mettre à me débiter des absurdités à la lady Catherine à propos du rang et de la richesse.

— « Lady Catherine » ?

— Des sornettes de vieille femme, si vous préférez.

Le visage de James s'étire en un large sourire.

— Vous avez toujours parlé comme ça. Je me souviens de toutes ces fois où vous affirmiez qu'un jour, on ne jugerait plus un homme en fonction du nom de ses parents et que chacun pourrait faire ce que bon lui semble, être qui il veut. Et aussi que les femmes auraient leur mot à dire dans la façon dont le monde tourne.

Je déglutis péniblement.

— J'ai dit ça ?

— Vous inventiez aussi des histoires. Comme celle de l'homme qui vivait dans une cabane en rondins et qui a fini par diriger un pays. Ou encore celle de la femme noire qui a refusé de laisser sa place à un gentleman blanc et ainsi a changé la façon dont son peuple était traité dans son pays.

J'en ai la chair de poule. Abraham Lincoln ? Rosa Parks ?

— Les histoires que vous racontiez semblaient vraies, ajoute-t-il d'une voix douce.

— Dites-m'en plus.

— Je me souviens de la première fois où nous avons parlé. Mr Dowling était furieux contre moi parce que j'avais cassé une assiette. Vous l'avez entendu se plaindre qu'il n'arriverait jamais à rien avec moi, que je n'étais qu'un rustre et un bon à rien qui n'était pas digne de servir les gens de votre rang et de votre richesse. Vous m'avez alors dit : « James, j'ai vu peu de choses dans ce monde. Mais j'en ai vu assez pour savoir que ni le rang ni la richesse ne font la valeur d'un homme. C'est ce qui se trouve dans le cœur d'un homme qui le rend respectable. Et je parle d'expérience. » Puis vous avez fondu en larmes comme un enfant à qui on a brisé le cœur. J'ai tendu ma main et alors…

— Oui ?

— Et nous…

— Continuez.

— Il est sans doute préférable que nous oubliions cela tous les deux.

— Avons-nous… passé plus de temps ensemble ?

Il fait « non » de la tête.

— C'était dangereux.

— En avez-vous parlé à votre sœur ?

— Jamais ! Elle nous a surpris ensemble une fois et n'a pas arrêté de me rebattre les oreilles avec ça jusqu'au jour où j'ai quitté la maison de votre père. Elle me disait que j'allais ruiner votre réputation.

— « Ruiner ma réputation » ? Voulez-vous dire que nous avons…

Il fronce les sourcils, confus, puis écarquille les yeux quand il comprend enfin.

— Non ! Mon Dieu, non !

Il rougit et baisse les yeux.

— Mais vous ai-je jamais dit… vous ai-je jamais dit que je vous aimais ?

Il secoue lentement la tête.

— Que vous m'aimiez ? Vous disiez toujours que j'étais un homme bon et honnête.

Il s'éclaircit la voix et jette un regard à sa gauche vers deux jeunes femmes qui avancent sur le chemin dans notre direction.

— Nous devrions marcher un peu.

Nous empruntons une allée plus tranquille et nous promenons en silence pendant quelques minutes. Puis James plonge la main dans sa poche et en sort une montre gousset. La façon dont il la tient me semble étrangement familière.

Il s'arrête et me regarde.

— Puis-je vous montrer quelque chose ?

J'acquiesce d'un signe de la tête.

Il ouvre le couvercle de la montre et en extrait une mèche de cheveux tressés brun foncé, presque noirs.

— Cela vous rappelle-t-il quelque chose ?

Je touche la mèche et en une fraction de seconde, un flot de sensations et d'images me submerge : je me vois dans ses bras à pleurer, la tête enfouie dans sa chemise humide de larmes. Je lui donne la mèche de cheveux et son visage s'illumine alors qu'il la glisse dans sa poche. Puis je l'embrasse ; sa respiration s'accélère et il gémit tout bas en resserrant son étreinte. Je sens pourtant que quelque chose cloche : je n'éprouve pas ce frisson de plaisir qui m'a traversée quand je tenais le visage d'Edgeworth entre mes mains, effleurant sa bouche de mes lèvres, sentant son corps pressé contre le mien à travers mes vêtements, mon être tout entier tendu vers ce désir nouveau. Je m'écarte de James, le visage ruisselant de larmes et la gorge nouée par la honte. Je prends sa main et la porte à ma joue. « Pardonnez-moi », lui dis-je.

— Jane ?

Je reviens à moi et aux jardins de Sydney. Des larmes chaudes coulent le long de mes joues. James semble préoccupé.

— Je crois que je me souviens de quelque chose.

Puis je m'aperçois que j'ai pris sa main et, comme dans mon souvenir, je la pose contre ma joue.

— Pardonnez-moi, dis-je, sans savoir pourquoi.

Chapitre 23

Je rejoins la sortie des jardins en courant et en titubant, vaguement consciente de m'écorcher le bras sur une branche et de manquer de percuter une femme qui me semble étrangement familière mais dont le chapeau orné de rubans rouge sang est la seule information que mon cerveau parvient à enregistrer.

Je ne parviens pas à chasser de ma tête ces flashs mentaux – ou plutôt ces souvenirs, car c'est bien ce qu'ils sont. Chaque jour qui passe, la frontière entre Jane et moi devient un peu plus floue.

Sans que je sache comment, je me retrouve devant le magasin du marchand d'estampes qui se situe à seulement quelques pâtés de maisons de chez la tante de Mary. Je reviens à moi en reconnaissant la boutique et prends alors conscience que je suis en train de contempler le même paysage paisible que je vois depuis ma fenêtre tous les jours depuis mon arrivée ici. Je sens le goût salé des gouttes de sueur qui perlent à ma lèvre supérieure. Oui, le magasin de gravures, comme celui devant lequel Anne Elliot et l'amiral Croft ont une discussion.

Le fait de relier ce lieu à *Persuasion* m'apaise et remet un peu d'ordre dans tout ce chaos. Cette course folle m'a donné grand-soif. Je remarque que les passants me dévisagent curieusement, et pour cause : mon chapeau est de guingois sur ma tête et je respire bruyamment.

Je suis soudain frappée par le caractère familier de ce flirt entre Jane et James. N'ai-je pas moi-même vécu une expérience similaire à la suite de la révélation au grand jour de l'infidélité de Frank ? Ou plus précisément, après avoir passé les deux premiers jours prostrée sur le futon de Paula. Le troisième jour, elle a enfin réussi à me traîner à un vernissage où, la confiance dopée par quelques verres de vodka, j'ai flirté avec le premier type qui m'a souri.

Son visage poupin, ses cheveux ébouriffés et sa silhouette dégingandée lui donnaient l'air parfaitement inoffensif. C'est son humour mordant qui m'a prise au dépourvu. « Qu'on fasse venir quelqu'un pour nettoyer ça ! » m'a-t-il chuchoté alors que nous étions au milieu de la foule et tentions de trouver un sens à une œuvre composée de ce qui ressemblait à du crottin de cheval et un manche à balai posés sur une feuille de Mylar. J'ai éclaté de rire et nous avons enchaîné sur des petits gloussements qui m'ont rappelé mes années collège, quand les profs me séparaient de mes amies parce que nous rigolions en cours.

Afin d'échapper aux regards réprobateurs de nos voisins amateurs d'art, Evan – c'était son prénom – et moi nous sommes glissés dehors pour rire sans retenue, partager une cigarette et flirter. J'ai accepté de le raccompagner jusque chez lui pour boire un verre, quand boire un verre était clairement la dernière chose que nous avions en tête.

Une fois dans son appartement – un dédale de meubles Ikea usés, de fauteuils poire et de matelas couverts de linge sale posés à même le sol –, Evan m'a regardée d'un air ébahi quand je lui ai dit l'air de rien que j'habitais seule dans un deux pièces. Visiblement, rencontrer une femme vivant sans colocataire ni parents était une expérience totalement inédite pour lui. Il m'a expliqué qu'il avait quitté la maison de sa mère à Portland pour échouer ici, dans l'appartement déjà surpeuplé d'un ami de lycée. Ses colocataires étaient sortis faire la fête. Evan n'avait que vingt-trois ans, ce qui expliquait sûrement sa vision des choses. C'était également un amant extraordinaire, qualité que je n'ai pas mis longtemps à découvrir cette même nuit.

L'ego boosté par ces ébats, je me suis endormie le sourire aux lèvres. Je n'avais pas besoin de Frank. J'étais une femme émancipée, libre de toute contrainte. Hélas, quand je me suis réveillée le lendemain matin et que j'ai rejoint en titubant la salle de bains d'Evan en me prenant les pieds dans une pile de serviettes crasseuses pour enfin contempler mon reflet dans le miroir, le visage au teint cireux et aux yeux injectés de sang et dégoulinants de mascara que j'y ai vu ressemblait à tout sauf à celui d'une femme émancipée et libre. J'avais encore ce trou béant au fond de moi, là où s'était autrefois trouvée ma confiance en Frank. J'ai donc quitté l'appartement d'Evan aussi vite que possible, promettant d'appeler mais sachant pertinemment que je n'en ferais rien.

J'émerge de mes pensées. Ma respiration a repris un rythme normal et, après avoir remis mon chapeau en place et m'être essuyé le visage avec un mouchoir, je me sens prête à parcourir les derniers mètres qui me séparent de la maison.

Une fois à l'intérieur, je parviens à éluder les questions anxieuses de mon amie.

— Ne t'inquiète pas. Nous n'avons fait que discuter un moment ; il voulait seulement avoir des nouvelles de sa sœur.

Après avoir bu une tasse de thé revigorante, je monte me préparer pour le bal dans la grande salle des fêtes. Mary m'envoie Hortense, sa femme de chambre, pour m'aider à enfiler ma robe et à me coiffer. Mais avant toute chose, un bain chaud s'impose. Celui-ci implique le défilé habituel de domestiques en sueur hissant des seaux d'eau bouillante jusqu'au premier étage avant de redescendre l'eau usée par le même chemin. Une fois de plus, je ravale ma culpabilité, refusant de rejoindre le rang des femmes à l'hygiène douteuse dont les odeurs corporelles assaillent mon nez quotidiennement en dépit des litres de parfum dont elles s'aspergent.

Peut-être s'habitue-t-on avec le temps à vivre dans ce genre d'environnement olfactif, un peu comme ces fromages rares et chers que mangeait au petit déjeuner mon amoureux de lycée, un Allemand en échange scolaire qui fut le premier homme à me tromper et à me briser le cœur. Je me rappelle que son fromage préféré sentait les pieds. Il s'amusait à me le mettre sous le nez et riait devant ma grimace de dégoût. Il m'assurait que lui aussi trouvait ce fromage répugnant au début mais qu'il avait fini par succomber à son parfum et que c'était le grand amour depuis.

Je ne suis pas restée assez longtemps avec Gerhard pour tomber amoureuse de son fromage. Et je n'ai pas l'intention de m'éterniser ici assez longtemps pour tomber amoureuse de ces effluves corporels.

Une fois mon corset et ma robe lacés et boutonnés, Mary m'aide à choisir des accessoires.

— Les perles, ma chère ; elles vous font ressembler à la pureté incarnée.

La pauvre, si elle savait ! Cependant, je dois reconnaître que je suis éblouissante de beauté. Ou plutôt que le visage qui me regarde en souriant depuis le miroir est éblouissant de beauté : le teint pâle est accentué par la rougeur d'excitation qui colore mes joues, et le tissu vaporeux de ma robe blanc cassé retombe en un plissé au rendu particulièrement élégant pour une robe Empire.

L'espace d'un instant, je me demande si je suis en droit de tirer une quelconque fierté de cette apparence, mais avant que je me laisse aspirer par la spirale infernale de cette pensée, une autre, plus perturbante, s'impose à moi : comment diable vais-je danser ?

Enveloppée dans un châle en dentelle, je descends l'escalier en faisant attention à ne pas me prendre les pieds dans ma robe, la main droite fermement agrippée à la rampe en bois poli. Je songe alors que cette soirée va être une autre plongée exotique dans l'inconnu, même si je ne sais pas danser. Après tout, personne ne peut m'obliger à entrer sur la piste de danse.

Mary m'attend déjà dans le hall d'entrée. Trop absorbée par ma propre coquetterie et mes inquiétudes, je n'avais même pas remarqué combien elle est jolie.

— Vos cheveux, Mary ! Cette coiffure vous va à merveille.

Elle fait un geste désinvolte vers sa chevelure brune brillante tressée de rubans couleur crème, puis arrange son châle sur ses épaules.

— C'est le travail de Hortense. Aujourd'hui, elle s'est montrée particulièrement insistante.

— J'adore !

Mais au lieu de se diriger vers la porte, mon amie va s'asseoir sur une des banquettes capitonnées du vestibule.

— Vous n'êtes pas prête ? m'étonné-je. Quelque chose ne va pas ?

— Mrs Randolph et votre cousine devraient arriver d'un instant à l'autre.

— Vous plaisantez.

— Jane, rappelez-vous que j'ai promis à votre mère qu'en aucun cas nous n'irions à des bals ou à des réceptions sans Mrs Randolph.

— Mrs Mansfield – je veux dire, ma mère – n'a aucun moyen de savoir qui nous accompagne au bal. Je n'ai pas pensé une seule seconde que vous étiez sérieuse.

Mary, qui vient de sortir un éventail de son sac, suspend son geste.

— Sur mon honneur, je n'arrive pas à croire que vous ayez pensé une telle chose.

Je m'installe sur la banquette opposée et prends une profonde inspiration.

— Dois-je comprendre que, selon vous, une femme de trente ans n'est pas assez vieille pour se chaperonner elle-même ?

— Certainement pas une femme de trente ans portant des rubans dans les cheveux et une robe blanche qui la fait paraître dix ans de moins. D'ailleurs, même si je devais approuver une telle idée – ce que je ne ferai jamais pour des raisons de bienséance et d'honneur –, pouvez-vous imaginer la réaction de votre mère si elle apprenait que vous avez prétendu rester confinée à la maison afin de vous rendre à un bal sans chaperon ?

— Faisiez-vous tout ce que votre mère vous demandait ?

Mary réfléchit un instant.

— Il me semble que j'essayais, oui.

Si j'avais fait tout ce que ma mère voulait, je serais une businesswoman mariée à un médecin et se rendant aux réunions de parents d'élèves au volant d'un gros 4 × 4. Comme si la finance d'entreprise m'intéressait. Et pour rien au monde je ne voudrais posséder un engin ultrapolluant contribuant au réchauffement climatique.

C'est ce moment que choisissent Mrs Randolph et Susan pour arriver. La première m'embrasse sur les deux joues en tenant mon visage entre ses mains gantées et en me disant combien je suis belle, tandis que la seconde me gratifie d'un sourire hypocrite, que je lui rends. Je ne vois aucun moyen d'échapper à ce chaperonnage. Non pas que cela me dérange de passer du temps avec Mrs Randolph, mais sa fille... J'ai à peine le temps de maugréer intérieurement qu'on me conduit jusqu'à une authentique chaise à porteurs. Je considère la cabine verticale juste assez large pour accueillir une personne ; on la croirait tout droit sortie d'un livre sur la Chine antique. Deux hommes se tiennent à côté, l'un trapu avec des jambes arquées, l'autre grand et maigre. Ils ont manifestement l'intention de m'emmener au bal là-dedans. Je crois d'abord à une plaisanterie et marque un temps d'arrêt devant la porte – si on peut appeler ça ainsi – de la chaise, mais je vois Mary, Mrs Randolph et Susan monter dans les leurs le plus sérieusement du monde, comme si elles faisaient ça tous les jours.

Mon amie remarque mon hésitation.

— Ne vous inquiétez pas, Jane. Vous y serez parfaitement en sécurité.

Elle me sourit d'un air encourageant et je me contente de hocher la tête. Je sens la main gantée d'un des valets de pied sur mon coude. Je monte alors dans ma chaise et m'assois sur l'épais coussin. Avant de comprendre ce qui m'arrive, je suis soulevée de terre comme si je ne pesais pas plus lourd qu'une plume, puis trimballée à travers les rues de la ville à une vitesse inquiétante.

Les porteurs sont certainement plus costauds et agiles qu'ils n'en ont l'air car je sens à peine les secousses, chose étonnante étant donné leur différence de taille et de carrure. Ma conscience balance entre la culpabilité d'être transportée, telle une despote, par des domestiques, et l'excitation que me procure cette délicieuse impression de voler.

Quand nous faisons halte au coin de la rue, j'entends la respiration sifflante du porteur aux jambes arquées – le plus petit des deux – et je suis un instant tentée de lui ordonner de s'arrêter afin de pouvoir m'excuser du traitement scandaleux dont il fait l'objet et de lui demander si les porteurs ont un syndicat. Mais la chaise s'ébranle de nouveau et reprend sa course folle sans me laisser l'occasion de devenir la première fondatrice de l'union syndicale des porteurs de chaises de Bath. On me dépose au pied d'un bâtiment où se trouvent déjà des dizaines d'autres chaises. Je vois leurs passagers en descendre et des femmes gantées vêtues de robes prendre le bras d'hommes en hauts-de-chausses de couleurs claires et bas blancs pour se diriger vers l'entrée de l'édifice. Celui-ci est bâti avec la pierre dorée caractéristique de la ville et ressemble à une version réduite du style temple grec de la *Pump Room*. Mes compagnes me rejoignent mais c'est à peine si je suis capable de décrocher un mot, fascinée par le spectacle qui s'offre à mes yeux.

Nous entrons par les portes de bois et de verre puis foulons le tapis du vestibule bordé de piliers en marbre et éclairé par des lustres de cristal. Partout autour de moi résonnent le brouhaha des conversations et les rires des autres arrivants, et je suis entraînée presque malgré moi par la masse compacte de la foule. Je sens la main de Mary sur mon bras et son souffle chaud chatouiller mon oreille alors qu'elle me crie qu'il est inhabituel de voir une telle affluence à cette période de l'année.

Lorsque nous pénétrons dans la salle de bal, un frisson d'angoisse m'envahit à la vue des danseurs. Qu'est-ce que je m'étais imaginé ? Comment ai-je pu croire une seconde que cette soirée allait être un succès ? Moi, la fille qui ne danse jamais aux fêtes et qu'il faut traîner de force sur la piste en boîte de nuit – surtout depuis ce fameux réveillon de la Saint-Sylvestre où j'ai dansé avec Frank (j'avais sifflé tant de vodka-Martini que j'aurais dansé nue au milieu de l'autoroute en pleine heure de pointe). Comment ai-je pu oublier son expression quand il s'était soudain écarté de moi, les mâchoires agitées de spasmes et les yeux écarquillés, pour finir plié en deux, pris d'une crise de fou rire. « Un poulet grillé qui essaie de voler » : voilà comment il avait décrit mes efforts. Même les litres de Martini engloutis n'avaient pas suffi à atténuer mon humiliation.

Pourtant, alors que je balaie du regard la salle de bal, m'émerveillant devant la splendeur de ce vaste espace orné de colonnes et de lustres étincelants dont les bougies jettent une douce lumière dorée sur les robes et les vestes des danseurs, mon inquiétude s'estompe. Qu'importe si je suis incapable de reproduire ces pas sans marcher sur mon ourlet ou mon étole, voire les deux ? Je ne me serais jamais crue capable de broder, et pourtant…

Mary me presse la main.

— C'est beau, n'est-ce pas ?

En effet. La lumière des bougies met en valeur toutes les personnes présentes dans la salle, des domestiques et des vieux gentlemen en perruques poudrées jusqu'aux jeunes hommes avec leurs cheveux au naturel, en passant par les femmes âgées et les adolescentes aux joues roses, toutes vêtues de robes Empire et de longs gants, le cou scintillant de diamants, d'or et de perles.

C'est l'éclairage idéal pour une femme contrainte de se montrer en public sans maquillage.

Même l'odeur des corps me paraît moins oppressante ce soir, mêlée aux senteurs des savons, des parfums et de la cire des bougies. Malgré mon nez délicat du XXIe siècle, j'arrive presque à concevoir qu'on puisse aimer l'odeur d'une salle de bal. Je me demande si c'est la sensibilité de Jane qui réagit ainsi à ce mélange d'effluves ou si c'est mon vrai moi qui réagit à autre chose. Après tout, nul besoin d'être une contemporaine du XIXe siècle pour percevoir la charge érotique qui émane de la solennité des révérences, saluts et autres signes de tête composant ce rituel de séduction minutieusement orchestré.

Mrs Randolph s'arrête pour engager la conversation avec une dame au décolleté vertigineux coiffée d'un turban à plumes vert foncé, et Susan est aussitôt accostée par les filles de cette dernière. Après les présentations de rigueur, j'attire Mary à ma suite et nous nous enfonçons dans la marée humaine, loin de notre chaperon. Mon amie scrute la foule, le cou tendu.

— J'ai bien l'intention de vous trouver un cavalier.

— Mary, je ne crois pas…

— Jane. Je ne vous laisserai pas quitter ce bal sans vous avoir vue étrenner cette nouvelle robe.

Depuis leur estrade, les musiciens jouent la première note du morceau suivant et je suis des yeux un jeune homme aux cheveux brun cendré et au menton creusé d'une fossette conduisant une femme à l'air timide sur la piste. Les couples s'alignent sur le plancher de danse, puis commencent à tournoyer et à se croiser dans un enchaînement de figures gracieuses soigneusement chorégraphiées. Je suis tellement fascinée par l'élégance synchronisée des danseurs que j'en oublie la présence de Mary à mon côté jusqu'à ce que je la sente s'effondrer à moitié sur moi. Je la retiens par le bras pour l'aider à reprendre son équilibre.

— Pardonnez-moi, bredouille-t-elle, le visage blême.

Je suis son regard mais ne vois rien qui sorte de l'ordinaire. De son point de vue, du moins ; pour moi, le simple fait de fouler le plancher d'une salle de bal dans le Bath de la Régence est tout sauf ordinaire.

— Qu'y a-t-il, Mary ?

Mon amie baisse les yeux et secoue légèrement la tête.

— Voulez-vous prendre l'air ?

Je la prends par le bras et la conduis vers la porte. Elle se laisse guider à travers la foule hors de la salle de bal, là où l'air est plus respirable.

Au bout de quelques minutes, elle esquisse un léger sourire.

— Je me sens beaucoup mieux.

— Alors pourquoi dirait-on que vous avez croisé un fantôme ?

— J'ai cru voir Will.

— Qui est Will ?

Mary fronce les sourcils et me dévisage comme si j'étais une inconnue. Ce que je suis.

— Quelle question ! Et venant de vous, à qui j'ai tout confié !

— Je ne me rappelle pas, Mary.

Son expression se radoucit.

— Bien sûr, pardonnez-moi, s'excuse-t-elle, les yeux perdus dans le vague.

— Cela dit, j'aimerais que vous m'en disiez plus à son sujet. Si vous n'y voyez pas d'inconvénient.

— En deux mots, Will Templeton est l'homme que je devais épouser, jusqu'à ce que Charles le chasse.

— Votre frère ?

— J'étais trop jeune à l'époque et je n'avais pas encore l'indépendance dont je jouis à présent.

— Et Will ? Était-il trop jeune lui aussi ?

Mary fait « non » de la tête.

— Alors pourquoi ne pas vous être enfuie avec lui ?

— Will était pauvre. Charles a menacé de me couper les vivres et il m'aurait fallu attendre trois années de plus avant d'entrer en possession de mon héritage.

Elle s'évente avec vigueur.

— Will est donc parti, conclus-je.

Pas de réponse.

— Avez-vous reçu de ses nouvelles ?

Elle baisse les yeux et contemple le sol.

— Cela fait combien de temps ?

Sa voix n'est plus qu'un murmure rauque.

— Six ans.

Les cheveux de Mary sont légèrement ébouriffés par l'éventail et je replace en arrière une longue mèche de cheveux qui lui retombe sur le visage.

— Mary, ma chérie. Votre frère s'est peut-être montré trop autoritaire, mais votre bien-aimé était, désolée de le dire, un perdant. Il n'a pas tenu tête à Charles. Il ne vous a jamais écrit. Ne pensez-vous pas qu'il est temps de passer à autre chose ?

Elle me lance un regard noir.

— Jane. Vous ressemblez à mon amie, mais je n'ai pas la moindre idée de qui vous êtes.

— J'essaie simplement de vous aider.

— Vous êtes cruelle.

— Et vous êtes toujours amoureuse d'un homme qui vous a abandonnée il y a six ans. Si j'étais dans un tel déni à propos de Frank, j'espère que mes amis me feraient entendre raison.

— Frank ? Qui est Frank ?

Oups !

— Personne. Absolument personne. Je voulais dire Charles. Votre frère. Il me rappelle quelqu'un – un lointain cousin prénommé Frank. Je ne vous ai pas accusée d'être cruelle quand vous m'avez mise en garde contre votre frère, n'est-ce pas ?

Je passe mon bras autour de ses épaules, m'attendant à ce qu'elle le repousse, mais elle n'en fait rien.

— Oh, Jane, vous ai-je blessée ? Ce n'était pas mon intention, gémit-elle d'un air implorant.

— Pas du tout. Vous m'avez dit ce que vous jugiez nécessaire de me dire. Tout comme je viens de le faire avec vous. Si je n'étais pas votre amie, je ne vous parlerais pas de cette façon. Au risque de perdre votre amitié. Et elle signifie plus à mes yeux que tout ce que vous pouvez imaginer.

Mary lève les yeux vers moi, les joues ruisselantes de larmes.

— Je ne peux pas nier que Will s'est montré faible. Mais je ne pardonnerai jamais à Charles.

Je la prends dans mes bras et la sens se détendre. Puis elle s'écarte et pousse un soupir.

— En vérité, je pense rarement à cette histoire. Charles et moi passons peu de temps ensemble et il se montre toujours courtois et prévenant envers moi.

Elle se tamponne les yeux avec un mouchoir et me décoche un sourire espiègle avant d'ajouter :

— Je fais de mon mieux pour endurer cela.

La légère brume qui flotte dans l'air me fait frissonner.

Mary me prend par le bras.

— Retournons à l'intérieur, Jane. Je n'ai pas oublié ma promesse de vous trouver un cavalier.

Je suis sur le point d'ouvrir la bouche pour protester quand une voix familière s'élève derrière moi.

— Je serais personnellement honoré de vous offrir mes services, Miss Mansfield.

Chapitre 24

Je fais volte-face et tombe nez à nez avec Edgeworth. Il s'incline en me regardant avec une telle chaleur dans ses yeux noisette que mes jambes manquent de se dérober sous moi. Je tente de réprimer mon hoquet de surprise avec plus ou moins de succès, mais reste incapable de formuler quoi que ce soit d'intelligible.

— Charles ! s'exclame Mary, la déception se lisant sur son visage. Voilà une surprise des plus inattendues. Je pensais que votre affaire à Hargrove Court vous retiendrait plus longtemps.

Je fais de mon mieux pour ne pas déshabiller du regard ce beau spécimen en hauts-de-chausses crème et veste bleu marine. Je n'aurais jamais pensé avoir un jour le béguin pour un type portant des mi-bas blancs. En fait, avant de me réveiller dans ce monde, je n'aurais tout simplement jamais imaginé croiser un homme portant ce genre d'accessoires vestimentaires. Heureusement que son attention est tournée vers Mary car je suis certaine que j'ai l'air d'une parfaite idiote à le reluquer ainsi, la bouche entrouverte.

— Il se trouve que j'ai une affaire bien plus pressante à régler ici.

Edgeworth croise mon regard et je sens mon visage s'empourprer.

— En fait, mon oncle m'a assuré que ses affaires vont aussi bien que pourrait l'espérer quelqu'un dans sa situation, poursuit-il en levant un sourcil. Si bien que j'ai passé le plus clair de mon temps à l'accompagner à la chasse ou à jouer aux cartes avec ma tante.

— Avez-vous l'intention de séjourner longtemps à Bath ?

— Tout dépend du temps qu'il me faudra pour conclure mon affaire.

Il me regarde avec insistance puis se tourne vers sa sœur.

— J'ai pris une chambre à l'auberge du *Cerf Blanc* mais Stevens insiste pour que j'aille séjourner chez son père, dans le Royal Crescent.

Il fait un signe de la tête vers un homme brun à l'air sérieux d'environ trente ans qui s'est jusque-là tenu en retrait, attendant son tour.

— Vous vous souvenez certainement de Mr Stevens, n'est-ce pas Mary ? C'est le frère cadet de mon vieil ami le capitaine Stevens.

— Bien entendu ! acquiesce Mary en adressant un sourire sincère au jeune homme. C'est un plaisir de vous revoir, Mr Stevens. Cela fait plusieurs années, il me semble.

Stevens s'incline et bredouille quelque chose d'incompréhensible.

Edgeworth se tourne alors vers moi en souriant. Je remarque de petites rides d'expression autour de ses yeux.

— Miss Mansfield, permettez-moi de vous présenter mon ami, Mr Stevens.

Le jeune homme et moi procédons docilement à nos salut et révérence, après quoi Edgeworth me présente son bras.

— Puisque j'ai cru comprendre que vous n'aviez pas d'autre engagement, me feriez-vous l'honneur des deux prochaines danses ?

J'ouvre la bouche en espérant qu'une excuse va en sortir, mais sans attendre ma réponse, il s'adresse à sa sœur.

— Stevens serait honoré de danser avec vous, Mary. Il souhaitait seulement s'assurer que vous vous souveniez de lui avant de vous inviter.

À ces mots, l'intéressé devient cramoisi et s'incline de nouveau devant mon amie.

— À moins que l'idée ne vous déplaise, Miss Edgeworth.

— Bien sûr que non.

Elle lui adresse un sourire enjoué, mais je vois bien qu'elle se sent piégée. Toutefois, l'expression peinée de Stevens la fait vite retrouver ses bonnes manières. Elle le remercie poliment et, après m'avoir jeté un regard inquiet, se laisse conduire sur la piste.

Edgeworth me tend la main.

— Si nous suivions leur exemple, Miss Mansfield ?

Ma gorge se noue. Comment vais-je réussir à reproduire les pirouettes et les pas compliqués des danseurs ?

— Je ne sais pas danser, parviens-je à murmurer.

Mon cavalier fronce les sourcils, perplexe.

— Je ne sais vraiment pas danser.

Son visage se détend.

— Et je suppose que toutes ces fois où nous avons dansé ensemble sont la preuve de cette lacune ? De même que toutes les fois où je suis resté sans voix devant tant de grâce ?

Et puis zut ! Si ce corps se rappelle comment broder, il se rappelle probablement aussi comment danser. Et si ce n'est pas le cas, je le découvrirai bien assez tôt.

Je hausse les épaules et lui donne ma main. Alors qu'il me guide à travers la salle de bal et que nous rejoignons les autres danseurs sur la piste, la musique, les conversations et les rires se transforment en un brouhaha confus et je ne distingue plus rien d'autre que le contact de ses doigts et la beauté de son visage quand il se tourne vers moi pour me dire je ne sais quoi. J'ai l'impression de flotter au-dessus de mon propre corps et de nous observer prendre place dans la longue rangée de couples.

La musique, les bavardages, les gens et la pièce reviennent peu à peu à ma conscience et je ris tout haut en constatant que je danse aussi bien que n'importe qui. Moi qui n'ai jamais eu aucun sens du rythme et de la grâce, je danse ! Et pas seulement un free-style consistant à me trémousser bêtement sur la musique, mais une vraie danse à la chorégraphie élaborée et raffinée.

Cependant, les émotions qui me submergent alors que je danse avec Edgeworth me troublent encore plus que le fait de parvenir à exécuter cet élégant enchaînement de tours et de déplacements. Chaque fois que mon cavalier se trouve face à moi, me fait pivoter en me tenant par la main, me croise ou réalise une autre figure de danse avec moi, il me dévisage avec insistance. Au début, je suis si déconcertée que je détourne les yeux, pour les poser de nouveau sur lui un instant plus tard. Mais je finis par comprendre que cela fait simplement partie de la danse : je remarque en effet que le gentleman placé en diagonale face à moi sourit et croise mon regard dès que la chorégraphie nécessite qu'il me fasse pivoter ou change de place avec moi. Ce bref contact n'a toutefois rien à voir avec le regard pénétrant d'Edgeworth qui semble lire en moi. Je le sens me suivre des yeux alors que son voisin me fait tourner et j'accentue délibérément les mouvements de mon corps. Je l'observe avec la même intensité tandis qu'il fait pivoter la femme située en diagonale par rapport à lui. Cette dernière lui sourit elle aussi en le regardant droit dans les yeux. Décidément, ces œillades partagées avec mon prétendant me donnent aussi chaud que la danse elle-même !

Voilà un espace préservé dans lequel un homme et une femme peuvent, avec l'aval de la société, pratiquement faire l'amour sur la piste au moyen de ces jeux de regards, de ces contacts furtifs et de la mise en valeur de leur corps. « L'emblème du mariage » sans aucun doute.

Alors que je termine un huit pour me retrouver face à Edgeworth, il me sourit d'un air admiratif.

— Décidément, vous aviez raison, Miss Mansfield : je constate que vous êtes incapable de danser.

C'est ainsi que Wes m'a regardée quand je lui ai dit que j'avais peur d'être incapable de danser à mon mariage. J'aurais aimé prendre des cours pour être plus à l'aise mais Frank trouvait l'idée ridicule.

— Je sais que tu peux le faire, m'a dit Wes sans aucune moquerie cachée, seulement de l'admiration dans ses yeux.

— Qu'est-ce que tu en sais ?

— J'ai confiance en toi, Courtney. D'ailleurs, je vais prendre ces cours avec toi. Et on verra bien qui ne sait pas danser.

— Miss Mansfield ?

La voix et le sourire taquin d'Edgeworth me ramènent à la danse.

— Vous semblez perdue dans vos pensées. Puis-je vous y accompagner ?

Il est si beau avec ses reflets dorés accentués par la lumière des bougies et ses joues rougies par la danse, que je réponds :

— J'aimerais que cela soit possible.

— Ah ! Un lieu secret. Peut-être me ferez-vous l'honneur de m'en parler un jour.

Que dirait-il si je lui dévoilais la vérité ? Il ne me croirait jamais.

Mary elle-même ne me croit pas, et comment lui en vouloir ? Je jette un coup d'œil à mon amie qui danse avec Mr Stevens. La bouche de ce dernier s'étire en un sourire qui illumine son visage, le rendant presque séduisant.

— On dirait que ma sœur a un admirateur, me glisse Edgeworth. Ma foi, je ne pourrais pas espérer quelqu'un de plus respectable et de plus accommodant que Stevens. Il est issu d'une bonne famille et bien qu'il ne soit qu'un fils cadet, il possède des revenus tout à fait confortables.

— Et je suppose que vous savez mieux que votre sœur quel type d'homme lui convient ?

Il écarquille ses yeux noisette.

— Comme tout grand frère attentionné, il me semble.

Quelle arrogance !

— J'imagine que votre sœur verrait les choses autrement.

Je suis surprise par la colère soudaine qui m'envahit, tout comme par le ton sec de sa réponse.

— J'imagine que ma sœur et moi divergeons sur de nombreux sujets.

— Comme sa capacité à juger de la valeur des hommes qui partagent sa vie ?

L'expression de son visage est presque triste alors qu'il me croise en frôlant mon épaule.

— Ma sœur entretient-elle encore le conte de fées qu'elle se racontait il y a six ans ? Si c'est le cas, je suis désolé de l'apprendre.

Il manque de tourner dans le mauvais sens.

— Seigneur ! Est-ce la raison pour laquelle vous avez changé d'attitude à mon égard ?

Il m'examine attentivement mais je détourne les yeux. Je n'ai pas de réponse. Je dispose uniquement des versions d'autres personnes et de fragments de souvenirs qui ne sont même pas les miens. Notamment cette image de lui et de la femme aux cheveux auburn sortant de l'écurie. Pourtant, malgré ces preuves qui semblent l'accabler, mon souhait le plus cher est de l'acquitter de tout ce qu'il a pu faire.

Évidemment que je veux l'acquitter. N'ai-je pas toujours fait preuve d'un aveuglement sans bornes quand je suis attirée par un homme ? J'aimerais lui demander si cette scène a effectivement eu lieu, mais comment ? Il me semble évident que Jane n'était pas censée être témoin de cette scène, ni même se trouver là. Qui sait quelles étaient les circonstances ? C'est tellement frustrant de ne pas savoir si ce souvenir est réel. Je suis là, empêtrée dans cette espèce de demi-existence sous les traits d'une autre femme. Comment mon esprit pourrait-il me confirmer l'authenticité de ce demi-souvenir ?

La deuxième danse prend fin et mon cavalier attend toujours une réponse.

— Je ne sais pas, me contenté-je de dire.

— D'une minute à l'autre, vous passez d'amie à bourreau, fait-il remarquer.

Je vois Mary et Stevens s'approcher. Juste avant qu'ils nous rejoignent, Edgeworth se penche à mon oreille et son souffle chaud fait courir un frisson le long de ma nuque alors qu'il chuchote d'un ton pressant :

— Car même « le plus aimant et le plus heureux des couples trouvera l'occasion d'éprouver sa tolérance ; et, chaque jour que la vie fait, des raisons de compatir, et peut-être de pardonner. » Vous en souvenez-vous, Jane ? N'êtes-vous pas tentée d'entendre le témoignage de l'accusé avant de rendre votre sentence ?

« Le plus aimant et le plus heureux des couples trouvera l'occasion d'éprouver sa tolérance. » Je connais ces mots. Mais d'où sortent-ils ?

Il soutient mon regard avec une intensité presque insupportable. Il est forcément innocent. Mary elle-même n'a pu me fournir aucune excuse quant à la raison pour laquelle Will Templeton l'a abandonnée. Cela ne résout toutefois pas l'énigme de la scène près de l'écurie. Je sais ce que j'ai vu.

Soudain, une autre pièce du puzzle se met en place : se pourrait-il que ce souvenir ait un lien avec la liaison qu'Edgeworth aurait eue avec une de ses domestiques, comme me l'a rapporté Mary – histoire que je n'ai pas prise au sérieux au début, persuadée qu'elle était le simple reflet de la pudibonderie de mon amie ?

Pourquoi n'ai-je pas pensé à faire le rapprochement plus tôt ?

Mon être tout entier tire la sonnette d'alarme, mais en vain car au fond, je ne veux même pas savoir ce qu'il a fait : je refuse tout simplement de le croire coupable. Je ne me souviens pas d'avoir déjà été aussi viscéralement attirée par un homme dans ma vie. Pas même Frank. Loin de là. J'en ai une boule d'angoisse dans la poitrine, exactement comme celle que j'ai ressentie après être tombée sur Wes dans la boutique de Vermont Avenue – quelques heures avant d'atterrir ici – et avoir pris conscience de l'effet qu'il me faisait. Je vois encore la douleur emplissant ses yeux bleu-gris quand je l'ai bousculé pour sortir du magasin. « Courtney, m'a-t-il dit. Je suis vraiment désolé. » Il faut que je parte d'ici avant que Wes – je veux dire, Edgeworth – réduise en bouillie mes capacités de raisonnement. Comme si elles ne l'étaient pas déjà.

Le tintement d'une cloche retentit et Mary déclare qu'un thé nous ferait du bien. Je suis machinalement mon petit groupe jusqu'au salon de thé où nous nous lançons à la recherche d'une table, mais je me sens comme détachée de mon corps… qui, je ne dois pas l'oublier, n'est pas mon corps. Pour une fois, je trouve cette pensée réconfortante. J'ai besoin de la distance qu'elle implique. Je hoche la tête et souris aux moments appropriés, ou peut-être pas étant donné que je croise le regard surpris de Mary ou d'Edgeworth à plusieurs reprises. Je n'ai qu'une idée en tête : sortir d'ici. Mais je n'ose pas demander à Mary de partir alors qu'elle passe de toute évidence un bon moment en compagnie de Mr Stevens, lequel est aux petits soins avec elle. Toutefois, c'est finalement elle qui suggère, puis insiste pour que nous rentrions plus tôt que prévu, sous prétexte que je dois avoir les jambes comme du coton à la suite de tous ces « ébats ».

Je pince les lèvres pour ne pas éclater de rire en pensant à un autre type d'ébats susceptibles de produire cet effet sur moi. Et combien il est improbable que je m'y adonne alors que je n'ai même pas le droit de me rendre à un bal sans chaperon.

Mary me glisse à l'oreille que nous devrions aller trouver Mrs Randolph et Susan, dont je repère facilement la chevelure rousse à l'autre bout de la salle. Je croise le regard de notre chaperon et lui adresse un signe de la main, après quoi mon amie et moi nous frayons un chemin jusqu'à sa table, suivies de nos cavaliers. Susan se précipite immédiatement sur Edgeworth et lui fait clairement comprendre qu'elle veut danser. Ce dernier marmonne qu'il va nous raccompagner chez nous si sa mère et elle ne sont pas encore prêtes à partir, mais qu'il serait honoré de danser avec elle à son retour.

Mrs Randolph m'embrasse sur la joue et me chuchote à l'oreille :

— Ma foi, très chère, elle sait comment obtenir ce qu'elle veut. Et j'ai coutume de dire qu'il vaut mieux céder aux petits caprices futiles.

Le retour à la maison dans la calèche d'Edgeworth est court et silencieux. Il est assis face à Mary et à moi et je n'ose pas croiser son regard. Je m'autorise juste un coup d'œil furtif quand il me tend la main pour m'aider à descendre. J'aimerais tant dire quelque chose, n'importe quoi, qui lui rendrait le sourire et me ferait éprouver les mêmes sensations que lorsque nous dansions, avant que je ne gâche tout. Mais, une minute ! Je n'ai rien gâché du tout. Je suis simplement en train de me protéger, comme le ferait toute personne saine d'esprit dans ma situation.

D'un autre côté, l'utilisation de l'expression « saine d'esprit » dans ma situation est discutable.

Plus tard, étendue sur mon lit, les couvertures roulées en boule par terre, je contemple le ciel étoilé par la fenêtre sans parvenir à trouver le sommeil quand je prends conscience que je ne connaîtrai peut-être jamais la vérité sur Edgeworth. Même si je le confrontais à ce fameux souvenir de Jane et qu'il me donne la meilleure explication du monde, ce serait toujours sa parole contre mes angoisses, et ses promesses contre mon expérience des plus fieffés menteurs et infidèles que l'histoire ait créés.

Chapitre 25

Au cours des jours suivants, Mary veille à ce que nous ne soyons jamais à la maison quand Edgeworth nous rend visite, même si pour rien au monde elle n'admettrait que c'est son intention. Il n'est pourtant pas difficile de deviner pourquoi elle éprouve l'envie subite de se rendre à la *Pump Room* une heure et demie plus tôt que d'habitude, ou pourquoi elle demande à Mrs Jenkins de nous servir le dîner une heure plus tard, ou encore décide soudain d'aller assister à la messe dans une autre église le dimanche. Je sais qu'il est préférable que je garde mes distances, mais chaque fois que nous rentrons à la maison, je ne peux pas m'empêcher de jeter un coup d'œil à la table de l'entrée en espérant y trouver une carte de visite, et je retiens mon souffle chaque fois que Mrs Jenkins annonce à sa maîtresse que Mr Edgeworth est passé. Je me demande combien de temps ce petit jeu va durer avant que nous finissions par tomber sur lui par hasard – ou qu'il quitte Bath. Si seulement je pouvais le voir encore une fois avant… Non ! Je ne vais pas retomber dans ce schéma comportemental absurde. J'ai déjà eu mon compte de trahisons.

Le matin du quatrième jour après le bal, je suis en train de me préparer pour le petit déjeuner quand, en fouillant dans un sac en tricot bleu à la recherche de mon peigne d'écaille, j'y trouve un papier chiffonné. C'est le prospectus de la foire que j'ai ramassé par terre le jour de mon rendez-vous avec James dans les jardins de Sydney. Il m'était complètement sorti de la tête. Je regarde l'annonce de plus près. Zut ! La foire se déroule aujourd'hui. J'ai été si occupée à tenter de retracer le passé de Jane à travers James et Edgeworth que j'en ai oublié mon plan original qui était de me rendre à cette foire. Il est maintenant trop tard pour avoir recours à un subterfuge ; je vais devoir y aller franco et demander à Mary de m'y conduire. Cette solution devrait nous satisfaire toutes les deux.

Mais quand j'arrive à la table du petit déjeuner, mon discours déjà prêt, je vois mon amie renifler et s'essuyer le nez avec un mouchoir.

— Tout va bien ?

Avant d'avoir eu le temps de répondre, elle lâche un éternuement à faire trembler les meubles avant de se moucher bruyamment.

— Ma pauvre amie, dis-je en posant une main sur son front légèrement chaud. Il ne me semble pas que vous soyez fiévreuse, ou du moins ce n'est pas une forte fièvre. Toutefois, vous devriez retourner vous coucher immédiatement. Je vais demander à

Mrs Jenkins de vous apporter un plateau dans votre chambre, d'accord ?

Mary renifle.

— Mais nous avions prévu de trouver de nouveaux rubans pour votre chapeau ! gémit-elle d'une voix plus rauque que jamais. Je détesterais penser que j'ai gâché cette journée à cause d'un ridicule petit rhume.

— Ce qui serait encore plus ridicule serait de sortir dans cet état. Quant à mon chapeau, je doute qu'un jour ou même vingt rubans de plus fassent une quelconque différence.

Aidée par Mrs Smith, qui s'oppose à ce que Mary sorte tout autant que moi, je persuade cette dernière de se remettre au lit et lui extorque la promesse qu'elle y restera la journée. Je sais que son sens de l'honneur exacerbé l'empêchera de revenir sur sa parole, même une fois que Mrs Smith a quitté la pièce et que je lui fais part de mon intention de sortir. Je préférerais garder cela secret maintenant qu'il est évident qu'elle ne peut plus m'accompagner nulle part, mais en toute franchise, j'ai besoin de sa calèche. La foire se déroule à l'extérieur de Bath et j'ai autre chose à faire que de perdre du temps à trouver par moi-même un moyen de locomotion.

Il me faut user de toute ma force de persuasion pour convaincre Mary que je n'ai pas l'intention de la libérer de sa promesse de rester au lit et que je ne reviendrai pas non plus sur ma décision de me rendre à la foire, avec ou sans elle.

— Très bien, en ce cas je vais demander à Mrs Smith de vous accompagner, déclare-t-elle.

— Vous savez aussi bien que moi qu'elle va insister pour rester à votre chevet et s'occuper de vous.

— Hortense, alors. C'est une brave fille et j'ai toute confiance en sa discrétion.

— Je refuse d'avoir Hortense à mon côté pendant qu'on me dit la bonne aventure.

— Soyez raisonnable, Jane. Ce n'est pas uniquement une question de convenances ; il est risqué pour une dame de se rendre seule dans un tel lieu.

— Mais il y aura des gens partout !

— Précisément. Hortense vous accompagnera. Je ne céderai pas sur ce point.

Mary est alors prise d'une quinte de toux et je capitule. Je m'affaire encore quelques minutes auprès d'elle, retapant ses oreillers et la bordant dans son lit, après quoi elle semble disposée à faire une sieste.

— Serez-vous prudente, Jane ?

Je dépose un baiser furtif sur son front.

— Je vous le promets.

Son visage se détend et elle se cale confortablement dans ses oreillers. Je quitte sa chambre en secouant la tête : quelle idée absurde que de devoir me rendre là-bas accompagnée d'une escorte ! C'est comme si je ne pouvais pas aller au cinéma sans un chauffeur de limousine et une assistante personnelle collés à mes basques.

Alors que la voiture fait route bruyamment en direction de la foire, je me demande comment je vais réussir à me débarrasser de Hortense une fois sur place. Je veux être libre de flâner, de partir à la recherche de la voyante et de m'imprégner de l'atmosphère dans laquelle Jane a été immergée. Et pour ce faire, j'ai besoin d'être seule.

Hélas, les choses ne sont pas si simples. Il se trouve que Mary ne m'a pas seulement affublée d'un chauffeur de limousine et d'une assistante personnelle, mais également d'un garde du corps en la personne d'un valet en livrée qui, à un hochement de tête du cocher, se met en route derrière nous.

Hortense s'extasie comme une enfant à la vue de la foule bruyante des badauds, des baraques colorées, des jongleurs, des vendeurs et des cris perçants des poulets, sans parler des jeunes hommes que nous croisons, dont l'un lui adresse un clin d'œil. J'imagine que je pourrais facilement la convaincre d'aller s'amuser toute seule. Hélas, le valet de pied semble prendre sa mission très au sérieux et ne se laisse pas distraire une seule seconde.

À moins que… Je me tourne vers lui.

— Auriez-vous l'amabilité d'aller voir si je n'ai pas laissé tomber une lettre par terre, là-bas ? lui demandé-je en pointant du doigt la direction opposée de celle où nous allons. Elle était encore dans ma poche il y a une minute.

Le domestique jette un coup d'œil par-dessus son épaule, puis me dévisage d'un air méfiant.

Je le gratifie d'un sourire qui se veut rassurant.

— Je vous attendrai juste ici.

Il lance un bref regard à Hortense avant de s'incliner devant moi.

— Très bien, mademoiselle. Je reviens immédiatement.

Alors que je regarde sa silhouette disparaître dans la foule de plus en plus dense, je sors quelques pièces de mon porte-monnaie et les donne à Hortense.

— Pourquoi n'iriez-vous pas nous acheter du pain d'épices chez cette vieille dame juste là ?

Elle considère la vendeuse qui se trouve à quelques mètres de nous.

Je lui montre du doigt une baraque située à mi-chemin entre le stand de pain d'épices et nous.

— Je serai juste là, à regarder les rubans.

— Mais qu'en est-il de… ?

Elle fait un geste en direction du valet parti à la recherche de ma lettre fantôme.

— Vous avez raison. Je vais attendre ici.

— Bien, mademoiselle.

Hortense esquisse une révérence et s'éloigne à la hâte pour acheter le pain d'épices. Dès qu'elle se trouve hors de vue, engloutie par la foule, je décolle.

« Que l'on est heureux d'être seul quelquefois ! » Je comprends à présent ce qu'a dû ressentir Jane Fairfax après s'être éclipsée pour se libérer du carcan des mondanités, ne serait-ce qu'une petite heure. Je déambule dans les allées de la foire, essayant de me fondre dans la masse tout en gardant un œil vigilant autour de moi. C'est une foule bigarrée composée pour la plupart de gens issus des classes populaires ; les classes moyennes y sont aussi largement représentées et j'aperçois quelques jeunes hommes en chemise à haut col coiffés avec soin et chaussés de bottes rutilantes qui marchent en zigzaguant et en titubant, à la manière facilement reconnaissable de ceux qui ont trop bu.

J'ai la vague impression que les regards que me lancent certains hommes – des plus élégants aux plus miséreux – sont plus lubriques que lorsque j'avais Hortense et le valet de pied à mes côtés. Mais je me fais sans doute des idées. Quoi qu'il en soit, ce n'est rien comparé à ce que j'ai dû endurer pendant mes années d'études à New York, période durant laquelle j'ai mis au point ce que j'appelais mon regard de tueuse. Ce regard effrayait généralement mes amis bien plus que mes cibles, mais je n'ai jamais été agressée ni embêtée outre mesure.

Je m'arrête un instant devant un spectacle de marionnettes, étonnée de voir tant d'adultes s'amuser à ce point devant ce théâtre rudimentaire avec une minuscule scène. Au milieu des rires gras et des bavardages incessants de l'audience agitée, je sens soudain une présence juste derrière mon épaule droite. Le fin duvet de ma nuque se hérisse et je me retourne pour tomber nez à nez avec un homme dont le visage se trouve dans l'ombre.

— Si vous le voulez bien, mademoiselle, ma maîtresse vous attend, déclare-t-il en s'inclinant très bas devant moi.

Sa voix est à peine un murmure et pourtant je n'ai aucune difficulté à l'entendre.

Avant que j'aie le temps de répondre, il m'indique discrètement la direction dans laquelle il souhaite que j'aille et je le suis, un pas derrière, en me répétant que je devrais être sur mes gardes au cas où il serait une sorte de fou ou d'assassin, mais ne parvenant pas à me convaincre que je cours un quelconque danger.

Il s'arrête devant une petite tente et se tourne vers moi.

— Ma maîtresse sera à vous dans un instant.

Puis il s'incline de nouveau avant de disparaître dans la foule.

Cet homme a dû me reconnaître. Est-il possible que je sois chanceuse au point de tomber sur la même voyante que Jane ? À l'extérieur de la tente, je ne vois rien qui indique ce qui peut bien s'y trouver. Aucun écriteau ni aucune décoration, juste une toile marron unie rapiécée à plusieurs endroits.

Alors que je patiente devant ce misérable abri, un homme d'un âge indéterminé au visage rougeaud et crasseux en sort. Il empeste l'alcool. Sa bouche se fend en un grand sourire édenté alors qu'il fait un signe de la main vers un autre homme, de toute évidence un ami, qui l'attend quelques mètres plus loin. Puis il brandit triomphalement un petit sac à cordon et le présente à son compère en proclamant d'une voix forte qu'il a la « marchandise », ajoutant : « Attends voir que l'vieux Martin avale ça avec sa bière. Ça lui apprendra. »

Génial. Je me suis donné tout ce mal pour dénicher une bonimenteuse qui vend des potions d'amour aux âmes solitaires et des laxatifs à ceux qui veulent se venger. Je ferais peut-être mieux de tout laisser tomber et de ficher le camp d'ici. Je me sens soudain abattue. En dépit de mon scepticisme, je ne m'étais pas rendu compte de combien j'avais placé d'espoirs dans cette entrevue.

Un parfum flottant dans l'air attire mon attention. Délicieux, sucré. On dirait des freesias. Je me dirige vers la source de cette odeur, qui semble provenir de la tente. Quand j'arrive devant l'entrée, les pans de tissu s'écartent doucement et je me retrouve à l'intérieur.

C'est un espace chaleureux faiblement éclairé par des bougies. Malgré le tissu peu épais de la tente, on n'entend ni les bruits ni l'agitation de la foire. Le parfum frais et délicat des freesias me donne envie de rester ici pour toujours. Une pensée traverse avec langueur mon esprit, celle d'être ensorcelée par la propriétaire de ce lieu, mais cela m'est égal. C'est seulement à ce moment-là que je la remarque, bien que je ne voie pas comment elle a pu échapper à mon attention lorsque je suis entrée.

C'est une vieille femme aux airs de mamie gâteau qui me sourit en dévoilant une dentition parfaite, chose inhabituelle pour une personne âgée ici. Elle porte une robe noire toute simple et un châle en soie richement brodé sans pour autant être extravagant. Pas de bijoux, de bracelets ni de lourdes boucles d'oreilles : rien dans son apparence ne laisserait supposer que c'est une voyante.

— Vous vous attendiez à autre chose ? me demande-t-elle.

Et avant que j'aie pu protester, elle se métamorphose en une femme d'une cinquantaine d'années aux cheveux noirs, vêtue de couleurs criardes et couverte de bijoux de la tête aux pieds.

Je pousse un hoquet de surprise et elle reprend son apparence de grand-mère.

— Je n'ai pas de préférence. À vous de choisir.

Sa voix est douce comme du velours.

— Comment avez-vous fait ça ?

— Je m'adapte aux envies des gens qui viennent me voir. Ça sent bon ici, vous ne trouvez pas ?

— J'adore les freesias. Mais je ne vois aucune fleur.

Elle me regarde avec un sourire en coin et hausse les épaules comme pour dire : « Et alors ? »

Je ris.

Elle s'assoit droite comme un « I » et me fait signe de prendre place sur la chaise face à elle.

— À présent, dites-moi ce que je peux faire pour vous aujourd'hui.

— Avant toute chose, je veux que vous sachiez que je ne souhaite pas jeter de sort sur qui que ce soit, comme cet homme qui était là juste avant moi.

— Oh, lui ! dit-elle en levant les yeux au ciel. J'ai donné à cet imbécile ce qu'il voulait : une poudre qui ne fera aucun mal à l'homme qu'il souhaite blesser. Ainsi il pourra continuer à accuser les autres de son malheur. Ceux qui veulent la vérité obtiennent la vérité. Ceux qui veulent du mensonge obtiennent du mensonge, quoi que je leur dise.

Elle me dévisage un instant et j'en ai la chair de poule.

— Je vois que vous vous remémorez quelques souvenirs de l'autre, mais il ne me semble pas que notre dernière entrevue en fasse partie. Je vais donc vous répéter ce que je lui ai raconté.

Une joie intense m'envahit. Parler à quelqu'un qui sait ! Qui comprend sans que j'aie besoin de prononcer un mot. Je me mets à rire gaiement à cette idée, les larmes ruisselant le long de mes joues.

La voyante me prend la main.

— Jane faisait partie de ceux qui ne veulent pas la vérité alors même qu'elle en avait un besoin urgent. Elle trouvait sa vie oppressante et rêvait d'en changer. Je lui ai expliqué que sa vie était le reflet de ce sur quoi elle focalisait son attention. Et qu'elle avait un destin à accomplir. Il ne sert à rien de lutter contre le destin, vous savez.

— Je ne comprends pas.

— Je sais, ma chérie. Mais vous finirez par comprendre.

— Mais comment ai-je pu simplement dégringoler de ma vie pour atterrir ici, dans celle de Jane ? À une époque différente ? Est-il possible de quitter cet endroit et de réintégrer ma vie d'avant, dans le futur ? Est-ce que Jane va réintégrer la sienne, dans ce cas ?

— Comment vous expliquer cela d'une manière qui vous parle ? Vous qui pensez que le temps est aussi rigide qu'une ligne droite.

Elle lève sa coupe de vin, en laisse tomber quelques gouttes et fait tournoyer le liquide devant mes yeux.

— Le temps est aussi fluide que le vin dans cette coupe. Vous pouvez être ici et vous pouvez être là d'où vous venez. Ce qui est réel pour vous est ce sur quoi vous focalisez votre attention. Vous avez choisi de vous concentrer sur le lieu où vous pensez être maintenant.

— Attendez une minute. Je n'ai rien *choisi* du tout. Je me suis couchée un soir pour me réveiller ici. Et je n'ai pas réussi à rentrer chez moi depuis.

— Les choix se font de bien des façons différentes. Notre cœur choisit pour nous, ou bien c'est une petite voix intérieure qui nous parle si bas que nous ne pouvons l'entendre.

— Peu importe. Je veux savoir comment c'est arrivé.

— Les possibilités sont nombreuses. La nuit où votre attention a changé de focalisation était un moment d'une rare configuration planétaire, de celles qui n'ont pas été observées depuis plusieurs siècles. Une telle formation agit sur la qualité fluide du temps qu'elle transforme en une matière semblable à du vif-argent, composée de petits agglomérats qui se forment, se cassent et se reforment. Le temps devient alors semblable à l'air ; il flotte et s'échappe par les plus petits interstices avant de revenir dans son état liquide d'origine. Tout est possible au cours de tels événements. Lorsque les portes existantes s'ouvrent en grand et que le temps défie ses frontières habituelles, si on peut appeler cela des frontières.

— Mais pourquoi moi ? Pourquoi Jane ?

— Vous êtes liées, comme nous le sommes tous. L'idée que je suis distincte de vous n'est qu'une idée, pas la réalité. Vos désirs et vos rêves relatifs à cette époque, comme vous dites, sont la preuve incontestable que vous êtes liée à Jane. L'une et l'autre avez dû faire quelque chose qui a déchiré les frontières de ce que nous appelons le temps et l'espace.

— Comme quoi ?

— Un rêve, un vœu, une maladie, un accident…

— Attendez ! Jane a bien fait une chute avant que j'arrive ici pour prendre sa place.

— Ah oui. Je l'avais pourtant mise en garde.

— Mais qu'en est-il de moi ? Je n'ai pas eu d'accident.

— En êtes-vous sûre ?

— Vous ne croyez pas que je me souviendrais de ce genre de détail ?

— Bien entendu, ma chère.

— Alors qu'est-ce que cela pourrait être d'autre ?

— Est-ce vraiment important ?

— Jane a-t-elle pris ma place dans mon ancienne vie ?

Elle sourit, les yeux pleins de compassion.

— Il n'y a pas d'ancienne ni de nouvelle vie. Il n'y a que la vie. Et je ne peux vous dévoiler que ce que vous êtes capable d'entendre.

— Mais peut-elle revenir ici ? Et puis-je retourner là d'où je viens ?

— Seul un imbécile voudrait retourner là d'où il vient.

— Comment pouvez-vous penser une telle chose ?

— Ne prenez pas tout ce que je dis au pied de la lettre. Bien entendu que vous pouvez réintégrer votre ancienne vie, comme vous dites. Tout comme Jane peut réintégrer la sienne.

Je bondis de ma chaise.

— Je vous embrasserais ! Comment dois-je m'y prendre ?

— Ah. C'est une bonne question. Comment ?

Je n'aime pas la façon dont elle dit cela.

— Asseyez-vous, poursuit-elle.

J'obtempère. Elle prend alors mes mains et les tient à la fois avec délicatesse et fermeté.

— Comme chacun d'entre nous, vous avez un destin à accomplir. Vous devez cesser de lutter contre votre destin. Acceptez d'être là où vous êtes maintenant. Vivez votre vie. Vous ne faites que réduire vos chances de rentrer chez vous en luttant ainsi, exactement comme le faisait Jane.

— Mais ce n'est pas *ma* vie !

Ses yeux noirs me transpercent.

— Si ? demandé-je dans un filet de voix étranglé.

— Pensiez-vous que ce n'était qu'un simple accident ?

J'en ai la chair de poule.

— Je ne sais pas quoi penser.

— Alors mieux vaut cesser de penser. Vous avez une fâcheuse tendance à trop réfléchir, ma chère.

Elle s'empare de la théière et verse deux tasses de thé, puis m'en tend une en me souriant gentiment. Je bois une gorgée. Délicieux. Je me demande comment elle réchauffe le thé sans feu ni poêle, mais je ne veux pas lui poser la question.

— Que se passe-t-il dans mon ancienne vie pendant que je suis ici ? Je ne peux quand même pas être à deux endroits différents au même moment…

— Ma chère, toutes ces questions vont finir par vous donner la migraine. Vous obtiendrez vos réponses lorsque vous serez prête.

Réflexion faite, je commence à avoir mal à la tête. Je me masse les tempes et lui jette un regard furtif. M'a-t-elle jeté un sort ?

Elle me tend une autre tasse remplie d'un liquide chaud.

— Buvez. Cela calmera votre migraine.

J'avale une gorgée du breuvage et ce mal de tête cesse aussitôt, remplacé par une sensation apaisante qui emplit mon corps tout entier. Le Vicodin du XIXe siècle ? Au fond, cela m'est égal d'être droguée. Mais c'est peut-être justement la drogue qui me fait raisonner ainsi.

Mes pensées dérivent vers Edgeworth.

— Puis-je vous poser une autre question ?

La femme hausse un sourcil et me décoche un sourire espiègle.

— Ah, ma belle. C'est ce qu'elles veulent toutes savoir. Laissez-moi voir…

Elle sort une boule de cristal en verre fumé, esquisse quelques gestes théâtraux au-dessus de l'objet puis déclare d'une voix mystérieuse :

— Vous allez épouser un grand et bel inconnu.

— Allez, soyez sérieuse.

— Mais je suis sérieuse, ma chère.

Mon cœur bondit.

— Edgeworth ?

— Est-ce que j'ai l'air d'une voyante ?

Sur ces mots, elle reprend son apparence de bohémienne aux oreilles chargées d'anneaux et se met à rire si fort qu'elle est prise d'une quinte de toux. Voyant que cette plaisanterie ne m'amuse pas vraiment, elle se calme et me prend doucement la main.

— Vous vous prenez bien trop au sérieux, ma fille. De plus, cet homme n'est pas votre problème. Pas plus que l'autre… Frank, c'est bien ça ? Ou votre ami Wes, d'ailleurs. Votre problème, c'est votre tête : comme je vous le disais plus tôt, vous réfléchissez trop. Vous savez, c'est un fait encore assez méconnu, mais la méditation est totalement surfaite. Le monde se porterait bien mieux si nous pensions tous un peu moins.

Elle me tapote la main.

— Allons, allons. Tout va bien se passer. À présent, concluons notre affaire. Comment comptez-vous payer mes services, aujourd'hui ?

Je bafouille, confuse.

— Je… euh… je n'y avais pas pensé. Que voulez-vous ?

— J'aimerais que vous me donniez votre joli collier de perles. Oui, ce serait parfait.

— Mais je ne l'ai pas ici.

— Vraiment ?

Je porte la main à mon cou nu puis ouvre mon sac à main pour lui montrer son contenu.

— Voyez vous-même : je n'ai qu'un peu d'argent et un mouchoir.

— Regardez mieux.

Je fouille dans mon sac et y trouve la rivière de perles que je portais le soir du bal.

Alors que je dévisage la voyante, mon regard glisse vers le collier.

— Mais comment…

— Si vous pouvez être ici alors que vous venez d'un pays et d'une époque si lointains, en quoi serait-il difficile pour vos perles de parcourir une si courte distance ?

Elle sourit et tend une main dans laquelle je dépose le bijou.

Je sursaute en entendant la voix grave d'un homme s'élever derrière moi.

— Pardonnez-moi, madame, mais vous devez fuir.

Je me retourne. La silhouette de l'homme qui m'a conduite ici se détache à contre-jour dans l'entrée de la tente. Je me tourne vers la voyante. Seul un battement de cils imperceptible laisse entrevoir son trouble.

— Il y a des rumeurs d'une arrestation imminente, poursuit-il. Vous devez vous hâter.

— Sur quel motif ?

— Meurtre. On a retrouvé cela près de la victime, explique-t-il en brandissant un sac à cordon poussiéreux identique à celui que l'homme au visage rougeaud tenait en sortant de la tente.

— C'est grotesque. Son contenu ne ferait pas de mal à une mouche.

— Néanmoins, il vous faut partir sans tarder. On parle de sorcellerie.

Il se tourne vers moi et s'incline légèrement.

— Je vous demande pardon, mademoiselle, mais si j'étais vous, je quitterais ce lieu en toute hâte.

J'entends au loin le martèlement de sabots et des hommes qui crient. La voyante, qui a repris son apparence de vieille dame, s'empare d'un grand sac de toile et y fourre quelques objets.

— Partez, m'ordonne-t-elle. Tout de suite !

— Mais je ne sais toujours pas…

— Cessez de vous obstiner à vouloir être ailleurs, me lance-t-elle en commençant à ramper sous la tente du côté opposé à l'ouverture, son acolyte s'empressant de lui venir en aide. Suivez votre destin !

Les hurlements frénétiques de la foule et les hennissements des chevaux se rapprochent.

— Je ne comprends pas.

Mon cœur bat au même rythme que celui des sabots.

La voyante est déjà pratiquement dehors. Elle est étonnamment agile pour une femme si âgée.

— Contentez-vous d'être là où vous êtes. C'est la seule façon de vous rendre là où vous voulez aller.

Elle disparaît derrière la tente et je sens des mains fortes me plaquer au sol et m'aider à me faufiler par la même petite ouverture. Ma jupe se relève et je m'égratigne le genou, puis je me mets debout avec difficulté tandis que l'homme me pousse vers la foule des gens qui continuent à profiter de la foire en prêtant à peine attention aux chevaux qui approchent. Je me retourne pour le remercier, mais il a déjà disparu. Les mains tremblantes, j'essaie tant bien que mal de lisser les plis de ma robe et de m'épousseter tout en m'éloignant rapidement d'un air aussi naturel que possible. Je me heurte à une espèce de dandy en chemise à col haut qui me prend par la taille et approche son visage rouge trempé de sueur près du mien.

— Ça alors ! s'exclame-t-il à voix basse, son haleine fétide aux relents d'alcool me donnant presque un haut-le-cœur. Où allez-vous comme ça toute seule ?

Je tente de me libérer mais sa poigne est comme un étau.

— Bas les pattes !

— Laisse la dame tranquille, Stiles.

Le jeune homme qui vient de parler est âgé d'une vingtaine d'années. Il est impeccablement habillé et sobre. Le dénommé Stiles relâche sa prise et je parviens à me dégager.

Son ami me fait une espèce de révérence accompagnée d'un haussement d'épaules, après quoi il attrape l'autre ivrogne par le bras et le traîne à l'écart.

Je joue des coudes dans la foule, luttant contre le flot des amateurs de sensations fortes qui se hâtent vers l'animation. J'entends les mots « meurtre » et « arrestation » à plusieurs reprises. Je frissonne en espérant que ma voyante a réussi à s'enfuir.

Chapitre 26

À l'autre bout de la foire, je repère la calèche de Mary et son cocher. Je pousse un grand « ouf » de soulagement et me précipite vers lui. Il s'incline avec raideur, le visage sombre. J'aperçois Hortense recroquevillée contre l'arrière de la calèche, qui essuie son visage ruisselant de larmes avec le coin de son châle. Elle se redresse quand elle me voit et me fait une révérence, les yeux baissés.

— Hortense, vous n'êtes pas bouleversée parce que je… parce que nous avons été séparées ?

— Non, mademoiselle, bredouille-t-elle, les yeux rivés sur le chemin de terre.

Alors que nous prenons place dans la voiture, je vois mon garde du corps se diriger vers nous en regardant le cocher avec appréhension. Ce dernier se trouve dos à moi mais son expression, quelle qu'elle soit, fait tressaillir le valet de pied.

Quand la calèche s'élance dans un bruit de ferraille sur la petite route de campagne, je me tourne vers Hortense qui tente de cacher ses larmes derrière son châle.

— Qu'y a-t-il, Hortense ?

Elle découvre son visage. Ses yeux sont rouges et gonflés.

— Quand je suis partie à votre recherche, mademoiselle, il y avait tous ces messieurs à cheval qui parlaient de meurtre et de pendaison. Ils étaient si en colère que j'ai cru qu'ils allaient commettre d'autres meurtres. Deux d'entre eux, qui étaient à pied, ont commencé à se battre, puis deux autres les ont rejoints et le magistrat a eu beaucoup de mal à les calmer. J'ai eu la peur de ma vie, mais ce n'est pas le pire…

— Vous voulez dire qu'ils n'ont pas retrouvé le meurtrier ?

— Hélas non, mademoiselle.

— Bien.

— Je vous demande pardon, mademoiselle ?

— Je voulais dire, c'est bien que vous m'en ayez informée. Quoi qu'il en soit, vous êtes en sécurité à présent.

— Je vous demande pardon, mademoiselle, mais je ne…

Sur ces mots, elle disparaît de nouveau sous son châle, les épaules secouées de sanglots. Après quelques vaines tentatives pour la faire parler qui semblent seulement la bouleverser davantage, j'abandonne.

Quand nous arrivons à la maison, je vais jeter un coup d'œil sur Mary, qui est endormie. Mrs Smith somnole dans un fauteuil à son chevet, un livre sur les genoux. Je sors sur la pointe des pieds et prends conscience de la faim qui me tenaille. Je décide de demander qu'on me monte un plateau-repas pour le dîner.

Quelques heures plus tard, je contemple le ciel rose doré depuis ma fenêtre en essayant de donner un sens aux paroles de la voyante, quand Mary fait irruption dans ma chambre.

— Est-ce la vérité, Jane ?

Elle se tient debout, les mains sur les hanches et ses yeux marron braqués sur moi.

— Mary, que faites-vous hors de votre lit ?

— Hortense m'a dit qu'elle ne savait pas si je serais davantage fâchée si elle me racontait elle-même ce qui s'était passé à la foire ou si je l'apprenais par mon cocher.

— Est-ce la raison pour laquelle elle est si bouleversée ?

Mary plisse les yeux.

— Ainsi, c'est vrai. Savez-vous que mon cocher lui a dit qu'il allait me conseiller de la renvoyer ? Et qu'il m'a déjà conseillé de renvoyer Matthew, pour une raison qu'il ne m'a pas dévoilée, bien entendu.

— Qui est Matthew ?

Elle rit, mais sans humour. Je ne l'ai jamais vue comme ça.

— Matthew est le valet de pied que j'avais chargé de vous surveiller à la foire. Pour quelqu'un qui prétend se soucier du bien-être des domestiques, vos actions semblent démontrer le contraire.

— C'est absurde. Ils n'avaient aucune idée de ce que j'avais l'intention de faire.

— Comment avez-vous pu, Jane ? Comment avez-vous pu vous mettre en danger de la sorte ?

— Je voulais seulement être seule. Je ne pensais pas…

— Non, vous n'avez certainement pas pensé. Vous ne vous souciez peut-être pas de votre sécurité ni de votre réputation, mais avez-vous pensé à la mienne ?

— Mary, je vous en supplie. Ne renvoyez pas Hortense ni Matthew.

Je lui prends les mains, des larmes chaudes jaillissant de mes yeux.

Mon amie me dévisage puis s'affale dans un fauteuil.

— Oh, Jane. Que vais-je faire de vous ?

Je serre ses mains et elle commence à se détendre, retrouvant sa tendresse habituelle.

— En dehors de ne plus m'adresser la parole ?

— Je suis sérieuse.

— Je ne vous causerai plus de tracas. Je ne jouerai plus de tours aux domestiques. Je vous le promets.

Elle sort un mouchoir et essuie mes larmes.

— Sommes-nous toujours amies ?

— Avez-vous donc si peu foi en moi ? me demande-t-elle en souriant gentiment.

— Et en ce qui concerne Hortense et Matthew ?

Mary me tapote la main.

— Ne vous inquiétez pas. Je ne peux pas m'attendre à ce qu'un valet de pied, et encore moins une pauvre fille dont j'avais l'intention de faire une dame de compagnie, excellent dans le rôle de geôliers. Je prétendrai que c'était une erreur, que vous avez aperçu vos cousins dans la foule et que vous êtes allée les saluer, perdant de vue Hortense et Matthew. Cela satisfera également John, mon cocher.

Elle me quitte pour aller faire la paix avec ses domestiques avant de se coucher de bonne heure. Quant à moi, je passe le reste de la soirée à méditer sur ce qu'ont été – et auraient pu être – les conséquences de mes actes. Tout comme Elizabeth Bennet méditait sur la situation sociale de Mr Darcy et les responsabilités qui en découlaient. « Comme frère, maître, propriétaire, songeait Elizabeth, de combien de personnes Mr Darcy ne tenait-il pas le bonheur entre ses mains ! Que de bien, ou que de mal il était en état de faire ! » Je mesure alors le pouvoir qu'une simple femme encore dépendante de ses parents et ne pouvant même pas se rendre à un bal sans chaperon a sur le bien-être d'autrui. Peu importe que j'assure la tutelle de la vie de Jane contre mon gré : j'ai hérité de ce pouvoir qui était le sien et je dois faire avec.

Le lendemain matin, Mary se comporte comme s'il n'y avait jamais eu le moindre différend entre nous. En fait, quand j'évoque l'incident de la veille, elle me prie d'éviter de nous causer des souffrances inutiles en le mentionnant de nouveau. Même Hortense m'adresse un sourire timide en faisant sa révérence. Mary ne me demande même pas si je suis parvenue à rencontrer la voyante, et je suis heureuse de ne pas avoir à lui raconter d'histoires.

Juste avant le petit déjeuner, elle me fait part de son intention de retourner aux thermes. Son rhume est presque fini et les bains chauds apporteront la touche finale à sa guérison. Je tente de la dissuader, en vain. Il ne me reste plus qu'à espérer que la foi aveugle qu'elle place dans les pouvoirs de ces eaux putrides aura non seulement un effet placebo contre tout résidu éventuel de rhume, mais la prémunira également contre les autres virus.

Après le départ de Mary et de Mrs Smith pour les bains, je monte dans ma chambre et commence à faire les cent pas en repensant aux paroles de la voyante. Quoique le terme exact soit plutôt « me tourmenter ». C'est plus fort que moi. Je décide de me changer les idées en répondant à une lettre de Mrs Mansfield reçue la veille : une corvée dont j'ai horreur, mais après tout, c'est elle qui tient les cordons de ma bourse.

Je me console en constatant que je peux jouer à la bonne fifille obéissante tout en satisfaisant mon goût pour le comportement passif-agressif. Autrement dit, j'ignore ostensiblement ses questions destinées à savoir si j'ai eu des nouvelles d'Edgeworth par sa sœur. Je jubile en imaginant Mrs Mansfield folle d'inquiétude à l'idée que les projets matrimoniaux de Mrs Talbot pour sa fille aient progressé. Et c'est avec une joie encore plus intense que je passe sous silence le simple fait que j'ai croisé mon prétendant. Mrs Randolph lui racontera certainement cette fameuse soirée en détail et cela ne fera qu'augmenter sa contrariété de ne pas l'avoir appris de ma propre bouche. Je souris en scellant ma lettre avec de la cire.

Que faire, maintenant ? J'opte pour la broderie. Hélas, mes mains étant indépendantes de mon cerveau, celui-ci continue à ressasser inlassablement ce que la voyante m'a dit, ce que je lui ai dit, ce que j'aurais dû lui demander quand j'en avais l'occasion, ce qu'elle aurait pu vouloir dire mais que j'ai peut-être mal interprété, et ainsi de suite.

Puis, sans préambule, je plonge dans cet état semi-méditatif dont j'ai déjà fait l'expérience plusieurs fois lors de mes séances de broderie, et un sentiment de sérénité m'envahit. À compter de ce moment, chaque fois que je commence à m'inquiéter de savoir comment je vais quitter cet endroit et ce que je dois faire pour y parvenir, je décide simplement qu'il est inutile de me tourmenter. Et ça fonctionne.

Pour moi, cette attitude tient du miracle. Bien sûr, mes vieux réflexes continuent à venir mettre leur grain de sel dans ma paix intérieure. Leur voix résonne en moi : « Tu nages en plein déni », ou encore : « Tu es en train de te faire aspirer par la vie de Jane. » Voire pire : « Tu es possédée. »

Pourtant une autre voix, plus calme et plus sereine, reprend les paroles de la voyante : « *Contentez-vous d'être là où vous êtes. Cessez de vous obstiner à vouloir être ailleurs.* »

Platitudes New Age ! se moque l'ancienne voix.

Le « nouvel âge », mon œil ! Depuis mon poste d'observation près de la fenêtre, par laquelle je vois passer des fiacres tirés par des chevaux, des femmes coiffées de chapeaux se promenant bras dessus, bras dessous et des hommes pressés vêtus de hauts-de-forme et de jaquettes, le monde semble tout sauf nouveau. Du moins selon mes propres références.

Cela suffit à rabattre le caquet de l'ancienne voix. Pour l'instant.

— Jane ?

Je me redresse brusquement de ma position avachie dans un des canapés du salon, la nuque raide et douloureuse.

— Quelle heure est-il ? J'ai dû m'assoupir.

— Il est l'heure d'aller acheter des rubans pour votre chapeau. Ce bain m'a fait le plus grand bien et par ce beau soleil, une promenade jusqu'à Milsom Street est exactement ce qu'il me faut. Mrs Smith a prévu de passer le reste de la journée avec une ancienne camarade d'école et j'ai besoin de votre compagnie.

Je m'étire pour tenter de dénouer la tension dans mon cou et mes épaules. Mary semble effectivement requinquée. Sa peau est éclatante de santé et le jaune pâle de sa robe met en valeur son teint.

— Donnez-moi une minute pour me préparer.

Près de dix minutes plus tard, nous arrivons à Pulteney Bridge quand Mary, qui marche à mon côté, s'arrête brutalement, se cramponne à mon bras et se retourne en me bloquant le chemin, son visage tout près du mien. Elle ouvre la bouche pour parler mais aucun son n'en sort. Puis ses jambes semblent se dérober sous elle et je l'attrape par les deux bras pour l'aider à reprendre l'équilibre.

— Qu'y a-t-il ? Êtes-vous souffrante ?

Si elle s'évanouit en plein milieu de la rue, je ne sais pas comment je vais la ramener à la maison.

— C'est lui... juste là... ne regardez pas ! Oh mon Dieu, faites que je ne m'évanouisse pas devant lui.

Son visage est blême et ses lèvres tremblent.

— Quoi ? Qui ?

Une main toujours agrippée à mon bras, Mary fouille dans son sac de l'autre et en extrait un mouchoir. Elle se tamponne le front avec puis me chuchote d'une voix rauque :

— Je vous en prie, ne dites rien. Et peu importe ce qui arrive, ne me lâchez pas.

Elle fait de nouveau volte-face pendant que je la soutiens par le bras en me préparant mentalement. À quoi ? Je n'en ai pas la moindre idée ! J'aperçois alors un homme d'une trentaine d'années et une jeune femme élancée à la beauté saisissante se diriger vers nous d'un pas ferme.

— Miss Edgeworth ! Quelle charmante surprise !

La voix de l'homme est grave et douce. Il s'incline devant elle avant de la déshabiller du regard avec une familiarité qui ne me plaît guère.

— Est-ce toujours Miss Edgeworth ?

Mary hoche la tête.

— Absolument.

Sa voix a recouvré son assurance, mais je sens son corps trembler.

— Je ne peux pas dire que je sois désolé de l'apprendre, répond-il, un sourcil levé.

Il a de grands yeux presque noirs qui donnent l'illusion d'être maquillés ; ils sont ourlés de cils longs et épais, de ceux dont les femmes n'ont jamais la chance d'être dotées de naissance. Ses lèvres charnues sont étirées en un sourire révélant de belles dents blanches. « C'est pour mieux te manger, mon enfant. »

Je presse le bras de Mary. Elle tourne la tête vers moi, les yeux implorants.

— Jane, je vous présente Mr Templeton.

Templeton ? Will Templeton ? Pas étonnant qu'elle tremble comme une feuille. C'est l'homme dont elle était – et est probablement encore – amoureuse. Non seulement elle tombe sur lui pour la première fois depuis des années, mais en plus il est accompagné d'une autre femme, très probablement son épouse. Je me ressaisis et nous échangeons les courtoisies de rigueur. Est-ce que quelqu'un va enfin parler du sujet qui nous brûle les lèvres à tous, à savoir la femme accrochée à son bras ? On ne peut pas dire qu'elle soit du genre discrète et virginale, avec son décolleté et sa robe qui parvient je ne sais comment à épouser chacune de ses courbes en dépit de la taille Empire. Elle nous observe derrière ses yeux mi-clos, une expression amusée sur le visage.

Je tiens fermement le bras de Mary d'une main tout en le caressant de l'autre pour la rassurer.

Mon amie s'éclaircit la voix.

— Me feriez-vous l'honneur de me présenter à votre femme ?

Templeton échange un regard amusé avec sa compagne.

— Miss Edgeworth, Miss Mansfield, voici Mrs Lawrence, une vieille amie de la famille.

Mrs Lawrence enroule son bras autour de celui de Templeton comme pour nous montrer à quel point ils sont proches.

— Je vous demande pardon, s'excuse Mary en faisant une révérence à Mrs Lawrence.

Cette dernière hausse un sourcil et semble lutter pour se retenir d'éclater de rire.

— Qu'est-ce qui vous amène à Bath ? demande Mary au jeune homme en rougissant de plus belle.

— Oh, ça, répond-il avec une lueur d'amusement dans ses yeux noirs alors qu'il adresse un sourire complice à son amie. Je suis venu chercher ma femme.

Il nous regarde alors avec un air de confidence et baisse la voix, comme si nous étions une bande de potes descendant des bières après le travail.

— Comme de nombreuses femmes issues de familles aisées, elle ne comprend rien aux affaires des hommes. Affaires qui, d'ailleurs, ne la regardent pas. J'ai donc la tâche ingrate de lui expliquer cela et de la ramener à la maison, puisque c'est là qu'est sa place.

» Avec tout le respect que je dois aux femmes ici présentes, poursuit-il en faisant un grand moulinet de la main semblable à un salut de courtisan, il y a une sagesse divine derrière les principes qui placent les biens d'une femme entre les mains de son époux et qui font que les paroles de ce dernier font loi pour elle.

Je le fusille du regard.

— J'ai une mauvaise nouvelle pour vous, monsieur. Ces jours sont comptés.

Je sens Mary s'affaisser à moitié contre moi et je l'entoure de mon bras.

— Quant à vous, ajouté-je à l'intention de Mrs Lawrence qui est en train de réprimer un bâillement, vous devriez avoir honte !

Elle se contente de hausser les épaules d'un air las.

— Venez, Mary, dis-je en entraînant mon amie en direction de la maison. Cette conversation est terminée.

Templeton nous lance :

— J'espère avoir le plaisir de vous revoir, Miss Edgeworth. Avec ou sans votre charmante amie.

Il éclate de rire et je sens Mary se raidir contre moi.

— Continuez de marcher, lui ordonné-je en remarquant qu'elle est pâle comme la mort. Nous y sommes presque. Ne regardez pas en arrière. Ne regardez jamais en arrière.

Chapitre 27

Près d'une demi-heure plus tard, Mary passe timidement la tête par la porte de ma chambre et je me lève d'un bond en lui faisant signe d'entrer. Je l'attendais, songeant qu'une fois qu'elle aurait pleuré toutes les larmes de son corps, il se pourrait qu'elle ait envie de parler.

Elle a le teint brouillé et les yeux rouges. Je m'approche d'elle pour la prendre dans mes bras mais elle m'arrête dans mon élan, la main levée.

— Non, Jane. Je ne mérite pas votre pitié. C'est ma faute si vous vous êtes retournée contre mon frère. Charles disait vrai à propos de Will mais j'ai refusé d'ouvrir les yeux.

— Vous êtes trop dure envers vous-même.

Mary commence à faire les cent pas dans la chambre, de plus en plus agitée.

— Comment ai-je pu ne pas remarquer combien il était étrange que Will n'ait jamais cherché à me revoir, même après que j'ai atteint la majorité ? Comment ai-je pu voir uniquement de la cruauté dans l'attitude de Charles plutôt que les sentiments naturels d'un frère ?

Elle s'arrête et rougit jusqu'à la racine des cheveux.

— À présent, c'est à peine si je peux vous regarder en face, ma chère amie. N'ai-je pas accusé Charles d'avoir mis une domestique enceinte et tenté de vous convaincre de sa culpabilité ?

— Qu'est-ce que cela a à voir avec Will ?

— Ne voyez-vous donc pas que rien n'est comme il paraît ?

Tout ce que je vois, c'est cette image récurrente d'Edgeworth brossant les brins de paille de sa veste, et de la jolie femme aux cheveux auburn qui sort de l'écurie et lui effleure le bras. Ainsi, même s'il s'avère qu'Edgeworth n'a pas agi injustement envers Mary ou son petit ami, en ce qui concerne ce qui s'est passé dans l'écurie, je crains que les preuves ne soient plus qu'éloquentes.

Je me demande soudain ce qu'aurait pensé mon prétendant s'il m'avait vue sortir en douce de la maison pour aller embrasser James ; s'il m'avait vue utiliser un autre homme – qui plus est un homme sous mon autorité, pour reprendre l'expression de Mary – dans le but de l'oublier, ou peut-être même de me venger de lui.

M'aurait-il jugée, déclarée coupable et condamnée sur la base de cette seule preuve ? Ce que j'ai fait était-il complètement innocent ? Suis-je vraiment meilleure que l'idée que je m'étais faite de lui ?

Je, je, je. À m'entendre, on dirait que Jane et moi ne faisons plus qu'une. Suis-je en train de perdre la raison ?

Je sursaute en remarquant que Mary me dévisage, attendant une réponse.

— Qu'en est-il de ce que vous avez vu de vos propres yeux ? finis-je par demander.

Elle se remet à arpenter la pièce en tortillant avec nervosité son mouchoir.

— Oui, bien sûr, ce n'était pas bien. Toutefois, cela ne signifie pas qu'il a… ou qu'ils ont… Si j'ai pu me méprendre sur la personnalité de Will, comment puis-je faire confiance à mes conclusions concernant Charles ?

Sur ce point, je suis d'accord. Je n'ai moi-même jamais été un bon juge de la personnalité d'un homme, surtout quand je le trouve attirant. Raison de plus pour rester sur mes gardes malgré mon envie de décortiquer ce que j'ai vu et malgré ce que Mary peut penser. Je ne peux pas faire confiance à Edgeworth ; pas après tout ce par quoi je suis passée. J'ai déjà fait confiance à Frank – et à Wes, évidemment – et voilà où cela m'a menée. Chaque fois que je baisse la garde, la scène de l'écurie vient s'immiscer dans mon esprit. Elle signifie forcément quelque chose, en dépit de la culpabilité que je peux ressentir vis-à-vis de ce que j'ai fait avec James.

J'esquisse un sourire.

— Cessez de vous inquiéter de m'avoir influencée, Mary. Je vous assure que je suis incapable d'évaluer avec justesse le caractère d'un homme, avec ou sans votre aide.

Mon amie semble encore plus bouleversée.

— C'était une plaisanterie, Mary.

— Je vois, répond-elle avec raideur.

Elle s'affale dans le canapé et commence à se masser les tempes.

— Avez-vous mal à la tête ? Voulez-vous que j'aille vous chercher quelque chose ?

J'ai cela dit du mal à imaginer ce que je pourrais lui proposer. Des sangsues ? Des yeux de triton ?

— Je vais bien, je vous assure, réplique-t-elle avec un léger sourire se voulant convaincant. Si seulement je pouvais effacer ces pensées de ma tête, je me sentirais mille fois mieux.

— Voyons voir. Qu'est-ce que je fais quand je veux arrêter de me torturer l'esprit ?

Et Dieu sait si j'en ai besoin en cet instant précis. Je passe mentalement en revue les solutions habituelles, autrement dit celles auxquelles j'aurais eu recours chez moi : une bouteille bien fraîche de la meilleure vodka agrémentée d'olives vertes ; une boîte de Xanax piquée dans le tiroir de bureau de mon patron et dont je me sers uniquement dans les situations désespérées ; pianoter sur Google pour retrouver la trace d'anciens petits amis ; appeler Paula et l'écouter patiemment me raconter ses derniers déboires sentimentaux, son débit furieux et ininterrompu anéantissant toute lueur de pensée dans mon esprit ; faire du lèche-vitrines sur Vermont Avenue…

— J'ai trouvé ! Nous allons faire les boutiques !

Mary ouvre de grands yeux effarés et se recroqueville sur elle-même, remontant son châle sur ses épaules comme si je venais de lui suggérer d'aller danser nue dans les jardins de Sydney.

— Pardonnez-moi ! Non, bien sûr que non, m'écrié-je en me donnant une tape sur le front.

Comment puis-je être aussi bête ? Cela signifierait sortir de la maison et risquer de tomber une fois de plus sur « l'ange de la mort ».

— Je sais !

Je me lève d'un bond et fouille dans mon armoire d'où je sors les précieuses éditions originales des deux premiers romans de Jane Austen. Je les brandis triomphalement. Comment ai-je pu oublier ce remède infaillible à tous les maux ?

— Nous allons lire *Raison et Sentiments* ! Ou mieux encore, *Orgueil et Préjugés* ! rectifié-je, songeant que la perfidie de Willoughby risque de lui rappeler celle de Will Templeton. Le blues est impuissant face à *Orgueil et Préjugés* !

— Je vous remercie, mais je les ai déjà lus.

Je tente de lui cacher le choc et la déception qui doivent se lire sur mon visage en m'affairant à replacer les livres dans l'armoire. Pauvre Mary. Je ne peux pas imaginer un monde dans lequel on puisse lire

Jane Austen une seule fois. Je pourrais peut-être la persuader de la tristesse et de l'inutilité d'une telle existence… C'est alors qu'un éclat d'or et de dentelle attire mon attention tout au fond de l'armoire. Je tends la main et…

— Ça y est !

Je tiens entre mes mains ce qui ressemble à une veste du XVIIIe siècle brodée de perles et de fils d'or.

— Nous allons nous déguiser !

L'idée ne semble pas enchanter Mary mais cette fois, je suis bien décidée à ne pas céder.

— Voyons voir, poursuis-je en posant la veste contre elle. C'est parfait !

— Mais c'est une veste d'homme.

— Et alors ? Nous n'allons pas sortir de la maison habillées ainsi. Nous allons jouer ici même. N'avez-vous jamais fouillé dans la garde-robe et les coffrets à bijoux de votre mère quand vous étiez petite, pour défiler ensuite dans ses vêtements ?

— Ma foi, je…

Je ne lui laisse pas le temps de répondre ; je m'empare de la veste et entraîne mon amie dans le couloir pour la conduire dans la chambre de sa tante. Chambre ? Appartement serait un mot plus approprié, pensé-je en poussant la porte à deux battants et en foulant l'épais tapis pour me diriger droit sur une des trois armoires.

— Non, Jane, je ne peux pas fouiller dans les affaires de ma tante.

Mary se hâte de refermer les portes et s'y adosse de peur qu'un des domestiques ne nous surprenne engagées dans cette activité ô combien scandaleuse.

— Eh bien moi, je peux. Et si j'en crois ce que vous m'avez rapporté à propos de la gentillesse et de la générosité de votre tante ainsi que de son dévouement envers vous, je suis sûre qu'elle ne verrait aucun inconvénient à cet innocent petit jeu de déguisement et…

Minute ! Que vois-je là-haut, sur l'étagère ? Ces quelques pots et pinceaux m'ont tout l'air d'être des produits de beauté.

— … et de maquillage !

J'ouvre un des pots. Ce qu'il contient pourrait faire office de blush ou de rouge à lèvres. Génial !

— À plus forte raison si ce jeu a pour but de vous faire oublier un chagrin d'amour, ajouté-je en faisant asseoir doucement Mary sur une chaise capitonnée devant le miroir d'une coiffeuse.

— Mais, Jane…

— Chut ! Vous êtes entre mes mains à présent. Je vais vous transformer. Quant à vous, ma chère, vous allez vous amuser.

Sur ce, je me lève et vais fermer à clé la porte de la chambre.

Deux heures plus tard, avec l'aide de quelques verres de sherry – ou peu importe quelle autre boisson alcoolisée rougeâtre se trouve dans la carafe vénitienne dans la chambre de sa tante – j'ai métamorphosé une Mary à présent toute guillerette en déesse, une sorte de retour aux sources des premiers clips de Prince. Même si à bien y réfléchir, « retour » n'est sans doute pas le mot approprié étant donné que Prince appartient au futur. Quoi qu'il en soit, Mary arbore un look androgyne digne d'une femme fatale : ses cheveux sont ramassés en queue-de-cheval et elle porte des hauts-de-chausses et des bas raffinés décorés d'un motif floral au niveau de la cheville, ainsi que la veste brodée de perles et de fils d'or et ornée de manchettes en dentelle ouverte sur son corset. J'ai insisté pour qu'elle la porte ainsi quand, étant parvenue à lui faire retirer sa robe, j'ai remarqué sa belle et voluptueuse silhouette en forme de sablier que sa taille Empire camouflait complètement. Mais je suis particulièrement fière de ce que j'ai réalisé sur son visage : j'ai appliqué du rouge sur ses lèvres et ses pommettes et improvisé un épais eye-liner avec un pinceau et un peu de poussière de charbon. Résultat : un regard charbonneux, au premier sens du terme ! Elle est incroyablement sexy et je le lui dis. Elle devient écarlate avant de s'écrouler sur le canapé en gloussant de plus belle.

J'ai, quant à moi, enfilé une des robes de sa tante : c'est de cette façon que j'ai réussi à la persuader de prendre part à cette grande fête du maquillage et de la mode, en affirmant que puisque je portais déjà les habits de sa tante, il n'y avait pas de mal à ce qu'elle fasse de même. De plus, lui ai-je fait remarquer, la plupart des vêtements que je voulais qu'elle mette appartenaient à son oncle, qui était décédé depuis longtemps et que cela ne dérangerait donc sûrement pas.

J'ai l'air parfaitement ridicule dans cette robe si large qu'elle n'arrête pas de tomber de mes épaules. Sa seule qualité à mes yeux est qu'elle est dotée d'une vraie taille. Hélas, la circonférence de ladite taille doit bien faire le double de la mienne.

Je songe alors qu'un de mes colliers serait la touche finale idéale à l'accoutrement de mon amie et je m'apprête à faire un saut dans ma chambre pour le récupérer avant de renfiler ma propre robe – sur les instructions de Mary – pour aller demander à Mrs Jenkins de nous apporter du thé : il est hors de question que cette dernière nous voie ainsi déguisées. Je referme la porte derrière moi et pousse un soupir. Mary doit apprendre à se détendre. Mais il y a déjà du progrès.

J'entends de l'agitation en bas dans le foyer mais mon attention est presque aussitôt détournée par le bruit de la porte de la chambre qui s'ouvre.

— Jane ! m'appelle Mary, qui est sortie dans le couloir. Demandez également des sandwichs à Mrs Jenkins.

À ce moment-là, la porte d'entrée claque et, baissant les yeux vers le vestibule, nous constatons que Mrs Jenkins vient de faire entrer Edgeworth et son ami Stevens. Les deux hommes ont levé la tête et nous contemplent dans nos splendides costumes.

Mary émet un hoquet d'horreur.

— Excusez-moi ! s'exclame-t-elle en courant se réfugier dans la chambre, non sans m'avoir attrapée par le poignet et attirée à l'intérieur avec elle.

— Oh mon Dieu ! gémit-elle, son visage s'empourprant tandis qu'elle observe son reflet dans le miroir. Cela aurait déjà été embarrassant si seul Charles avait été là. Mais Mr Stevens !

Mrs Jenkins arrive aussitôt à la porte, une expression anxieuse sur son large visage.

— Je vous demande pardon, mademoiselle. Je n'avais aucune idée que vous étiez…

Sa voix s'éteint et elle baisse les yeux, visiblement à court de mots pour décrire ce que nous étions en train de faire.

— Ce n'est pas votre faute, la rassure mon amie. Je vous avais demandé de laisser entrer Mr Edgeworth quoi qu'il arrive. Comment auriez-vous pu vous douter que nous étions engagées dans… dans…

Elle s'éclaircit la voix :

— … dans une représentation théâtrale privée ! finit-elle par lâcher avant de se tourner vers moi, ses grands yeux marron m'appelant à l'aide.

— Absolument, Mrs Jenkins. Nous étions en train de répéter la nouvelle pièce de…

Je cherche dans ma tête le nom d'un dramaturge. Hélas, mes connaissances en la matière sont proches de zéro.

— … de sir David Mamet.

Mary me lance un regard narquois avant d'ajouter :

— Veuillez conduire mon frère et son ami au salon, Mrs Jenkins. Apportez le thé et les sandwichs et dites-leur que je serai à eux dans quelques minutes. Demandez également à Hortense de monter immédiatement.

Dès que Mrs Jenkins a quitté la pièce, mon amie me demande :

— M'accompagnerez-vous en bas et me ferez-vous l'honneur d'être le témoin de mes efforts pour me racheter auprès de mon frère ?

Mon estomac se retourne à cette pensée.

— Je pense que tous les deux avez besoin d'intimité.

— Cela est fort improbable avec Mr Stevens ici présent. De plus, ajoute-t-elle en m'implorant de ses yeux brun doré, je ne vous garderai que quelques minutes. Après quoi vous pourrez vous excuser et partir si vous le souhaitez.

L'une des femmes de chambre boutonne et ficelle ma robe à la vitesse de la lumière tandis que je tente de calmer ma respiration. *Relax, détends-toi ! Il n'a aucun pouvoir sur toi*, répété-je à mon reflet dans le miroir. Mais qu'est-ce donc que ce tissu vichy bleu et blanc ?

On dirait que je suis vêtue d'une nappe ! J'aurais dû mettre ma robe jaune. Et me laver les cheveux.

Où avais-je la tête ? Je ne peux pas descendre.

Une fois seule, je m'offre la version respectable du maquillage de la Régence, consistant à me mordre les lèvres et à me pincer les joues. Il se trouve que j'étais sur le point de maquiller mon propre visage quand nous avons été brutalement interrompues. J'y étais presque, c'est vraiment rageant. Est-ce que je viens bien de dire « mon propre visage » ? J'ai la chair de poule quand je songe à la vitesse à laquelle je me suis habituée à le considérer comme tel.

Je vais chercher un châle pour cacher le motif hideux de ma robe, puis je le jette sur le canapé. Qui se soucie de mon apparence (enfin, de celle de Jane, en l'occurrence) ou de savoir si nous sommes présentables pour un homme que ni l'une ni l'autre ne devrait souhaiter revoir ?

Peut-être que je vais me glisser dans ma robe jaune, finalement… Non ! Ce serait une grossière erreur.

Mary pourrait remarquer ce changement et lui donner trop de sens – voire pire, lui donner exactement le sens qu'il a. Par ailleurs, l'idée de « me glisser » dans une de ces robes me paraît tout simplement impossible. Allons-y donc pour la nappe.

Je me rends au salon en m'agrippant à la rampe d'escalier et en essayant de détendre mes nerfs, songeant que le fait d'être enveloppée dans une nappe contrebalance les couleurs que je suis parvenue à faire monter à mes lèvres et à mes joues, et qu'il y a par conséquent peu de chances que je paraisse à mon avantage ou que j'aie l'air de vouloir paraître à mon avantage.

Je prends une profonde inspiration tout en m'efforçant de contrôler le tremblement de mes mains, et j'ouvre la porte du salon.

Chapitre 28

Edgeworth me sourit, ses joues se creusant de fossettes, puis il s'incline. Stevens se lève et bafouille quelques mots.

Mary, à présent totalement démaquillée, est occupée à déverrouiller la boîte à thé. Voilà une chose que je n'ai toujours pas comprise. Que croient-ils qu'elle renferme ? Des substances réglementées ?

Mon amie lève les yeux de sa mission de haute sécurité et me sourit.

— Jane ! Je disais justement à mon frère que j'étais désolée de n'avoir pas été là quand il a eu l'amabilité de nous rendre visite. Et combien je suis heureuse qu'il ait persisté dans ses efforts.

Edgeworth hausse un sourcil. Ma foi, je ne peux pas lui reprocher d'être sceptique.

— J'espère avoir l'occasion de renouveler ce plaisir de nombreuses fois, se contente-t-il de répliquer.

Puis il me dévisage comme s'il cherchait une explication à ce brusque revirement de personnalité de sa sœur.

— Vous verrai-je toutes les deux au bal cette semaine ? s'enquit-il.

Mary me jette un bref regard avant de lui répondre :

— Je ne sais pas. Voyez-vous, je… je trouve que l'atmosphère de Bath ne me convient pas et je pensais demander à Miss Mansfield si cela la dérangerait que nous écourtions notre séjour ici, explique-t-elle, sa voix s'étranglant sur les derniers mots.

Stevens, qui jusque-là contemplait mon amie avec adoration, pousse un hoquet comme s'il venait de recevoir un coup dans l'estomac, avant d'être pris d'une quinte de toux.

— Vous sentez-vous bien, Mr Stevens ? s'inquiète Mary.

— Parfaitement bien, parvient-il à articuler d'une voix rauque en montrant du doigt son sandwich. J'ai dû avaler de travers.

Edgeworth lui donne quelques tapes dans le dos pendant que sa sœur verse le thé dans la tasse de Stevens.

— Je suis prête à quitter Bath quand vous le voudrez, déclaré-je.

Les larmes montent aux yeux de la jeune femme.

— Ne serez-vous pas déçue ?

— Pas du tout.

Edgeworth tourne la tête vers Mary avant de revenir vers moi.

— Quel dommage ! Stevens et moi nous disions justement que le temps s'étant rafraîchi, il faisait vraiment bon vivre à Bath, n'est-ce pas, Stevens ? demande-t-il en regardant son ami d'un air encourageant.

Ce dernier blêmit en comprenant qu'il doit parler, puis devient cramoisi.

— Ou… oui.

Edgeworth lui lance un coup d'œil furtif avant de combler le silence qui s'installe.

— Je ne compte plus les étés passés à me demander pourquoi les génies de la mode ne sont pas aussi complaisants envers les hommes qu'ils le sont envers les femmes.

— Vous plaisantez, j'espère ! m'exclamé-je, consciente de ce qui ressemble à un morceau de bois cousu à l'intérieur de mon corset. Par ailleurs, je ne crois pas que vous seriez à votre avantage dans une robe.

Il me décoche un sourire espiègle.

— Je prends cela pour un compliment, Miss Mansfield. Toutefois, je parlais des tissus et non des coupes.

Il me montre la matière de sa veste verte pour appuyer ses propos, puis se tourne vers son ami.

— Qu'en pensez-vous, Stevens ?

— Je… euh… en effet ! Une veste tient abominablement chaud l'été. Personne ne devrait avoir à porter ce genre de…

Le jeune homme s'interrompt et son visage vire une fois de plus au rouge écarlate. Il regarde Mary, puis moi, d'un air implorant.

— Pardonnez-moi. Je ne voulais pas dire…

Les joues de ma pauvre amie s'enflamment alors qu'elle s'affaire au-dessus du plateau de sandwichs, repensant certainement à l'image d'elle qu'elle a dû donner dans son costume.

— Ne vous excusez pas, Mr Stevens, réplique-t-elle dans un filet de voix. Miss Edgeworth et moi étions simplement en train de nous livrer à une représentation théâtrale privée lorsque vous êtes arrivés.

— Pour rien au monde je ne me serais permis de m'immiscer dans votre vie privée, ajoute Stevens, les yeux rivés au sol.

— J'ai été enchanté de vous voir au bal toutes les deux, intervient Edgeworth qui est manifestement impatient de dévier la conversation des sujets embarrassants. Sans mentir, je crois que je n'ai jamais pris autant de plaisir à danser que ce soir-là, ajoute-t-il en me souriant d'un air entendu. Qu'avez-vous pensé du nombre d'invités, Mary ?

Et comme par magie, la tension est rompue. Edgeworth prend les rênes de la discussion polie qui s'ensuit tout en s'efforçant de mettre Stevens et Mary à l'aise. Cette dernière finit par se détendre et son frère parvient même à arracher quelques mots à son prétendant.

Quant à moi, chaque fois que mes yeux croisent les iris noisette d'Edgeworth, je n'ai qu'une seule envie, celle de le prendre dans mes bras.

C'est exactement ainsi que je me suis sentie quand Frank est passé récupérer ses affaires dans mon appartement. Au lieu de faire en sorte d'être absente, je l'ai regardé empiler ses vêtements, livres et CD – parmi lesquels mon CD de Björk, *Debut*, et mon exemplaire de *Mrs Dalloway*, entre autres anciens trésors – dans des vieux cartons miteux, probablement parce qu'il était trop radin pour en acheter des neufs. Pourtant, au lieu de m'indigner en le voyant dérober ces objets personnels (ce qui ne faisait que remuer le couteau dans la plaie de l'infidélité), je suis restée plantée là, reluquant ses fesses moulées dans son jean délavé alors qu'il se penchait pour embarquer d'autres bibelots m'appartenant, espérant vaguement qu'il se retournerait et me gratifierait de son sourire en coin pour me dire que tout cela avait été une erreur. Mais il n'en a rien fait, bien entendu. Il s'est contenté de marmonner « je suis désolé » et de hausser les épaules d'un air penaud avant de partir. Et tout ce dont j'avais envie était de parler à Wes quand il m'a appelée pour la dixième fois de la journée, au lieu de laisser mon répondeur prendre le message. « Je dois te parler, Courtney. S'il te plaît. » J'aurais voulu pleurer dans sa chemise, sentir ses bras autour de moi et l'entendre murmurer des mots apaisants à mon oreille, comme il l'avait fait après la fête de Noël de ma boîte durant laquelle j'avais passé le plus clair de mon temps à surprendre Frank en train de flirter avec d'autres femmes. Je n'avais même pas eu à raconter à Wes ce qui s'était passé, et il avait eu la délicatesse de ne pas me le demander.

Non, décidément, si j'étais à peine capable de résister à Wes alors qu'il m'avait incontestablement trahie, je n'ai certainement pas la force de ne pas succomber à un homme dont je ne suis même pas sûre que les torts qu'il m'a causés soient réels.

À ce moment-là, Edgeworth me tend la tasse de thé que Mary vient de servir et ses doigts effleurent les miens, ce contact envoyant une décharge électrique à travers mon corps. Je bredouille une excuse à propos d'une lettre à laquelle je dois répondre et sors précipitamment de la pièce.

Près d'une heure plus tard, qui me semble durer une éternité étant donné que je l'ai passée à faire les cent pas dans ma chambre en repensant à la sensation de ses doigts sur les miens, me remémorant chaque mot qu'il a prononcé et tentant de décoder ses paroles et ses gestes, j'entends quelqu'un frapper doucement à la porte. Mary entre, le visage gonflé et strié de larmes, mais néanmoins souriante.

— J'aurais bien besoin d'un thé, déclare-t-elle en faisant tinter la clochette pour appeler Mrs Jenkins avant de s'installer dans un fauteuil. Je ne me rappelle même pas avoir bu le mien.

— Vous le lui avez dit.

Elle acquiesce sans mot dire.

— Mr Stevens a pris congé peu de temps après vous. Quel embarras ! Qu'y a-t-il d'étonnant à ce qu'il ait souhaité partir après m'avoir vue accoutrée de façon si peu féminine ? Je n'oublierai jamais l'expression qui a traversé son visage. Charles n'a pas semblé troublé le moins du monde, bien sûr, mais cela dit…

Elle rougit, confuse, repensant sans doute à toutes les idées préconçues qu'elle avait sur son frère.

— En fait, poursuit-elle, il était navré d'avoir bien malgré lui amené la conversation sur ce à quoi je n'aurais voulu faire allusion pour rien au monde.

Elle baisse les yeux sur ses mains.

— J'aurais aimé retenir Charles plus longtemps, car j'ai encore beaucoup à lui dire. Hélas, il avait un rendez-vous qu'il ne pouvait annuler.

— Alors ?

— Il a très peu parlé mais ce qu'il m'a dit était extrêmement gentil. Certainement plus que je ne le mérite.

Elle plonge une main dans sa poche et en sort un mouchoir humide avec lequel elle se tamponne les yeux. Je m'approche d'elle pour la réconforter mais elle me fait signe de rester où je suis.

— Non, Jane. Il est juste que je sente le poids de ma propre sottise. Comment puis-je espérer réparer mes torts, sinon ?

Mrs Jenkins arrive avec le thé. Elle nous apporte également un plateau garni d'épaisses tranches de pain noir, d'un fromage à pâte blanche et de bœuf froid. Nous mangeons et buvons quelques minutes en silence.

Quand Mary mord dans son sandwich, une grosse goutte de moutarde tombe sur sa poitrine. Elle baisse les yeux sur la tache qui s'étale sur sa robe blanche puis me regarde, mortifiée.

— Le jaune vous sied à merveille, lui fais-je observer en humidifiant ma serviette pour tamponner la tache.

Nous éclatons de rire.

— Ainsi que la force. Vous avez géré cette histoire de façon admirable.

Mary se remet à pleurer.

— Que je suis bénie ! Mon frère, envers qui je me suis montrée à peine courtoise ces dernières années, me pardonne tout instantanément, et ma plus chère amie, dont il aurait pu conquérir le cœur si je n'avais pas été si médisante, ne voit rien d'autre que de la bonté en moi. Qu'ai-je fait pour mériter cela ?

— Mary, vous n'êtes pas responsable des sentiments que j'éprouve pour votre frère.

— C'est pourtant moi qui vous ai dit…

— Exact. Mais n'avez-vous pas envisagé la possibilité que j'aie pu faire mes propres observations ?

— Que voulez-vous dire ?

Je plonge les yeux dans les profondeurs obscures de ma tasse.

— Jane ?

— N'en parlons pas maintenant.

— Ma chère amie…

— Écoutez-moi : vous n'êtes pas responsable.

Je n'ai pas l'intention de raconter à Mary ce que je pense avoir vu ou me rappeler. Je ne suis même pas sûre que ces souvenirs soient réels, et même s'ils l'étaient, en quoi cela aiderait-il mon amie ? Elle commence tout juste à recoller les morceaux avec son frère, et je ne vois pas pourquoi la qualité de leur relation devrait dépendre de la qualité de la nôtre. Il pourrait très bien se comporter en parfait grand frère envers elle et en parfait menteur envers moi. Frank rendait sans arrêt service à sa sœur et la tirait d'affaire quand elle avait des problèmes. Cela en faisait-il un meilleur petit ami ?

— Jane, cela ne vous dérange-t-il vraiment pas de quitter Bath ? Je n'avais pas prévu d'aborder ce sujet en présence de Charles ; cela m'a échappé.

— Pensez-vous que je puisse encore m'amuser dans cette ville en sachant que vous êtes constamment inquiète à l'idée de croiser Will ?

— Si nous restons, cela me paraît inévitable. Avec le temps, je serai plus forte et cela n'aura plus d'importance.

Elle me sourit d'un air penaud.

— Savez-vous que parmi les mille choses qui me sont passées par la tête aujourd'hui quand j'ai aperçu Will, la plus forte d'entre toutes a été que je faisais peur à voir ?

— Ce n'était absolument pas le cas, mais je comprends ce que vous voulez dire. Et c'est pour cette raison que vous devez éviter de croiser son chemin.

C'est exactement ce que j'ai tenté de faire après que Frank a pillé ma tour de CD et mes étagères, détruisant mon estime de moi par la même occasion. J'ai fait tout ce qui était en mon pouvoir, allant presque jusqu'à quitter la ville – le léger inconvénient de mon travail rendant cette option peu réaliste – afin d'éviter de le croiser. Ou de croiser Wes. J'évitais tous les restaurants, bars ou magasins où nous étions allés ensemble, de même que tous les lieux où je pensais avoir un risque de tomber sur l'un d'eux. Et si l'on excepte la fois où j'ai vu Wes sur Vermont Avenue et celle où je suis tombée sur Frank au marché deux semaines après notre rupture, ma stratégie s'est révélée payante. À l'instar de Mary, la première chose à laquelle j'ai pensé quand je me suis retrouvée nez à nez avec Frank a été de me demander de quoi j'avais l'air avec mes cheveux gras retenus par une pince, mon visage sans maquillage et ma nouvelle silhouette (allégée de quatre kilos grâce à mon régime spécial cœur brisé) complètement et injustement cachée dans une salopette short informe. Ce que j'aurais dû penser était combien il méritait de mourir à petit feu entre mes mains, et qu'il ne valait pas la peine que j'abîme de beaux vêtements en le faisant.

Oui, quitter la ville est ce qu'il y a de mieux à faire, pour moi-même ainsi que pour Mary. Mais je songe soudain que cela signifie que je vais retrouver Mrs Mansfield. La pensée d'être enfermée dans une pièce avec elle et de devoir répondre à ses innombrables questions sur Edgeworth et Bath (car d'ici là, elle aura sûrement appris qu'il s'y trouvait) m'est insupportable ; il est hors de question que j'endure ce calvaire.

Je sens le regard de mon amie se poser sur moi.

— Quelque chose ne va pas, Jane ?

On m'a toujours dit qu'on lit en moi comme dans un livre ouvert, et je ne vois pas pourquoi le fait d'être dotée d'un nouveau visage devrait y changer quelque chose.

— Je pensais simplement qu'il serait amusant de poursuivre notre voyage vers une autre destination.

— Quelle idée formidable ! Je vous proposerais bien la maison de mon frère à Londres, mais elle est en pleine rénovation et n'est pas présentable pour l'instant. J'ai toutefois une cousine en ville qui a récemment insisté pour me recevoir. Nous pourrions nous y rendre immédiatement et différer notre retour chez nous.

— Êtes-vous sûre que cela ne la dérangera pas que je vous accompagne ?

Mary s'esclaffe.

— La « déranger » ? Louisa adore s'entourer d'une foule de gens. La plus grande angoisse de ma cousine est de se retrouver seule avec son mari. Ainsi, je me dois de vous prévenir : si c'est la tranquillité que vous cherchez, ce n'est pas à Londres que vous la trouverez. Et certainement pas chez Louisa. Alors ? Cela vous plairait-il de passer quelques jours là-bas ? Je crains que vous ne soyez pas en mesure d'en supporter davantage.

Je la prends dans mes bras.

— Tout cela me semble parfait !

— Votre gratitude laisserait à penser que vous n'êtes pas folle de joie à l'idée de rentrer chez vous.

— Croyez-moi, Mary…

— Non, ne dites rien. Vous faites un sacrifice en quittant cette ville et j'y suis sensible. Ainsi, je ferai tout ce qui est en mon pouvoir, aussi bien à Londres que de retour chez nous, pour me faire pardonner.

Mais Mary n'aura rien à se faire pardonner. Je suis si heureuse de ne pas devoir me confronter à Mrs Mansfield et à l'ennui mortel de sa maison que j'en pleurerais. Et je vais voir Londres, en plus ! Pas le Londres du XXIe siècle que j'ai entraperçu en tant que touriste – trois jours pendant lesquels j'étais complètement déphasée par le décalage horaire, incluant une visite guidée sur le toit d'un autobus à double étage (j'ai le vague souvenir d'être passée devant le palais de Westminster et Big Ben tout en luttant pour garder les yeux ouverts) ainsi qu'une excursion en bateau cauchemardesque sur la Tamise où j'ai passé mon temps à vomir faute d'avoir emporté des médicaments contre le mal des transports.

Non. Je pars pour le Londres de l'avant-Starbucks et de l'avant-Madame Tussauds. Je vais voir le Londres d'il y a deux siècles, le Londres de Jane Austen. Pas celui d'Edgeworth, de Wes, ni de tout autre spécimen pissant debout. Que sont les hommes comparés aux magasins et aux théâtres, à la bijouterie Grays de Sackville Street ou aux bêtes sauvages d'Exeter Exchange ?

Mary m'embrasse sur la joue.

— À présent, chère amie, je dois écrire à Louisa. Et me changer une fois de plus.

Elle grimace en pointant du doigt la tache de moutarde sur sa robe.

Chapitre 29

Moins de dix minutes plus tard, Mary fait irruption dans ma chambre, vêtue d'une robe propre et les joues rouges d'excitation.

— Ma chère, figurez-vous que nous pourrions quitter Bath dès demain, m'annonce-t-elle. Mrs Smith elle-même semble particulièrement enjouée à l'idée d'entreprendre ce voyage, alors que je craignais qu'elle n'ait pas assez profité des thermes.

— Ne serait-il pas plus sage d'attendre la réponse de votre cousine ? Que ferions-nous si elle n'était pas en ville ? Ou que sa maison soit déjà pleine d'invités ?

— C'est peu probable. Il y a seulement deux jours, Louisa se plaignait de sa solitude et de diverses obligations qui l'empêchaient de quitter la ville. Il me suffit de la prévenir de notre arrivée imminente. Si vous approuvez ce projet, bien entendu.

Je l'assure de mon impatience de partir, en prenant soin de garder pour moi les raisons de cette joie, et elle se rue dans sa chambre pour écrire une lettre à sa cousine.

Je commence à faire le tour de mes tiroirs et à disposer mes vêtements et mes livres sur le lit en petites piles bien ordonnées. Je sais que des domestiques sont à ma disposition pour faire ce travail, mais j'ai besoin de m'occuper afin d'arrêter de penser aux yeux d'Edgeworth et à la façon dont il me regardait quand nous dansions, ou encore de me demander si Mary a davantage raison maintenant que lorsqu'elle me mettait en garde contre lui. Je veux vider ma tête de toutes ces réflexions et pour cela, le plus raisonnable est de mettre de la distance entre lui et moi, tout comme quitter Bath est la meilleure chose à faire pour Mary. D'ailleurs, serait-il possible que le fait de me retrouver dans une ville que j'ai visitée dans ma vraie vie me permette de rentrer chez moi ?

Alors que j'empile mes boîtes à chapeaux sur le lit en me creusant la tête pour trouver un récipient grâce auquel je pourrais emprunter un peu de rouge à la tante de Mary et en me demandant si cela lui manquerait, je comprends que ce départ précipité présente un autre avantage : je ne risque pas de recevoir une lettre de Mrs Mansfield m'ordonnant de différer notre voyage. Elle ne peut rien trouver à redire quant au caractère approprié de ce séjour à Londres puisque nous serons hébergées par la cousine de Mary, mais elle désapprouverait certainement que je m'éloigne d'Edgeworth si elle apprenait entre-temps qu'il se trouve à Bath. L'idée qu'elle soit frustrée me fait sourire.

Mary et moi passons le reste de la soirée à préparer nos malles (ou plus précisément, à superviser Hortense, déjà supervisée par Mrs Jenkins ; nous sommes complètement superflues) et à planifier de courtes visites d'adieu chez les trois personnes à qui Mary refuse de se contenter de laisser une carte : Mrs Randolph, Susan Randolph et Edgeworth.

Le matin suivant, nous faisons une première halte chez les Randolph. Je croise les doigts pour que leur fille soit encore au lit à cette heure matinale. Raté. Le seul avantage de cette visite est que Mary et moi pouvons l'écourter sans que Mrs Randolph nous presse de rester, car nous lui annonçons d'emblée que nous avons prévu de quitter Bath dans la matinée.

Susan reste étrangement silencieuse au début ; elle semble absorbée par sa broderie et seuls quelques hochements de tête ou murmures d'approbation indiquent qu'elle nous écoute. Toutefois, quand Mary explique que nous allons ensuite dire au revoir à son frère, Susan pose son ouvrage et braque ses yeux bleu marine sur nous. Elle hausse les sourcils de surprise – ou d'incrédulité – en entendant Mary se désoler de ne pas avoir pu passer plus de temps avec lui à Bath. Je suis touchée de voir mon amie si désireuse de se racheter auprès de son frère qu'elle éprouve le besoin de faire part de son affection récemment retrouvée aux premières personnes qu'elle rencontre.

Susan croise mon regard une fraction de seconde avant de reprendre son ouvrage en déclarant d'une voix calme :

— Je suppose que vous aussi avez peu vu Mr Edgeworth, cousine, avec tout ce temps passé à faire de l'exercice dans les jardins de Sydney.

Elle lève de nouveau les yeux vers moi et soutient mon regard avec l'expression à la fois détachée et concentrée d'un chat qui a acculé une souris dans un coin.

Je me racle la gorge :

— Je ne suis pas sûre de bien vous comprendre.

Susan se remet à broder et hausse légèrement les épaules.

— Il se peut que je me trompe et que je ne vous aie vue que cette fois-là. Il me semble que vous étiez en grande discussion avec quelqu'un et que vous n'avez pas remarqué ma présence. Puis vous êtes partie en toute hâte, ce qui explique pourquoi vous ne m'avez pas reconnue en me croisant. Je me souviens d'avoir pensé que vous étiez rayonnante de santé et que l'exercice devait vous réussir si j'en croyais la roseur de votre teint, certainement due au fait que vous aviez beaucoup marché ce matin-là. Une entreprise d'autant plus courageuse que la journée était particulièrement maussade.

Une boule d'angoisse vient se loger dans ma gorge tandis que je me remémore la jeune femme au chapeau orné de rubans rouge sang que j'ai frôlée après avoir quitté James précipitamment, cette femme dont le visage m'avait semblé vaguement familier mais que je n'avais pas reconnue, aveuglée par la panique.

Que mijote-t-elle ? Je sens mon pouls s'accélérer et mes joues s'enflammer. Je m'apprête à répliquer quelque chose mais Mary me fusille du regard et je me contente donc de murmurer qu'elle a dû se tromper, mais que si c'est bien moi qu'elle a aperçue dans les jardins, je suis navrée de ne pas l'avoir vue.

— Cela n'a pas d'importance, fait remarquer Susan. En définitive, que ce soit votre erreur ou la mienne, elle était assurément innocente.

— Comment pourrait-il en être autrement ?

Le tintement d'une tasse de thé sur une soucoupe – celle de Mrs Randolph – détourne mon attention de mon interlocutrice. Ma « tante » ouvre la bouche comme si elle s'apprêtait à parler, mais Mary se lève brusquement et insiste gentiment pour que nous fassions nos adieux si nous voulons partir de bonne heure. J'embrasse Mrs Randolph ; quant à sa fille, c'est à peine si je touche la main glaciale qu'elle me tend, m'efforçant de la dévisager d'un air qui se veut intimidant. Elle est la première à baisser les yeux, ce qui me procure un petit frisson de triomphe.

Dès que nous avons quitté la maison des Randolph, mon amie se met à répéter en boucle :

— Oh mon Dieu ! Oh mon Dieu ! Qu'allons-nous faire ?

— Je sais exactement ce que je veux faire, et c'est ce que j'aurais fait si je n'avais pas cédé à votre regard implorant.

— Dieu merci, vous n'avez pas reconnu que vous vous trouviez là-bas. C'est sa parole contre la vôtre et il est parfaitement possible qu'elle se soit trompée. C'est ce que vous devez soutenir.

Mary est si énervée qu'elle descend la rue au pas de course et que j'ai du mal à la suivre.

— Pourrions-nous ralentir un peu l'allure ? Je me fiche complètement de ce que Susan a vu. Ou des conclusions qu'elle a pu en tirer.

En entendant ces mots, mon amie s'arrête et me regarde, les yeux écarquillés d'effroi.

— Oh, non ! Qu'a-t-elle vu exactement ?

Elle promène son regard autour de nous, évaluant la proximité d'une matrone corpulente accompagnée de cinq adolescentes. Nous sommes au milieu de l'esplanade circulaire pavée du Circus, un lieu peu propice aux conversations privées à cause de l'écho. Mary se rapproche de moi et attend que les femmes se trouvent à une dizaine de mètres de nous. Elle chuchote néanmoins à mon oreille.

— Comment cela pourrait-il être pire que de vous apercevoir sans chaperon en compagnie d'un jeune homme qu'elle a sans doute reconnu comme étant l'un de vos domestiques ? Avez-vous conscience de la gravité de la situation ?

Je tressaille face à la véhémence de son ton et tente de calmer les battements de mon cœur. Pourquoi suis-je aussi secouée ?

— J'ai pris sa main, avoué-je à haute voix sur la place maintenant vide. Et je lui ai touché la joue.

— Êtes-vous folle ? me siffle Mary. Pour l'amour de Dieu, parlez moins fort !

Elle m'attrape par le bras et m'entraîne hors du Circus sans ralentir l'allure ni prononcer un seul mot jusqu'à ce que nous soyons parvenues au milieu de Brock Street.

— Dites-moi que ce n'est pas vrai, me supplie-t-elle.

— Je lui demandais simplement pardon… Non pas que cela vous regarde.

Mary reprend alors sa marche effrénée en répétant :

— Oh mon Dieu ! Oh mon Dieu !

— Calmez-vous, répliqué-je en la rattrapant tant bien que mal. Si Susan n'a rien de mieux à faire que de colporter des ragots, à quoi bon nous en soucier ? Nous quittons la ville aujourd'hui, de toute façon. D'ailleurs, si elle avait vraiment l'intention de le faire, pourquoi avoir attendu près d'une semaine ?

Mary s'arrête de nouveau et fait volte-face, visiblement furieuse.

— À présent, écoutez-moi, Jane. Si votre cousine décide de propager cette rumeur et que vous ne niiez pas tout catégoriquement, la ville où nous nous trouvons et les raisons pour lesquelles elle a décidé de parler seulement maintenant importeront peu.

Par ailleurs, si votre réputation est ternie, j'en souffrirai également car vous êtes ma compagne de voyage et mon invitée. Si ma famille refuse de vous recevoir, qu'allons-nous devenir ? Nous serons toutes deux confinées dans nos maisons respectives.

— Êtes-vous en train de suggérer que votre frère s'opposerait à ce que vous me voyiez ?

— Charles ne croirait jamais ce genre de commérage.

— Malgré tout, accepterait-il que sa sœur fréquente une femme que le reste du monde considérerait comme une putain ?

— Jane ! s'écrie Mary. Vous allez nier toute cette histoire, un point c'est tout. Il n'y a rien à ajouter.

Nous poursuivons en silence notre marche à vive allure. Comme ai-je pu idéaliser ce monde ? Un monde où la place d'une femme, aussi inférieure soit-elle, ne tient qu'à un fil, et où un homme, même un gentleman comme Edgeworth, serait aussi rebuté par la pensée de mon rendez-vous avec James que toute cette bande d'hypocrites. Si j'avais su que je mettais en péril ma réputation en rencontrant James, j'aurais carrément fait l'amour avec lui au lieu de me contenter d'une ridicule caresse sur la joue.

En fin de compte, l'anéantissement de toutes les illusions que je pouvais encore avoir à propos d'Edgeworth est une bénédiction. Il me sera ainsi plus facile de l'oublier. Je suppose qu'il s'attend à ce que sa prochaine épouse arrive dans le lit de noces vierge de tout baiser avec un homme. Dieu le préserve que l'heureuse élue ait une connaissance préalable de la sexualité, voire pire encore, qu'elle y ait pris plaisir. Quelle signification un mari donnerait-il à cela ? Non, il doit penser que les seules femmes qui aiment le sexe sont celles des classes inférieures, à qui on ne demande sans doute pas d'être aussi pures quand elles finissent par se marier. Ou peut-être s'attend-on à ce qu'elles le soient mais que ceux qui les emploient comme domestiques se permettent de les harceler sexuellement dès que l'envie leur en prend, en toute impunité, cela va sans dire.

Après tout, j'évolue dans un monde où une employée enceinte doit quitter son travail dans la honte et où les patrons sont loin d'être tous assez gentils pour les renvoyer avec une référence, comme Mary l'a fait pour sa domestique. J'ai atterri dans une société absolument écœurante et hypocrite, une véritable prison pour les femmes de toutes les classes, et plus tôt je sortirai d'ici, mieux je me porterai. Tout ce que j'ai à faire, comme l'a dit la voyante, c'est d'être là où je suis. Ah, ça ! C'est à peu près aussi clair que les eaux infestées de germes de Bath.

— Jane, m'écoutez-vous ?

Mary s'est arrêtée et me dévisage.

Nous nous trouvons au milieu de la vaste esplanade gazonnée du Royal Crescent. J'étais si absorbée par mes pensées que je ne sais même pas comment nous sommes arrivées ici.

— Quoi ?

— Promettez-vous de démentir les accusations de Susan si elle devait décider, Dieu nous en préserve, de les colporter ?

— Oui, oui. Pouvons-nous parler d'autre chose, s'il vous plaît ?

— Merci.

Nous arrivons devant la maison de Stevens dans le Crescent, où séjourne Edgeworth. Mary est calme, du moins en apparence, alors qu'elle frappe un petit coup à la porte. Je ressens, quant à moi, une sorte d'indifférence qui me donne des ailes.

Nous sommes invitées à entrer dans le salon recouvert d'une épaisse moquette où nous rejoignent Edgeworth et Stevens. Le visage de ce dernier s'illumine alors qu'il salue mon amie en bredouillant qu'il est désolé de ne pas pouvoir nous présenter sa mère et ses sœurs. Edgeworth déclare que Bath va être bien triste après notre départ et ajoute qu'il espère être en mesure de rejoindre bientôt sa sœur à la campagne. Mary se confond en encouragements enthousiastes tout en précisant que nous n'allons passer que quelques jours à Londres. Je les regarde jouer la comédie sans rien dire. Pouvons-nous en finir avec ces adieux interminables et prendre la route ?

Pourtant, alors que je suis assise en silence sur le canapé vert pâle du salon en attendant qu'on nous apporte le thé, je prends de plus en plus de recul en écoutant Mary, Stevens et Edgeworth échanger les banalités qui font office de conversation dans ce monde, et je ne vois rien de profond dans les paroles de mon prétendant ; seulement le fait qu'il est l'homme parfait de sa classe et de son époque, élevé pour avoir une haute opinion de lui-même et bien moins des femmes, en dépit de ses airs de gentleman galant et respectueux. Tout cela n'est qu'un stratagème savamment conçu dans le but d'attirer les femmes dans les filets du mariage, de leur voler toute indépendance financière et d'en faire des pondeuses confinées dans de luxueuses cellules capitonnées pour y élever les héritiers de la fortune familiale.

Pour la première fois, je me sens immunisée contre Edgeworth ; son visage et sa silhouette sont agréables à regarder, mais il n'y a rien d'intéressant derrière ce masque. Je retrouve soudain l'appétit et considère le bol en argent rempli de fruits de saison que le domestique de Stevens nous a apporté. Une prune fera l'affaire. Je vais grignoter, boire et parler à voix basse comme les autres, et regarder Edgeworth dans les yeux sans éprouver la moindre gêne.

Ce dernier est de toute évidence troublé par mon silence détaché, surtout maintenant que sa sœur l'approuve complètement. Il tente de m'arracher quelques mots mais y renonce au bout de quelques minutes. Mary me laisse tranquille ; j'imagine qu'elle est soulagée de ne pas me voir évoquer mes rendez-vous sans chaperon avec des jeunes hommes célibataires des classes inférieures ou crier à la ronde des mots tels que « putain ». Sans doute interprète-t-elle ce silence comme une méditation intérieure sur mes écarts de conduite. Et elle a raison. Jamais une femme n'a été aussi consciente de ses erreurs que je le suis en ce moment.

Durant cette visite, je me régale en observant les signes évidents du béguin de Stevens pour Mary. Il se met à bégayer et à rougir dès qu'il lui adresse la parole, ce dont mon amie semble être totalement inconsciente.

Une fois notre thé terminé, je rappelle à cette dernière que nous avons encore beaucoup à faire avant de quitter Bath et elle accepte de prendre congé. Alors que nous nous préparons à partir, Edgeworth me serre la main avec fermeté, puis la recouvre de son autre main pendant un bref instant. Il plonge alors ses yeux dans les miens, une expression grave sur le visage, et nous restons tous deux immobiles jusqu'à ce que je finisse par détourner les yeux, mon cœur battant à tout rompre. Qu'il aille au diable.

Chapitre 30

Après avoir été bringuebalée dans la calèche de Mary pendant Dieu sait combien d'heures, j'ai les os en compote. Dormir me paraît impossible, mais j'essaie quand même. J'ouvre les yeux en sentant le véhicule ralentir et je me réjouis à la vue d'une auberge de bord de route. La cheminée fumante et les fenêtres éclairées par des bougies confèrent au lieu une atmosphère accueillante. Alors que je sors de l'habitacle, je sens mon corps raide et meurtri et me dirige en boitillant vers la porte, anticipant déjà le plaisir d'une confortable pause loin des rigueurs de la route.

Je comprends que j'ai tort lorsque je pénètre dans la salle à manger de l'auberge, où quelques clients débraillés engloutissent d'un air absent les morceaux suintants de graisse d'un mystérieux ragoût. Je regarde avec fascination une créature maigre et déguenillée se diriger vers leur table en tenant une assiette de nourriture fumante dans une main et en grattant frénétiquement sa touffe de cheveux filasses de l'autre. Je sais que si je reste ici une seconde de plus, la puanteur de toute cette graisse solidifiée va me rester dans le nez pendant des semaines, mais je suis comme hypnotisée par ce spectacle.

Ça ne peut pas être le lieu où nous allons passer la nuit. Je n'ose pas imaginer l'état de la literie. Même dans mon monde moderne aseptisé, je déteste toucher les couvre-lits dans les hôtels car je sais qu'ils ne sont pas lavés tous les jours. La première chose que je fais quand j'entre dans une chambre d'hôtel est donc de retirer le couvre-lit et de le mettre en boule dans un coin avant de me désinfecter généreusement les mains à l'aide de la petite bouteille de gel antibactérien que j'emporte partout avec moi. Si seulement je l'avais maintenant ! Les rares personnes qui ont été témoins de ce rituel m'ont qualifiée de phobique de la contamination. Tant pis. J'ai regardé trop de documentaires sur les « univers cachés » – ceux décrivant les colonies de bestioles microscopiques vivant sur notre peau et dans nos maisons – pour abandonner cette manie.

— Jane ? Y a-t-il un problème ?

La voix douce et rauque de Mary me tire brusquement de la spirale infernale de mes pensées.

— Mary, cet endroit est insalubre. Pensez-vous que nous pourrions simplement nous reposer une demi-heure avant de reprendre la route ?

Mon amie me tapote la main d'un air rassurant.

— Ne vous inquiétez pas. C'est un désagrément, certes, mais nous allons faire au mieux. Hortense nous a réservé un salon privé pour le dîner et elle va veiller à ce qu'on nous donne les meilleures chambres de l'auberge. Vous y serez douillettement installée, je vous le promets. J'ai d'ailleurs emporté mes propres draps afin d'assurer notre confort. Je ne voyage jamais sans, étant moi-même quelqu'un d'assez pointilleux.

Je suis sur le point de plaider davantage ma cause quand Mary éternue. Je sais que si j'insiste, elle finira par céder, mais je ne veux pas risquer d'aggraver son rhume alors qu'il est presque terminé. Je me résigne donc à l'idée de passer une nuit au paradis des microbes.

Le salon privé est effectivement plus propre ; l'odeur de ranci y est moins forte que dans la salle à manger, et au lieu du sosie de Frankenstein, nous avons droit à une bonne d'apparence correcte qui ne se gratte pas une seule fois la tête. Le poulet rôti qu'elle pose sur la table a une odeur alléchante et semble comestible, mais je n'arrive pas à me résoudre à en avaler une bouchée, cela en dépit des gargouillements de mon estomac, des encouragements de Mary et du regard de travers que me lance Mrs Smith, qui mange avec appétit. Je finis par me rabattre sur un morceau de pain et une pomme de terre bouillie. Je les examine minutieusement avant de réciter une prière silencieuse et de les faire descendre avec un grand verre de vin, comptant sur les propriétés à la fois désinfectantes et tranquillisantes de ce breuvage.

Cette nuit-là, Mary et moi partageons le même lit, que Hortense a refait avec nos draps propres. Malgré cette précaution, je passe une nuit épouvantable, me réveillant ce qui me semble être toutes les dix minutes, terrorisée par la pensée que des créatures bien plus horribles que les insectes et les microbes puissent profiter de ma baisse de vigilance pour se glisser dans mon lit (mes fantasmes s'étant entre-temps focalisés sur les rongeurs, avec au premier plan les yeux fixes du rat pris au piège dans l'atelier de Mr Mansfield), et quelque peu irritée par les légers ronflements de Hortense endormie par terre, emmitouflée dans des couvertures.

Sans surprise, ma voisine de lit dort comme un bébé ; ma chère Mary, qui est capable de manger du poulet contaminé à la salmonellose et de se baigner dans de l'eau de typhus en n'attrapant rien de plus qu'un rhume. Je suppose que le fait d'être née et d'avoir grandi à cette époque permet de développer un système immunitaire vigoureux. Je réalise soudain que le corps de Jane est habitué à ce genre d'agressions, contrairement à mon corps du XXIe siècle soumis à un lavage quotidien et à des traitements antibiotiques. Mais il me suffit de repenser à tout ce que j'ai lu sur l'espérance de vie et le taux de mortalité infantile des siècles passés pour retomber dans un nouveau cycle d'insomnie.

Quand je m'éveille de ma dernière sieste de dix minutes, Mary est déjà habillée et descendue. Hortense m'invite à faire ma toilette matinale avec l'eau « fraîche » qu'elle vient de verser dans la bassine. La chambre a l'air encore plus misérable à la lumière du jour, les traces du passage de milliers de voyageurs fatigués n'étant plus camouflées à la lumière des bougies. Pire encore, la bassine présente un anneau de crasse que ni Hortense ni Mary n'ont dû remarquer étant donné qu'il est impossible que le cou immaculé de mon amie ait laissé une telle marque derrière lui. Je n'ai pas le cœur de demander à la bonne de descendre la bassine pour la faire nettoyer (ou de le faire elle-même) si bien que je me contente de m'asperger le visage avec un peu d'eau, de me laver – si on peut dire – les dents avec la poudre à récurer qui fait office de dentifrice et de la laisser passer mes membres fatigués dans ma robe tandis que je me prépare psychologiquement au spectacle nauséabond qui m'attend en bas.

J'ai la présence d'esprit de détourner les yeux quand je passe devant la salle à manger pour me rendre dans notre salon privé, mais mon nez est assailli par l'odeur infecte de la mauvaise chère servie dans ce lieu. Le fait que j'utilise à présent des termes tels que « mauvaise chère » est en soi assez perturbant. Pire encore, je frôle les épaules du serveur répugnant de la veille. Il dégage une puanteur épouvantable et malgré les efforts de Mary pour me persuader de manger quelque chose, je reste obsédée par l'idée qu'il a peut-être touché certains des mets disposés sur la table. J'ai une faim de loup mais je décide que je n'avalerai rien d'autre que du thé. Je dois user de tous mes arguments pour convaincre mon amie que ce jeûne n'est pas le signe d'une quelconque maladie.

Nous reprenons la route et, durant la majeure partie de la journée, les cahots de la calèche ne sont rien comparés aux démangeaisons que je dois à présent endurer. Une fois que j'ai commencé à me gratter, il m'est impossible de m'arrêter. Ce prurit doit pourtant être d'origine psychologique étant donné qu'aucune de mes trois compagnes de voyage ne présente de symptômes similaires. Bien que Mary me demande gentiment si je suis confortablement installée, il est clair qu'elle n'est pas le moins du monde inquiète d'être contaminée par ce que je pourrais avoir. Mrs Smith se contente de hausser ses fins sourcils tout en restant silencieuse, comme à son habitude, concentrée sur le livre qu'elle tient ouvert sur ses genoux. Hortense, toutefois, semble lutter contre l'envie de sauter de la calèche en marche chaque fois que je fais un mouvement vers elle.

Dieu merci, le manque de sommeil et de nourriture ont finalement raison de moi et je dors plusieurs heures d'affilée, me réveillant seulement lorsque nous arrivons à destination. Je sors en titubant de la calèche, les yeux encore embrumés et la bouche pâteuse, pour me retrouver devant la grande maison de ville où nous allons passer ces quelques prochains jours. C'est à peine si je jette un coup d'œil autour de moi pour voir à quoi ressemblent la demeure ou le Londres de Jane Austen. Je ne rêve que d'un lit douillet et d'un bon bain chaud et j'appréhende d'être présentée à une inconnue dans cet état d'épuisement et de saleté, sans parler du fait que je suis à peine capable de formuler une phrase cohérente. Je n'ai même plus la force de me gratter.

Dans le hall d'entrée, une femme séduisante d'une cinquantaine d'années arborant une coiffure et un chapeau raffinés se précipite vers nous dans un nuage de parfum de gardénia. Un détail me frappe immédiatement : elle porte du maquillage. Depuis mon arrivée dans ce monde, c'est presque la première femme que je vois avec de la poudre, du blush et ce qui semble être du rouge à lèvres, et certainement la première personne maquillée à qui l'on m'ait présentée.

Mary et Louisa s'embrassent et cette dernière fait des « oh » et des « ah » en appelant mon amie sa « sauveuse » et en se plaignant que ses derniers invités l'aient « cruellement abandonnée pour s'enfuir à la campagne ».

Je m'en fiche. Laissez-moi juste aller me coucher !

Mary me présente sa cousine en tant que lady Ashwell, mais avant que je puisse dire un mot, cette dernière s'exclame :

— Ma pauvre chérie, regardez-vous donc ! N'essayez pas de tricher avec moi. Dites-moi ce que vous souhaitez et je vous le donne sur-le-champ.

— Un bain. Et un lit.

— C'est comme si c'était fait, déclare-t-elle en allant sonner la cloche. Vous êtes vraiment jolie, vous savez ? Je peux le voir malgré votre mine fatiguée. Mon petit doigt me dit que mon destin est de trouver un époux à votre amie, glisse-t-elle alors à Mary. Qu'en dites-vous, Miss Mansfield ?

— Ne vous embêtez pas pour ça. Je suis parfaitement capable de fiche ma vie en l'air toute seule.

Louisa s'esclaffe.

— Cousine, je suis enchantée de constater que votre amie n'a pas les manières affectées d'une fille de la campagne. Je l'adore déjà.

— Pareil pour moi, commenté-je, ce qui la fait rire de plus belle.

Elle est vraiment bon public. Une domestique arrive enfin et me conduit d'un pas vif jusqu'à ma chambre où je me prélasse dans un délicieux bain chaud avant de me glisser dans le lit le plus douillet dans lequel j'aie jamais dormi.

— Jane ?

J'ouvre les yeux dans ce que je décide d'appeler à compter de cet instant la « suite nuptiale » : tout est recouvert de tissus vaporeux, des rideaux jusqu'aux tentures de lit, la seule touche de couleur dans la pièce étant la robe rose pâle de Mary qui est assise au bord de mon lit.

— Votre sourire me dit que vous avez dormi comme un loir.

Je m'étire en bâillant et hoche la tête. La sensation des draps propres sur ma peau est exquise. Et Mary sent la lavande.

— Nous n'avons pas eu le cœur de vous réveiller pour le souper hier soir, mais vous avez certainement faim à présent.

Et comment ! J'ai l'estomac dans les talons.

— Voulez-vous que je fasse monter Hortense pour vous aider à vous habiller, après quoi vous pourrez nous retrouver en bas dans la salle du petit déjeuner ?

J'acquiesce d'un signe de la tête, pleine de reconnaissance.

J'engloutis mon petit déjeuner sous le regard attentif de Louisa (elle refuse que je l'appelle « lady Ashwell », prétendant que cela la vieillit, et je lui en sais gré car j'aurais certainement fini par l'appeler « lady Ashley » par erreur).

À la lumière du jour, je constate que « maquillage » est un terme mal approprié pour décrire ce que Louisa a fait à son visage. Des espèces de points d'exclamation rouges ornent ses joues qui sont aussi blanches que celles d'un acteur de kabuki.

— Je reste admirative devant la beauté naturelle de votre amie, déclare-t-elle à l'intention de Mary. Et quel appétit ! Il faut dire que la plupart des femmes mangent comme des moineaux en société.

Cela sortant de la bouche d'une femme qui n'a cessé de taquiner un morceau de pain grillé du bout de sa fourchette sans en manger une seule miette.

Alors que je pose mes couverts pour reprendre mon souffle, Mary et Louisa me demandent si le programme qu'elles ont prévu pour la journée me convient : du lèche-vitrines suivi d'un concert dans la demeure d'une certaine lady Charlton.

— Je suis désolée de ne rien avoir de plus palpitant à vous proposer en matière de divertissements, mais la capitale est peu animée en cette période de l'année, commente Louisa.

Je tapote mon estomac plein.

— Animée ou pas, Louisa, je suis prête à me mesurer à Londres.

Mon hôte éclate de rire.

— Vous savez, Mary, dit-elle en continuant à parler de moi comme si je n'étais pas là, je crois que votre amie pense vraiment ce qu'elle dit. Quelle charmante personne !

Je ne sais pas pourquoi, mais cette Louisa commence à me taper sur les nerfs. Peut-être parce qu'elle m'a déjà étiquetée « spécialiste des bons mots » alors que je lui ai à peine adressé la parole. D'un autre côté, qu'y a-t-il d'offensant à ce qu'on m'encourage à exprimer mon humour et mes pensées en plus de me trouver amusante ? J'ai peut-être la critique facile uniquement parce qu'elle ose porter du maquillage et moi pas, alors qu'elle ne sait pas l'appliquer harmonieusement et moi si. Mais je suis peut-être encore plus superficielle que ça. À dire vrai, l'effet plâtré du teint de Louisa n'est pas la seule chose qui la rend difficile à regarder. Ses dents sont brunâtres – un défaut qu'elle s'efforce de cacher derrière son éventail – et je devine que si elle a la main lourde sur la poudre, c'est pour tenter de camoufler ses cicatrices d'acné, en vain. Pourtant, si elle avait eu accès à la dentisterie et aux cosmétiques modernes, voire à un peeling chirurgical, cette femme aurait pu être belle.

J'en reviens donc à la question : pourquoi m'énerve-t-elle autant ? La seule réponse plausible est que je n'apprécie pas le fait qu'elle m'ait considérée d'office comme une curiosité divertissante. Je suis par ailleurs fâchée de constater que quelle que soit l'époque où je me trouve, il semble que tout le monde s'accorde à penser qu'une femme célibataire de trente ans doit se trouver un mari.

Mais par-dessus tout, je n'apprécie pas le fait que Louisa parle du mariage comme du Saint-Graal alors qu'elle-même peine à se montrer aimable envers son propre mari – un homme rondouillard d'une soixantaine d'années qui passe la tête par la porte de la salle du petit déjeuner pour me lancer un chaleureux « bonjour » et me souhaiter la bienvenue sous son toit – et je n'apprécie pas non plus le fait qu'elle lève les yeux au ciel dès l'instant où il nous tourne le dos.

Une autre chose m'agace : je n'arrête pas de me demander ce qu'Edgeworth fait et s'il pense à moi. Mais ça finira bien par passer.

Nous sortons peu après le petit déjeuner. Dans la rue, les distractions ne manquent pas : j'y observe la foule la plus fascinante qu'il m'ait jamais été donné de voir et j'assiste à mon tout premier embouteillage de calèches. Londres offre un paysage de contrastes sensoriels : un coin de ciel bleu perçant le brouillard grisâtre créé par un million de feux de charbon (et moi qui pensais que le smog du XXIe siècle était un fléau), les cris des vendeurs de rue et le martèlement rythmé des sabots sur les pavés, l'air parfumé des boutiques et la puanteur du crottin de cheval sur la chaussée, ou encore les gamins pieds nus au visage crasseux quémandant quelques pièces à des dames vêtues de gants et de robes immaculées.

Nous passons un temps fou dans les boutiques ; Louisa s'est donné pour mission de dépenser jusqu'au dernier sou de son mari (selon ses propres mots, pas les miens), et elle nous entraîne Mary et moi dans son sillage. Cependant, au bout de quelques heures de consommation ostentatoire, la nouveauté de ce qui m'entoure commence à perdre de son charme. Comme tout le monde, j'aime faire les magasins, mais à petites doses. Ici, il y a trop de tissus et pas assez de vêtements, et de toute manière, à quoi bon passer en revue les chapeaux exposés alors que je les déteste tous ? Je préférerais de loin observer les gens qui entrent et qui sortent des boutiques plutôt que de faire semblant de m'intéresser aux articles. Même l'enthousiasme indéfectible de Mary commence à m'énerver. Alors que nous visitons un énième magasin et que je regarde des produits dont je me fiche éperdument, je décide qu'il est temps d'y mettre un terme. Je suis sur le point de suggérer subtilement qu'il serait peut-être bon de penser à rentrer à la maison afin de ménager la santé de Mary, quand quelque chose m'arrête dans mon élan.

C'est un vendeur qui s'adresse à une cliente.

— Miss Austen ? Voilà pour vous. Je l'ai bien enveloppée, comme vous me l'avez demandé. Je vous remercie, mademoiselle. Bonne journée à vous.

Je fais volte-face et vois le vendeur sourire à une femme qui sort du magasin. Est-il possible que ce soit *la* Miss Austen ?

— Mary, je reviens tout de suite.

— Tout va bien ? me demande-t-elle alors que je me précipite vers la porte.

Une fois dehors, je me lance à la poursuite de la silhouette qui s'éloigne d'un pas rapide, sûre de rien si ce n'est que je dois absolument voir à quoi elle ressemble.

Chapitre 31

Je sens une bouffée d'adrénaline m'envahir. Si cette femme est bien celle que je pense – de dos, l'âge semble correspondre et j'ai cru apercevoir une mèche de cheveux bruns quand elle est sortie du magasin – alors il y a de bonnes chances pour que je m'évanouisse devant elle. Ce n'est pas une célébrité comme les autres, et de toute façon, vivant à L.A., j'ai eu mon compte de vedettes en tous genres. Ce n'est même pas une personne au sens normal du terme. Les stars sont tellement adulées qu'on en oublierait presque que ce sont des gens ordinaires qui font du sein nu sur la plage ou saccagent leur chambre d'hôtel après une cure de désintoxication. Mais pas elle : ce n'est pas une personne dans ce sens-là du terme. C'est une légende, une icône, un objet de spéculation pour tous ceux qui ont fait de sa vie leur passion et mis son travail au cœur de leur existence.

Elle est également décédée depuis près de deux siècles.

C'est impossible, je dois être en train de rêver. Plus encore que l'aspect complètement irréaliste de tout ce qui m'arrive, ce qui se passe maintenant ne peut être qu'un rêve.

Je suis presque arrivée à sa hauteur. *Je vous en prie, faites que ce soit elle* !

— Excusez-moi, êtes-vous Miss Austen ? Miss Jane Austen ?

Elle s'arrête et se retourne. Je me retrouve nez à nez avec une trentenaire au charme discret dotée de grands yeux noisette, de sourcils sombres bien dessinés et d'un visage au hâle doré, ce qui est particulièrement inhabituel ici. Quelques boucles brunes se sont échappées d'un de ces bonnets de matrone peu flatteurs qu'elle semble trop jeune pour porter, lui-même surmonté d'un chapeau de couleur crème attaché sous le menton avec un ruban vert clair. Elle n'est pas d'une beauté extraordinaire, mais bien plus jolie que le portrait d'elle aux yeux globuleux qui est imprimé au dos d'un de mes livres.

Elle change ses paquets de main et pose sur moi de grands yeux confiants.

— C'est moi. Nous connaissons-nous ?

Sa voix est claire et douce.

Oh mon Dieu ! C'est vraiment Jane Austen. Mes genoux se transforment en gelée et je parviens à lui adresser la parole en empêchant ma voix de trembler :

— Non, mais permettez-moi de me présenter. Je m'appelle Jane… enfin, Miss Mansfield. J'ai sans le vouloir entendu le marchand s'adresser à vous, et…

Je sens sa méfiance s'éveiller tandis qu'elle me jauge du regard. À la lumière vive du soleil, je remarque qu'elle a les yeux écartés et que leurs iris sont davantage dorés que marron. Elle attend que je parle, ne faisant rien pour dissiper ma gêne.

Je me sens fébrile.

— Je sais que cela va vous paraître insensé, car personne n'est censé le savoir, mais je suis une immense fan de vos romans.

Elle hausse les sourcils un instant, puis reprend une expression neutre en continuant à me dévisager.

— Je ne comprends pas ce que vous entendez par « fan », et je crains par ailleurs que vous ne m'ayez prise pour quelqu'un d'autre. Bonne journée.

Et sur ces mots, elle commence à s'éloigner d'un pas vif.

— S'il vous plaît ! crié-je en lui emboîtant le pas.

Elle poursuit son chemin au même rythme et je me vois contrainte de trottiner à son côté.

— Vous m'avez confondue avec une autre, répète-t-elle d'une voix ferme, sans me regarder ni ralentir l'allure.

— Mais je connais votre travail. *Raison et Sentiments. Orgueil et Préjugés. Mansfield Park*...

Elle s'immobilise en entendant cela et se tourne vers moi, les yeux ronds d'étonnement.

Je vois passer une multitude d'émotions sur son visage : d'abord la peur, puis l'incrédulité, et enfin un air de défi.

— Que savez-vous de *Mansfield Park* ?

— Je l'ai lu.

— C'est impossible.

— Chaque mot.

— Il n'a même pas été publié.

— Il le sera.

Son visage change encore d'expression, comme si elle faisait un calcul mental. Elle plisse les yeux.

— Vous êtes une amie de Henry, n'est-ce pas ?

— Non. Je veux seulement que vous sachiez que je suis honorée de vous rencontrer, quel privilège cela représente à mes yeux et combien vos livres ont été importants pour moi, et le seront toujours.

Ses traits se détendent presque imperceptiblement à ces mots et elle incline légèrement la tête.

— J'aimerais pouvoir vous remercier du compliment, mais je suis certaine qu'il est destiné à quelqu'un d'autre.

— Et si je vous disais que vous perdez votre temps à essayer de rester anonyme ? Que dans deux cents ans, des millions de gens auront lu vos romans et que bien davantage connaîtront votre nom comme étant celui de l'auteure de ces romans ? Imaginez un peu : des millions de femmes vont rêver de vivre la vie de vos héroïnes et de rencontrer des héros aussi beaux qu'Edward Ferrars.

À ce moment-là, elle éclate d'un rire fort et profond.

— Edward Ferrars ? Beau ? Êtes-vous certaine d'avoir lu les romans que vous prétendez que j'ai écrits ?

— J'ai aussi vu les films.

— Les films ?

— Vos héros ne sont peut-être pas si beaux que ça dans vos romans, mais ils le sont en revanche dans les films. Sinon, comment vendrait-on des tickets ?

Elle reprend son air sérieux et me toise de nouveau du regard.

— De quoi parlez-vous, Miss… Mansfield, c'est bien cela ? Ou bien votre nom est-il également une plaisanterie ?

— Je suis désolée. C'était idiot de ma part.

Elle cale ses paquets contre sa hanche.

— Je suis en train de converser avec une inconnue au beau milieu de la rue. Le moins que je puisse attendre est de connaître le nom de la personne à qui je m'adresse.

— Ce n'est pas ce que je voulais dire, enfin… Jane Mansfield n'est pas mon vrai nom, mais ce n'est pas pour cette raison que je me suis présentée ainsi. Ou plutôt *c'est* mon vrai nom, du moins c'est ce que tout le monde soutient ; tout le monde ici, je veux dire. Mais peu importe. Ce que je voulais dire, et je sais que cela va vous paraître étrange, c'est qu'un jour, les gens vont aller au théâtre, sauf qu'au lieu de voir des comédiens jouer sur une scène, ils les verront bouger et parler sur un écran comme s'ils étaient de vraies personnes, même s'ils ne sont pas vraiment là. Ce qu'ils verront sur cet écran ne sera qu'une image sans relief mais très réaliste de ces comédiens.

Elle semble à présent consternée.

— C'est une forme de divertissement inoffensive. Je suis sûre que cela vous plairait, ajouté-je en désespoir de cause.

Sans m'en rendre compte, je l'ai presque acculée à un mur et je la vois rouler des yeux affolés, cherchant sans doute un moyen de s'échapper.

— Bref, je voulais juste vous expliquer que ceux qui ont adapté vos livres au grand écran ont décidé que leurs héros devaient être beaux. Et qu'il y aurait une scène d'amour à la fin, vous savez, avec un baiser et une vraie demande en mariage, même si vous avez laissé ce genre de choses à l'imagination du lecteur. Mais c'est ainsi que sont faits les films. Rien n'est laissé à l'imagination. Quand vous lisez un livre, vous vous représentez dans votre tête les personnages et les scènes. Ce n'est pas le cas dans un film. Soit c'est sur l'écran devant vous, soit ce n'est pas là du tout. Et on ne peut pas reprocher aux gens d'être friands de baisers romantiques et de héros séduisants. Sans cela, ils se sentiraient un peu volés. Mais ne vous méprenez pas : j'adore vos livres, même si parfois je me sens moi aussi un peu frustrée d'être privée de ces scènes de demande en mariage.

Elle me dévisage longuement, comme si elle tentait de trouver un sens à ces absurdités. De toute évidence, celui qu'elle y trouve n'est pas à son goût. Elle se redresse soudain et me lance un regard froid comme l'acier.

— Veuillez m'excuser, dit-elle. Je dois partir.

Je fais un pas de côté, n'osant pas la retenir contre son gré. Mais alors que je la regarde s'éloigner, je songe que je ne peux tout simplement pas la laisser partir sur ces dernières paroles blessantes – si toutefois elle devait s'abaisser à se sentir blessée par les paroles d'une inconnue. Qui suis-je pour offenser la plus grande romancière de tous les temps ?

Je la rattrape au pas de course. Elle pousse un soupir exaspéré mais poursuit son chemin en gardant les yeux fixés droit devant elle. Je n'arrive pas à croire que je suis en train de harceler Jane Austen.

— Pardonnez-moi, Miss Austen. Je n'avais aucun droit de dire quoi que ce soit qui pourrait être interprété comme une critique, même minime, de votre travail. Non pas que ce que je pense vous importe. Vous croyez probablement que je suis folle, en plus d'être malpolie et agaçante. Mais je ne le suis pas. Folle, je veux dire.

J'entends ce qui semble être un rire étouffé, mais son visage est toujours détourné, dissimulé par son chapeau.

— Je voulais juste que vous sachiez qu'un jour, vous serez célèbre au-delà de toutes vos espérances. Vénérée, même. Des intellectuels écriront des livres dédiés à votre travail. Des biographes se pencheront sur chaque détail de votre vie. Tout ce qui aura été écrit de votre plume sera dévoré par une foule de fervents admirateurs. Et malgré cela, ils en voudront davantage.

Elle s'arrête et me gratifie du genre de sourire que les gens font aux enfants… quand ils n'aiment pas les enfants.

— Miss Mansfield, ou peu importe quel est votre nom. Je crains que vous ne lisiez trop de romans. Vous devriez penser à adopter une prose moins fantaisiste dans vos études quotidiennes.

Et sur ces mots, elle s'en va.

Je reste figée et la suis du regard jusqu'à ce qu'elle disparaisse à l'angle de la rue, sans oser la suivre.

Je ne sais pas comment je parviens à retrouver la boutique où j'ai laissé Mary et Louisa. J'ai parcouru tant de chemin et je suis si confuse que si elles n'avaient pas eu la présence d'esprit de m'attendre à l'extérieur du magasin, je ne sais pas jusqu'où je serais allée. Je songe que je ne connais même pas l'adresse de mon hôte. Mais les voilà enfin. Je fais de mon mieux pour les convaincre qu'il n'y a aucune raison de s'inquiéter, expliquant que j'avais besoin de prendre l'air et que je me suis laissé distraire par toutes ces boutiques, ce que Louisa, en bonne reine du shopping, interprète comme une preuve supplémentaire de ma valeur. Mary, quant à elle, ne semble pas dupe.

Nous disposons de quelques heures pour nous préparer au dîner et à la soirée, et j'en profite pour savourer un moment de tranquillité dans l'ambiance immaculée de la suite nuptiale. Je viens de rencontrer ma romancière défunte préférée, et vivante, par-dessus le marché ! Hélas, je l'ai très certainement laissée avec l'envie de demander une injonction d'éloignement à mon encontre, ou du moins son équivalent au XIXe siècle. J'aurais mieux fait de tenir ma langue. À bien y réfléchir, pourquoi n'ai-je pas vu cette rencontre comme un moyen de sortir de ce fichu voyage temporel ? Comment ai-je pu ne pas voir qu'elle pourrait constituer la clé de mon retour à ma vraie vie ? Après tout, c'est le lien le plus évident entre les deux époques. Mon addiction à Jane Austen est si forte que, non contente d'atterrir dans ce qui pourrait être le cadre d'une de ses histoires, je rencontre également la romancière en personne. Il est impossible que ce soit le simple fruit du hasard. C'est forcément la clé du mystère. Et moi je ne trouve rien de mieux à faire que de gâcher cette précieuse chance. Je commence alors à méditer sur le pour et le contre de l'adaptation cinématographique des chefs-d'œuvre de la littérature, pas seulement pour l'auteure des chefs-d'œuvre en question, mais pour l'auteure qui n'a jamais donné son consentement à ces réalisateurs du futur qui assassinent son travail, et qui ne peut interpréter notre conversation que par le fait qu'elle a eu la malchance de tomber sur une folle persuadée de connaître le futur.

Une fois rentrée chez elle, elle a probablement rangé cet incident dans un coin de sa tête. À moins que je ne lui aie vraiment donné la peur de sa vie. Je ne voulais pas l'effrayer, mais qui sait ? Elle va peut-être envisager la possibilité que ce que je lui ai raconté soit vrai. Et si le temps est aussi fluide que l'affirme la voyante, cela signifie que l'avenir est ouvert à tous les possibles. Si ça se trouve, les divagations de cette folle vont pousser ma romancière préférée à faire des choix différents. Elle va peut-être commencer à s'attribuer le mérite de ses livres ou à fréquenter davantage les cercles littéraires, changeant ainsi le cours de sa vie. Il se pourrait qu'elle rencontre un type vraiment intéressant, qui apprécie à leur juste valeur ses talents d'écrivain et la considère comme son égale et non pas comme un utérus sur pattes. Il l'épousera, et qui sait ensuite combien d'autres romans elle écrira ? Je ne serai peut-être plus limitée à six quand je réintégrerai mon époque. Et de cette façon, ma rencontre avec Jane Austen pourrait en fin de compte s'avérer utile, à défaut de m'avoir donné la solution pour rentrer chez moi.

Certes, il est peu probable que le fait de se marier la prémunisse contre la maladie qui a fini par l'emporter, mais après tout, l'amour peut accomplir bien des miracles, non ? D'un autre côté, qu'adviendrait-il si elle s'épanouissait tellement dans son rôle de femme mariée (ou qu'elle soit si fatiguée d'élever ses enfants) qu'elle cessait d'écrire et que je devais réintégrer un futur où ses romans qui n'ont pas encore été publiés ne le seront jamais ? Suis-je prête à sacrifier mes plaisirs littéraires au profit de l'épanouissement personnel de ma romancière fétiche ?

Je dois arrêter de m'empoisonner l'esprit avec ces pensées surréalistes. La romancière anonyme restera toujours la romancière anonyme, et le souvenir de la prophétesse timbrée rencontrée dans la rue finira par s'estomper. « *Cessez de lutter contre votre destin* », comme l'a dit la voyante. « *Comme chacun d'entre nous, vous avez un destin à accomplir.* » Avec son regard pénétrant, sa volonté de fer et sa voix douce comme le miel qui serait capable de m'anéantir si elle le désirait, Jane Austen semblait bien déterminée à accomplir son destin, et rien, ni certainement pas moi, ne l'en empêcherait.

Le futur est-il gravé dans la pierre, aussi déprimant que cela puisse paraître ? Ne possédons-nous pas un libre arbitre en plus d'un destin ? Jane Austen ne peut-elle pas exercer le sien tout en accomplissant son destin ? Ne puis-je pas retrouver mon époque et vivre dans un monde où elle aurait bien écrit ses six romans – voire plus – *et* serait morte dans les bras de son bien-aimé ? Ne puis-je pas utiliser mon propre libre arbitre pour accomplir mon destin ici et quand même retourner à l'endroit où je suis censée être ? Cela signifie-t-il que je vais changer mon avenir et réintégrer une réalité où ma vie et mon passé ne seront plus les mêmes ? Et si c'est le cas, en aurai-je seulement conscience ? Mon esprit recommence à jouer les contorsionnistes et le carillon de la grosse horloge de l'entrée me rappelle qu'il faut que j'arrête de ruminer sur ma destinée et mon avenir et que je me prépare à cette fameuse soirée en compagnie de mes hôtes.

C'est une bonne chose que Mary ait envoyé Hortense à ma rescousse : si elle ne l'avait pas fait, je serais sans doute descendue dîner avec une robe à moitié boutonnée, voire pas de robe du tout. Préoccupée comme je le suis, les soucis du quotidien tels que l'habillement me semblent n'être qu'une énorme perte de temps. À table, je ne prends pas vraiment part à la conversation mais je bois bien plus que d'habitude grâce au mari de Louisa, sir William, qui se joint à nous pour le dîner et veille à ce que mon verre soit constamment plein. Je n'arrive toujours pas à comprendre ce que Louisa trouve de si répugnant chez lui ; certes, il est grassouillet et son visage luit, mais ses yeux sont doux et il a de belles dents, une qualité à ne pas sous-estimer. Et surtout, il se montre attentionné et courtois envers elle. Cela dit, qui peut dire quelle sorte de rapports ils entretiennent quand ils n'ont pas d'invités ?

Lorsque nous nous mettons en route pour la propriété de lady Charlton, je suis quelque peu éméchée, ce qui a l'avantage de dissiper l'anxiété que j'éprouve habituellement quand je suis reçue chez des inconnus où l'on attend de moi que je participe à la conversation alors que tout ce dont j'ai envie, en dépit de la familiarité de ces rassemblements dans mon monde moderne, c'est d'aller me cacher dans un coin et de ne plus en bouger. Ce soir, toutefois, mes pensées sont monopolisées par la question de la juxtaposition du destin et du libre arbitre ainsi que par celle de savoir si mes actes ont ou non une influence sur l'avenir.

Chapitre 32

— Je suis ravie que vous ayez pu venir à ma petite soirée, Miss Mansfield, s'exclame lady Charlton, une femme corpulente vêtue d'une robe en soie aubergine et parée de nombreux bijoux.

« Petite » ? Les quelque deux cents invités sont comme engloutis par les dimensions colossales de sa maison – ou plutôt de son hôtel particulier – et un coup d'œil par les grandes portes-fenêtres me révèle de vastes jardins éclairés par des flambeaux dans lesquels flânent quelques groupes de promeneurs. Si Londres est ainsi quand mon hôte trouve la ville « calme », je n'ose imaginer à quoi ressemble la période animée de l'année.

Louisa nous fait prendre place près d'une cheminée et me présente tant de gens que leurs visages finissent par se mélanger dans ma tête et que je renonce vite à essayer de retenir un seul nom.

Un détail m'interpelle, toutefois, c'est le standing de la fête. On est loin de l'ambiance guindée et maniérée des autres réceptions auxquelles j'ai assisté. Il y a plus de sourires et de regards éloquents échangés entre les hommes et les femmes, plus de jeux de séduction et moins de retenue que lors de tout ce dont j'ai été témoin jusqu'à présent. En outre, je repère plusieurs femmes portant ce qui est sans nul doute du rouge à lèvres, du fard à joues et de la poudre. Certaines savent même comment les appliquer. Elles ne sont pas assez nombreuses pour que mon pire cauchemar devienne réalité, mais assez pour me faire prendre davantage conscience de mon visage nu.

Entre cette atmosphère décontractée et le vin qui coule dans mes veines (les domestiques prenant soin de nous servir à boire dès notre arrivée), je suis bien plus encline à m'amuser et bien moins obsédée par mes réflexions sur le destin et le libre arbitre. Louisa me met également à l'aise en me demandant mon opinion sur toutes les personnes qui s'arrêtent pour nous parler, jubilant lorsque je me montre franche et insolente. Qu'est-ce que je pense du turban de lady Atwater ? Ou des talents de séducteur de sir Edward ? Quand je suggère que la coiffure de la première est assez volumineuse pour abriter une famille de six mais trop petite pour l'ego surdimensionné du deuxième, ses petits cris de ravissement ne font que m'inciter à persévérer dans mon rôle d'invitée pleine d'esprit.

Je remarque que mon autre compagne de la soirée n'a pas le cœur à rire et reste muette. Je lui jette un regard mais elle baisse promptement les yeux.

— Mary ?

Après s'être assurée que l'attention de Louisa est captée par une de ses amies, mon amie me glisse à voix basse :

— Jane, je dois vous avouer que je ne me sens pas vraiment à mon aise avec ces nouvelles fréquentations de ma cousine. J'observe beaucoup de choses ici que je n'ai pas coutume de voir dans une soirée entre gens respectables.

Comme pour venir appuyer ses propos, un homme à la stature imposante se tenant à quelques pas de nous et conversant avec un gringalet et une femme menue (dont le langage corporel semble indiquer qu'ils forment un couple) fait courir son index le long de la nuque de la dame, profitant d'un moment où son cavalier a le dos tourné. Je n'ose imaginer à quel point ce geste doit paraître déplacé aux yeux chastes de Mary.

Cette dernière me chuchote à l'oreille :

— Je me demande si ma cousine a conscience qu'elle pourrait mettre en péril sa réputation.

— Je suis sûre qu'il n'y a aucune raison de s'inquiéter.

Elle ne semble pas convaincue.

— Dieu merci, Mrs Smith ne nous a pas accompagnées.

Lorsque Louisa réclame de nouveau mon attention, Mary se replonge dans l'observation de ses mains gantées posées sur ses genoux.

— Miss Mansfield, me lance mon hôte, laissez-moi vous présenter quelqu'un qui va nous aider à égayer davantage notre soirée.

Mais cette fois-ci, au lieu d'une grosse matrone couverte de bijoux ou d'un candidat à la crise de la cinquantaine au pantalon aussi moulant qu'un boyau à saucisse, je me retrouve face à un élégant spécimen de la gent masculine doté de cheveux bruns et d'un regard bleu marine tirant sur le violet, qui me décoche un large sourire de play-boy. Il est accompagné d'une femme élancée aux traits délicats vêtue bien plus modestement que la plupart des autres invitées de la soirée – dont beaucoup ont dû découvrir la version XIXe siècle du soutien-gorge *push-up* si j'en juge par le monde qu'il y a au balcon. C'est probablement sa femme. Dommage.

Louisa me le présente en tant que Mr Andrew Emery, sa compagne étant sa cousine, Mrs Haverstock.

Je préfère ça.

Mais qu'est-ce qui me prend ?

Ma foi, un peu de distraction n'a jamais fait de mal à personne, si ?

— Voulez-vous savoir ce que cette charmante Miss Mansfield m'a dit à propos de plusieurs de nos connaissances ? demande mon hôte à Mr Emery avant de lui chuchoter des messes basses à l'oreille.

Il me jette un regard surpris avant d'éclater de rire. J'éprouve une soudaine envie de gifler Louisa pour m'avoir ainsi donnée en spectacle.

— C'est très culotté, ne trouvez-vous pas, Emery ?

— Très culotté, en effet, répond-il en remuant avec sensualité ses lèvres charnues et en dardant sur moi son regard indigo.

— Et vous n'avez pas tout entendu, poursuit-elle avant de se tourner vers moi. Permettez-vous que je fasse part à Mr Emery de vos vues sur le mariage ?

Elle essaie clairement de divertir son ami en m'embarrassant.

— Libre à vous.

— Très bien, se réjouit-elle en agitant son éventail. Emery, saviez-vous que lorsque j'ai fait remarquer à Miss Mansfield qu'elle devrait penser à trouver un bon parti et à se marier, elle m'a répondu qu'elle n'avait pas encore décidé si le mariage était, selon les termes d'un de ses amis, « une institution destinée à assujettir les femmes ». Avez-vous déjà entendu pareille chose ? Décidément, cette jeune et jolie amie de ma cousine est la plus amusante des compagnes. Je vous suis extrêmement reconnaissante de me l'avoir présentée, Mary.

Mon amie incline la tête poliment, mais je vois bien qu'elle est à l'agonie.

— Miss Mansfield, intervient soudain Mrs Haverstock, cela vous plairait-il de m'accompagner prendre l'air dans les jardins ? Sous réserve que votre amie n'y voie pas d'inconvénient, bien entendu.

— Allez-y, me souffle Mary, manifestement aussi soulagée que moi face à cette occasion de m'éloigner de sa cousine et de son ami.

Je me laisse guider hors de la pièce par cette Mrs Haverstock à l'allure respectable et au décolleté discret.

Alors que nous flânons dans les jardins qui se sont considérablement vidés depuis notre arrivée, il me semble que nous sommes les seules personnes à s'éloigner de la maison au lieu de s'en rapprocher. Je jette un regard par-dessus mon épaule et vois des valets de pied en livrée et perruque blanche ouvrir les portes-fenêtres aux derniers groupes de promeneurs. Mrs Haverstock répond à ma question muette.

— Je pense que le concert va commencer. Cela vous dérangerait-il terriblement de rester avec moi ? J'aime profiter de la douce ambiance de ces jardins, tout particulièrement quand ils sont déserts.

— Pas du tout.

Nous nous promenons en silence quelques instants, avec pour unique fond sonore le crissement du gravier sous nos pieds et les lointains échos de la musique et des rires en provenance de la maison. Il règne une atmosphère fraîche et parfumée dans le jardin mais mon esprit est tout à la scène que j'ai laissée à l'intérieur. En fin de compte, mon antipathie instinctive envers Louisa n'était pas totalement infondée. Elle qui me connaît à peine se sert de moi comme d'une intermédiaire pour insulter des gens qu'elle fréquente probablement depuis des années. Pourquoi aurait-elle laissé passer une occasion de me ridiculiser devant son séduisant ami, en dépit de son baratin sur la nécessité de me dégotter un mari ? Mais surtout, pourquoi devrais-je me soucier de savoir si mes paroles (enfin, celles de Frank, pour être exacte) ont pu paraître stupides aux oreilles de quelqu'un d'aussi insignifiant à mes yeux qu'Andrew Emery ?

Dans ce cas, pourquoi ai-je été si soulagée de quitter la pièce ? Sans doute à cause de la froideur de Louisa, qui m'a rappelé la façon dont elle traite son mari. J'ai tout simplement été surprise de la voir la diriger contre moi car j'avais, à tort, pris sa fascination passagère à mon égard pour une sincère admiration.

Je frissonne et resserre mon châle autour de mes épaules.

— Le fond de l'air est vraiment frais, fait observer Mrs Haverstock. Nous pourrions aller nous réchauffer un moment dans ce charmant pavillon d'été, qu'en pensez-vous ?

Nous sommes en train de passer devant une rangée de petites structures clôturées, chacune étant séparée de la suivante par des haies et des buissons décoratifs. Comme toutes les autres, celle qu'elle m'indique possède des fenêtres aux rideaux fermés, ce qui nous empêche de voir à l'intérieur.

Pourquoi pas ? Je pose une main sur le loquet de la porte, m'attendant vaguement à la trouver verrouillée, mais elle s'ouvre sans effort. En pénétrant à l'intérieur du pavillon faiblement éclairé par des bougies, je remarque des coussins luxueux disposés sur le sol et des draperies blanches vaporeuses ornant les murs et le plafond, donnant à cet espace exigu un petit air des *Mille et Une Nuits*.

— Voilà pour vous, déclare Mrs Haverstock en s'emparant d'une couverture en velours rouge foncé pour la poser sur mes épaules.

Elle l'attache et je constate que ce n'est pas une couverture, mais une cape.

— Emmitouflez-vous là-dedans. Et pourquoi ne pas vous asseoir une minute, le temps de vous réchauffer ?

— Et vous ? demandé-je, ma voix s'éteignant alors que la porte s'ouvre et que je vois Andrew Emery se faufiler à l'intérieur.

— Quelle agréable surprise ! s'exclame-t-il en s'inclinant devant nous.

Il se tourne alors vers Mrs Haverstock et je ne sais quelle sorte de regard ou de signal silencieux il lui lance, mais elle fait une révérence avant de sortir et de disparaître dans l'obscurité.

— Qu'est-ce qui se passe ici ?

Il pose un doigt sur ses lèvres et se glisse sans bruit vers la pile de coussins où je suis assise.

— Pourquoi est-elle partie ?

De nouveau, il ne répond pas. Au lieu de cela, il vient s'asseoir près de moi et prend ma main gantée.

— Cela vous dérange-t-il ? s'enquit-il tout en retirant habilement mon gant avant de porter ma main à ses lèvres.

Je pouffe de rire pour dissimuler mon trouble – cette façon d'enlever mon gant a un délicieux goût d'interdit et de transgression – et je retire ma main.

— Est-ce une plaisanterie de Louisa ?

Il hausse un sourcil.

— Votre amie, si je peux me permettre de l'appeler ainsi, ne sait rien de notre rendez-vous. Je n'irais jamais compromettre votre honneur.

— Oh, non, bien sûr que non ! Vous vous contentez de débarquer sans y avoir été invité à ce que vous appelez « un rendez-vous », après quoi vous renvoyez votre cousine afin d'être seul avec moi et… vous embrassez ma main ! (Les mots « retirez mon gant » refusent de sortir.) Rien de tout cela n'est considéré comme étant une attitude convenable. Je le tiens de bonne source. Que vont penser les invités de lady Charlton si Mrs Haverstock retourne seule à la maison ? Ou si j'y retourne seule ? Ou encore si on me trouve ici avec vous ?

Je m'aperçois que je ne plaisante même plus. Moi qui ai passé tant de nuits seule avec des hommes, bien moins vêtue que je ne le suis en ce moment ! Et pourtant, une partie de moi s'indigne face à l'audace de celui-ci.

— Vous pouvez avoir l'esprit tranquille. Mrs Haverstock ne rejoindra certainement pas seule la maison. Elle va nous attendre puis vous raccompagner à la fête. Quant au risque que nous soyons découverts…

Il se dirige vers la porte et la verrouille avant de s'incliner brièvement.

— Enfin, en ce qui concerne ce baisemain, j'espère que vous voudrez bien me pardonner. Je suis tout simplement étonné de rencontrer une femme qui ne cède pas à la tyrannie des conventions sociales. J'ai supposé que vous étiez aussi lasse que moi d'entretenir une conversation polie dans une pièce remplie d'inconnus. Ainsi j'ai saisi ma chance lorsque je vous ai vue entrer dans ce pavillon avec ma cousine.

Emery sort une petite flasque d'une poche intérieure de sa veste et deux timbales d'une autre poche.

— Que diriez-vous de boire à une honnête discussion entre amis ?

— Pourquoi pas ?

Ce qu'il dit n'est pas faux, et il semble par ailleurs tout à fait inoffensif. Après tout, il n'a fait que retirer l'un de mes gants.

Emery revient s'asseoir près de moi et me tend une petite timbale. Nous trinquons et j'avale une gorgée du liquide. Du moins j'essaie : cet alcool est si fort que je manque de m'étrangler. Je m'attendais à du vin, voire au vin coupé à l'eau que j'ai pris l'habitude de boire ici, mais ce que je viens de goûter s'apparente plus à du whisky, et un du genre particulièrement corsé.

— Excusez-moi, dit-il. Puis-je vous proposer autre chose ?

Je ris.

— Je doute fort que vous ayez un bar entier caché dans vos poches !

— J'ai bien une petite bouteille de bon vin que j'ai dérobée à la réception.

Il me prend mon verre des mains.

— Vous permettez ?

Il vide d'un trait son contenu puis débouche la bouteille et le remplit de nouveau.

Avec son léger goût de myrtille, ce vin rouge est délicieux. Tout en le sirotant, j'observe discrètement le visage du jeune homme éclairé par la douce lumière des bougies et je parviens à la conclusion qu'il ne va pas tenter de geste déplacé, surtout avec sa cousine qui nous attend dehors – même s'il faut bien avouer que le rôle qu'elle joue dans cette histoire est pour le moins obscur.

— Puis-je vous parler en toute franchise, Miss Mansfield ?

— Non, servez-moi plutôt vos mensonges.

Il sourit.

— Je comprends votre réaction. Vous n'êtes pas certaine de pouvoir vous fier à moi. Après tout, lady Ashwell m'a révélé en public vos confidences. Si une amie peut faire preuve de si peu de considération envers vous, comment pouvez-vous accorder du crédit à l'une de ses connaissances ?

Je lève mon verre de vin.

— Très juste.

Il a pourtant bien ri en entendant ces révélations.

— Tout ce que j'espère à présent, c'est que vous allez me laisser vous prouver que je suis digne de votre compagnie. Je n'ai que le plus grand respect pour votre personne.

— Si vous le dites.

Il remplit de nouveau ma coupe, puis la sienne, et nous buvons une minute en silence, écoutant les accords lointains des instruments à cordes, d'un piano et apparemment le chant d'un ténor.

Le vin diffuse une agréable chaleur dans mes veines et je m'adosse contre les coussins. Je me rappelle alors la présence de Mrs Haverstock.

— Ne croyez-vous pas que votre cousine va attraper froid à nous attendre dehors ?

— Je peux vous assurer qu'elle n'a pas plus froid qu'elle n'est en train d'attendre dehors, me chuchote Emery en passant une main dans mes cheveux, son souffle chaud venant chatouiller ma joue. Elle est en sécurité, poursuit-il en ponctuant ses mots de délicats baisers sur mon front et mes paupières. Et bien au chaud, tout comme nous.

Il effleure doucement ma bouche de ses lèvres et… au diable les convenances ! Je le laisse m'embrasser, la bouche ouverte, ma langue cherchant la sienne. Je retrouve cette sensation familière du désir décuplé et de la chaleur irrationnelle qui s'accompagne d'une analyse excessivement rationnelle. Cette excitation propre à la nouveauté et à l'inconnu : la nouveauté de cet homme et de la situation, le sentiment de triomphe à savoir qu'il me désire, à l'entendre respirer et à sentir son membre durcir alors qu'il se presse contre moi, et la question de savoir jusqu'où je vais oser m'aventurer dans cette terre encore inconnue. Vais-je le laisser retirer mes vêtements et si oui, lesquels ? Mais aussi, vais-je l'inviter dans mon lit, sera-t-il un bon amant, serai-je une bonne amante… ?

Une minute ! Je ne connais même pas cet homme. Non pas que ce genre de détail m'ait nécessairement arrêtée auparavant, avec le bon mélange de solitude et d'alcool.

Emery couvre mon cou de baisers et fait courir ses doigts le long de mon bras dénudé, déclenchant un frisson qui se propage jusqu'à mes orteils. Oui, je suis lasse de ce qui passe pour de la conversation polie dans une pièce remplie d'inconnus. Je suis lasse de céder à la tyrannie des conventions sociales. Je veux m'enivrer, faire l'amour et oublier tout ce que je suis censée faire ou être ou dire.

Emery glisse à présent une jambe entre les miennes, un mouvement préliminaire qui tire toutes mes sonnettes d'alarme relatives au contrôle des naissances et autres maladies sexuellement transmissibles. Hélas, il n'y a aucune salle de bains où me retirer pour insérer un diaphragme, pas plus qu'un tiroir dans lequel je pourrais trouver des préservatifs. Il est d'ailleurs hautement improbable que ce partenaire d'un soir en possède un stock dans une poche de pantalon, un portefeuille ou, dans le cas présent, une des poches intérieures de sa longue veste queue-de-pie.

Suis-je vraiment prête à avoir un rapport sexuel non protégé dans un monde où il n'y a ni antibiotiques, ni liberté de choix pour les femmes, ni hygiène corporelle adéquate ? Et avec un parfait inconnu, par-dessus le marché ?

Certainement pas !

— Euh, Andrew, marmonné-je en essayant de me dégager doucement.

— Dites encore mon nom.

Il s'affaire maintenant à remonter ma robe à l'aide de son genou.

Tant pis pour les manières douces.

— Andrew, arrêtez !

— Je vous demande pardon ?

— Arrêtez !

Je repousse son torse avec mes mains.

Il roule sur le côté tout en laissant une jambe reposer sur moi.

— Qu'y a-t-il, mon amour ?

— Nos actes pourraient avoir des conséquences que je ne suis pas prête à assumer.

— Vous aurez ma protection ainsi que tout le confort que vous souhaitez. Une maison en ville. Les plus beaux bijoux. Vos désirs seront des ordres.

Apparemment, certaines choses n'ont pas changé en deux siècles. Que ne raconterait pas un homme pour tirer son coup ? J'ai déjà tout entendu, du « j'ai vraiment hâte que tu rencontres ma mère » au « c'est la première fois que je dis ça à une fille », après quoi je peux m'estimer heureuse si je reçois un e-mail postcoïtal de courtoisie du genre « j'ai passé un bon moment avec toi », et ne parlons même pas d'une véritable relation.

Et maintenant il faudrait que je croie qu'Andrew Emery, que je connais depuis à peine plus d'une heure malgré ses efforts pour me marquer de son odeur, a l'intention de faire de moi sa maîtresse entretenue ? Cela à une époque où j'imagine qu'il faudrait une belle avance en liquide – voire un acte de propriété notarié – pour qu'une femme prenne ce genre de décision à sens unique. Même s'il était sincère, qui aurait envie d'une telle chose ? L'idée de devenir une machine à accoucher sans péridurale en échange du titre approuvé par l'État de « Mrs » à apposer à son nom est déjà peu réjouissante en soi. Mais être une « Miss » affublée d'une progéniture en nombre croissant et attendant que son homme se lasse des vergetures et des régurgitations ? Non merci.

Soudain, un détail me frappe. Peu importe dans quelle époque je me trouve ou de quelle façon je suis censée accomplir mon prétendu destin, je refuse de passer ma vie à m'endormir dans les bras d'hommes qui m'indiffèrent mais auxquels je m'accroche parce que l'autre issue est d'être seule, voire pire, d'être en couple avec un homme à qui je tiens alors même que je sais qu'il ne me donnera jamais ce que je veux vraiment. Je suis fatiguée de me contenter de deux corps étrangers se débattant maladroitement avec boutons et fermetures Éclair avant d'atteindre le point culminant éphémère du relâchement sexuel, tout ça pour le voir remplacé par l'inévitable gouffre abyssal dans lequel je retombe ensuite. Je ne veux pas me contenter de ce destin-là. Ni ici, ni nulle part ailleurs.

Et je comprends tout d'un coup le véritable sens du libre arbitre.

C'est à ce moment que je remarque qu'Andrew a saisi ma main et la déplace vers son pantalon ouvert laissant entrevoir le plus gros pénis que j'aie jamais vu. Un engin digne du *Livre Guinness des records*. Si je n'étais pas aussi sonnée que je le suis face à l'absurdité de la situation, je prendrais sans doute mes jambes à mon cou et sortirais d'ici en hurlant. Je me mets alors à rire. Et à rire encore. L'acte sexuel humain peut être vu sous un angle comique dans des circonstances optimales. Mais la situation présente est purement et simplement désopilante. Le vin n'est sûrement pas étranger à mon hilarité, mais quoi qu'il en soit, j'ai du mal à défroisser le bas de ma robe tellement je suis pliée en deux.

Ma réaction, pour dire les choses avec tact, freine les ardeurs d'Andrew qui, avec un visage si rouge que je devine sa couleur à la lueur de la bougie, replace promptement sa bête à présent au repos dans sa cachette d'origine.

— Je suis vraiment désolée, parvins-je à articuler entre deux reniflements. Ce n'est pas votre faute.

Il semble si humilié que je m'efforce de reprendre le contrôle de mes émotions en me mordant les lèvres.

— C'est nerveux. J'ai eu peur, voilà tout. J'ai des crises de fou rire quand j'ai peur. Je vous en prie, pardonnez-moi.

Ses yeux sont deux blocs de glace.

— Je ne vais pas vous bouleverser davantage, Miss Mansfield.

Il s'incline avec raideur, pose la main sur le verrou de la porte et se retourne pour partir.

— Et votre cousine ? M'attend-elle pour m'escorter jusqu'à la maison ?

Il me regarde froidement.

— Il me semble que vous êtes parfaitement capable de prendre soin de vous-même.

— Les apparences sont parfois trompeuses. C'est pour cette raison que vous pourriez aller la retrouver et lui demander de me raccompagner. Après tout, je ne voudrais pas prendre peur en rentrant seule et risquer d'être prise d'une autre crise de fou rire nerveux. Les gens pourraient me poser toutes sortes de questions, et que leur répondrais-je alors ?

— À votre service, me lance-t-il sèchement avant de quitter la pièce.

Cinq minutes plus tard, Mrs Haverstock frappe doucement à la porte et me raccompagne en silence jusqu'à la maison. Je songe qu'il n'y a pas lieu de m'inquiéter qu'Andrew aille colporter cette anecdote, étant donné l'issue grotesque de notre tête-à-tête qui anéantit tout le triomphe qu'il aurait pu éprouver ou souhaiter exhiber aux yeux de tous en compromettant ma vertu.

« Compromettre ma vertu » ? Ces pensées m'appartiennent-elles vraiment ? Ou ai-je déjà à moitié perdu la raison ?

Alors que j'entre dans la maison et me sépare de Mrs Haverstock sans un mot, je suis parcourue d'un frisson. J'aperçois Mary au fond de la salle de concert ; elle m'adresse un sourire candide, confiant. Elle n'a de toute évidence aucune idée de ce que je viens de faire – ou de ce que j'ai failli faire. Alors que je me dirige vers mon amie, j'éprouve un élan de gratitude envers elle. Dieu merci, je me suis ressaisie avant de perdre le contrôle de la situation. À ce moment-là, je croise le regard d'Andrew Emery qui se trouve de l'autre côté de la pièce ; nous détournons tous deux les yeux.

Je prends place dans un fauteuil près de Mary et tente de me concentrer sur la musique. Moins d'une demi-heure plus tard, je vois Emery et sa cousine – si c'est ce qu'elle est vraiment – quitter la fête.

Chapitre 33

Lorsque les musiciens font une pause, Louisa me demande si je sais où se trouve Emery. Je me contente de hausser les épaules en la regardant avec de grands yeux innocents et j'entends un peu plus tard une de ses amies l'informer qu'il est parti avec sa cousine. Louisa me lance un regard perçant par-dessus son éventail mais je feins l'indifférence et me tourne vers Mary.

Mon hôte tente alors de me faire réendosser le rôle d'amuseuse de ces dames. Qu'est-ce que je pense de tel ou tel chapeau et de telle ou telle robe, ou femme ? Cette fois-ci, je refuse d'entrer dans son jeu et lui offre des réponses d'une platitude affligeante dignes d'une vraie dame.

Elle plisse les yeux et s'évente de plus belle.

Mais Mary me tapote la main en chuchotant :

— Bravo.

Louisa disparaît bientôt dans la foule, probablement pour trouver d'autres compagnes divertissantes. La pêche doit être fructueuse puisque sur le chemin du retour dans sa voiture, elle semble avoir retrouvé son humeur joyeuse.

Le lendemain matin, je me réveille avec l'impression d'avoir fumé un paquet de cigarettes, et la femme de chambre qui vient m'aider à m'habiller m'informe que Mary est au lit avec un bon rhume, Hortense refusant de quitter son chevet pour venir m'annoncer la nouvelle elle-même.

L'espace entre les rideaux immaculés de ma chambre révèle un ciel noir comme de la suie. La pollution doit atteindre des sommets. Je tourne la tête vers le charbon incandescent qui brûle dans ma cheminée et songe que je ne regarderai plus jamais un barbecue de la même façon.

Je sors dans le couloir pour aller voir mon amie. Elle est blottie sous les couvertures, quelques mèches de cheveux humides collées à ses tempes, et m'adresse un faible sourire tandis que je tâte son front et ses joues du dos de la main. Ils ne sont pas particulièrement chauds, seulement moites.

— Je ne crois pas que vous ayez de la fièvre, lui dis-je en tamponnant son front avec un linge.

— Je pense que le pire est passé pendant la nuit.

— Vous n'avez pas bien dormi ?

Elle fait « non » de la tête.

— Ma pauvre.

— J'ai simplement besoin de repos.

— Voulez-vous que je vous fasse monter un petit déjeuner ?

Elle secoue de nouveau la tête.

— Je dois dormir.

Quand j'annonce à Louisa la raison de l'absence de Mary à la table du petit déjeuner, elle laisse tomber bruyamment son couteau à beurre dans son assiette et se lève d'un bond pour aller sonner sa cuisinière, sa gouvernante et sa bonne, leur ordonnant de tout faire pour veiller au confort de sa cousine et d'appeler son médecin personnel immédiatement.

Je réprime un grognement.

— Vous n'allez pas la saigner, non ? Elle est déjà assez faible comme ça.

Louisa me fusille du regard.

— Il me semble que c'est à Adams de décider.

— Vous ai-je rapporté la conversation que j'ai surprise entre lady Holloway et Mrs Davis hier soir ? Elles affirmaient que seuls les médecins de campagne ignorants saignent encore leurs patients, cette pratique étant dorénavant considérée comme particulièrement excentrique.

Louisa s'empare de son éventail et commence à l'agiter devant elle.

— Je peux vous assurer qu'Adams jouit d'une excellente réputation auprès de nombre de mes connaissances.

Je me contente de hocher la tête tout en soutenant son regard jusqu'à ce qu'elle baisse les yeux et se racle la gorge. Elle sonne de nouveau la cloche et sa domestique arrive quelques secondes plus tard, tout essoufflée.

— Veuillez m'envoyer Mr Adams avant qu'il ne se rende au chevet de Miss Edgeworth.

Dès que la bonne a refermé la porte derrière elle, Louisa s'écrie :

— « Excentrique » ! Comme si Eleanor Holloway et cette vulgaire Fanny Davis n'étaient pas l'incarnation même de ce mot.

Elle jette un coup d'œil par la fenêtre, la faible lumière du soleil faisant ressortir les cicatrices sur ses joues. Comme si elle lisait dans mes pensées, elle amène son éventail devant son visage et me scrute par-dessus ce bouclier improvisé.

— Qu'ont-elles raconté de plus ?

— Je crains que ce ne soit tout ce que j'ai surpris de leur conversation.

Il va de soi que je n'ai rien entendu du tout.

— C'est bien dommage. Elles peuvent être très amusantes, vous savez.

Après le petit déjeuner, je passe voir Mary qui dort paisiblement, Mrs Smith ayant repris son poste maternel dans un fauteuil près du lit.

— Elle va se rétablir, n'est-ce pas ?

La dame de compagnie me regarde avec une expression plus douce que jamais.

— Miss Edgeworth est sujette aux rhumes depuis son plus jeune âge. Mais elle se rétablit toujours.

— Accepteriez-vous que je reste ici jusqu'à son réveil ? Elle semble profondément endormie, et cela vous permettrait d'aller prendre un petit déjeuner.

Mrs Smith acquiesce. Hélas, le repos de Mary est de courte durée, Louisa faisant une brève mais bruyante apparition dans la pièce pour aller babiller au chevet de sa cousine et retaper ses oreillers tout en s'excusant de sa présence « complètement superflue dans la chambre d'une malade » et en répétant à Mary quelle chance elle a d'avoir « la plus loyale et compétente des gardes-malades » en ma personne.

Je crois que je vais finir par me trouver mal moi aussi.

Dès que Louisa s'en va en laissant un nuage de parfum de gardénia dans son sillage, je tente d'apaiser mon amie afin qu'elle se rendorme, ce qu'elle fait heureusement sans difficulté.

Après quelques jours passés à veiller sur Mary – c'est à peu près tout ce que Mrs Smith et Hortense m'autorisent à faire – et à éviter Louisa autant que possible tout en vivant sous le même toit qu'elle, je me réjouis de constater que mon amie semble totalement remise. C'est également l'avis du médecin, qui nous conseille de l'envoyer à la campagne sans délai afin qu'elle puisse changer d'air. Je pense qu'il est tout simplement aussi impatient de nous voir partir que notre hôte, à qui nous n'offrons plus aucune source de divertissement. Il s'est en effet plaint à plusieurs reprises de ne pas pouvoir donner le meilleur traitement à sa patiente, affirmant qu'elle aurait récupéré bien plus vite avec une petite saignée.

En moins de vingt-quatre heures, nous avons bouclé nos malles et sommes prêtes à mettre à exécution les ordres du médecin. Louisa sèche ses larmes de crocodile avec un mouchoir brodé puis m'embrasse sur les deux joues. Mais personne n'est dupe, à commencer par moi. Alors que la porte du fiacre se referme derrière moi et que je m'installe dans l'habitacle en me préparant à un trajet tout en secousses jusqu'au village de Jane, je suis heureuse de laisser derrière moi le smog, les faux-semblants et l'hypocrisie du Londres de son époque, et j'espère que ma romancière préférée aura bientôt l'occasion de le faire également.

Après quelques nuits de démangeaisons dans les meilleures auberges relais d'Angleterre et quelques bleus aux fesses supplémentaires, je suis de retour dans ce qu'il faut bien appeler mon « chez-moi ». Si le fait d'être dans une ville que j'ai visitée à deux époques différentes et de rencontrer Jane Austen ne m'a pas donné la clé magique pour réintégrer ma vraie vie, je ne vois pas ce qui pourrait le faire. Pourtant, je ne suis plus découragée à cette pensée. Je fais ce constat avec calme, et non avec résignation. Cela ne signifie pas que j'abandonne. Je suis simplement fatiguée de lutter, voilà tout.

Les adieux sincères de Mary et son insistance pour que je lui rende visite rapidement ainsi que l'étreinte chaleureuse de Mr Mansfield lorsque je descends de la voiture de mon amie me donnent presque l'impression d'être rentrée chez moi… jusqu'à ce que Mrs Mansfield m'accueille dans l'entrée avec deux baisers en l'air, faisant chuter la température de la pièce d'une bonne trentaine de degrés.

Chapitre 34

— Retrouvez-moi dans mon salon privé une fois que vous aurez ôté toute cette saleté accumulée lors de votre voyage, me lance Mrs Mansfield. Et veuillez vous hâter, ma chère, murmure-t-elle à mon oreille en se retirant dans un sourire qui n'atteint pas ses yeux bleu pâle. Vous m'avez manqué.

Mr Mansfield s'éclipse furtivement en marmonnant qu'il doit se rendre dans son atelier, et je frissonne en me dirigeant vers l'escalier pour rejoindre ma chambre.

Le visage de Barnes se fend d'un large sourire alors qu'elle m'accueille avec une révérence avant de s'essuyer les yeux du coin de son tablier en s'excusant d'être aussi bête. Je la prends dans mes bras sans rien dire.

— Oh, mademoiselle, s'exclame-t-elle en détournant la tête et en se tamponnant le visage jusqu'à ce qu'elle ait suffisamment repris le contrôle de ses émotions pour croiser de nouveau mon regard. Allons, il est temps de vous changer.

Quelques minutes plus tard, enfin décrassée, parfumée et vêtue d'une robe propre, je longe le couloir en direction du salon privé de Mrs Mansfield.

Je frappe un petit coup à la porte et, avant même d'entendre son autoritaire « entrez », mon estomac fait son petit bond habituel.

Elle est en train de lire une lettre, assise droite comme un « I » sur un canapé près d'une fenêtre, la lumière déclinante du jour et les bougies dans les chandeliers donnant à sa peau pâle un éclat doré. Pourquoi devrais-je me laisser intimider par une femme portant un bonnet à fanfreluches et une collerette ?

Elle interrompt sa lecture et lève les yeux vers moi.

— Vous ne devez point être surprise, Jane, de me voir vous convoquer.

Je suis incapable de réprimer un gloussement.

— Pardon, mais vous me faites penser à lady Catherine de Bourgh quand elle débarque à Longbourn pour dissuader Lizzy Bennet d'épouser Mr Darcy.

Elle tapote la lettre de l'index en me fixant de ses yeux perçants.

— À votre place, je m'abstiendrais de plaisanter sur ce sujet. Si ce qu'on m'a rapporté est vrai, vous avez moins de chances de vous marier que la sœur de Miss Bennet n'en avait avant que Mr Darcy ne soudoie son prétendant pour qu'il l'épouse.

Tout d'un coup, je n'ai plus envie de rire.

— Ce qu'on vous a rapporté ?

Elle s'adosse aux coussins et m'observe comme un chat qui se demande s'il va tuer sa proie ou bien la torturer.

A-t-elle eu vent de mon rendez-vous avec Emery ? Non, c'est impossible. Quoique… Je sens mes genoux flageoler et je me dirige vers un des fauteuils face à elle.

Elle lève une main comme pour me barrer le passage.

— Je ne vous ai pas invitée à vous asseoir.

Très bien. Je vais rester plantée là devant elle et nous verrons bien laquelle de nous deux clignera des yeux la première.

Elle sourit.

— Avez-vous trouvé les boutiques de Bath à votre convenance ?

— Je… oui, bien sûr.

Que mijote-t-elle ?

Elle m'examine minutieusement de la tête aux pieds.

— Je remarquais simplement que vous portiez une nouvelle robe. Cette couleur chamois vous sied particulièrement bien. Elle doit s'accorder à la perfection avec les rubans chamois de votre nouveau chapeau ainsi qu'à votre nouveau châle marron.

Je suis sur le point d'ouvrir la bouche et de lui dire que je n'ai pas de nouveau chapeau ni de châle marron lorsque quelque chose m'arrête dans mon élan. Une minute. Un châle marron ? Des rubans chamois ?

C'est exactement ce que Mary m'a prêté pour mon rendez-vous avec James.

C'est aussi ce que Susan m'a vue porter. Elle est sûrement l'auteure de la lettre que Mrs Mansfield tient entre ses mains.

Je m'efforce de ne rien laisser transparaître dans ma voix ni dans l'expression de mon visage.

— Quel dommage que vous n'ayez pas été présente pour me conseiller dans mes emplettes, maman. Car je n'ai acheté ni châle ni chapeau de cette couleur, même si je dois admettre que vous avez raison : ils se seraient très bien mariés avec cette robe.

Mrs Mansfield plisse les yeux.

— Savez-vous à qui vous parlez ?

Je soutiens son regard en m'efforçant de rester impassible.

Elle se lève et vient agiter la lettre sous mon nez.

— Ma chère nièce Susan m'a informée qu'elle vous a vue, vêtue de ce chapeau et de ce châle – et Dieu puisse vous venir en aide si je les trouve dans votre armoire… Venez, nous allons tirer cela au clair sans tarder.

Elle m'attrape par la main et m'entraîne dans le couloir pour me conduire jusqu'à ma chambre.

— Je vous expliquais donc…

Elle ouvre à la volée les portes de mon armoire et en sort mes robes et mes boîtes à rubans, passant en revue chaque article et vêtement avant de le jeter par terre ou sur mon lit.

— … que l'on vous a aperçue en pleine discussion privée, si je puis m'exprimer ainsi, avec un homme dans les jardins de Sydney.

Mrs Mansfield continue à fouiller parmi mes habits, tiroirs et boîtes tandis que j'essaie de chasser la terreur qui doit se lire sur mon visage. Susan a-t-elle reconnu James comme étant l'ancien valet de pied de cette maison ? Si c'est le cas, je suis perdue.

— Et cet homme avec qui vous conversiez de façon si intime n'était selon ma nièce ni votre frère, ni aucun homme de sa connaissance. Cet homme, qui n'était même pas un gentleman, selon ses propres mots, mais vraisemblablement un simple commerçant… (Elle interrompt sa mise à sac pour scruter mon visage.) Cet homme, donc, a été aperçu en public, en compagnie de *ma* fille, en train de lui toucher la joue comme s'ils étaient amants.

Je m'efforce de dissimuler la vague de soulagement qui me submerge. Dieu merci, Susan n'a pas reconnu James.

— Niez-vous ces faits ? Je vous conseille de bien réfléchir avant de répondre.

Je me tiens aussi droite que possible, plante mes yeux dans les siens et prends une voix légèrement outrée.

— Je n'ai nul besoin de réfléchir. Bien entendu que je nie ces faits. La seule explication possible est que Susan a aperçu une autre personne qu'elle a prise pour moi. Comme vous pouvez le constater, je ne possède pas de châle ni de chapeau correspondant à votre description. Et je ne me suis rendue aux jardins de Sydney qu'accompagnée de Miss Edgeworth et de Mrs Smith, et certainement pas avec un homme. Jamais.

— Je suppose que Miss Edgeworth ne possède pas ce genre de châle ou de chapeau ?

Je la dévisage sans ciller.

— Vous ne pensez tout de même pas que mon amie est la femme que Susan a aperçue ?

— Vous avez du toupet !

Elle se met à tourner autour de moi avec un regard de prédateur dénué de toute émotion.

— Si je devais découvrir quoi que ce soit qui contredise votre témoignage, vous serez confinée dans cette maison, sans le moindre sou à votre disposition, jusqu'à ce que je vous trouve une situation convenable. Une situation qui ferait passer un séjour à la prison de Newgate pour une agréable perspective.

Elle fait un geste vers le sol jonché de vêtements.

— Regardez tout ce temps que vous m'avez fait perdre alors que je dois me préparer pour mon départ de demain, me lance-t-elle sur un ton accusateur.

Elle s'en va ? Je sens un spasme m'agiter tandis que je me force à ne pas sourire et tousse pour donner le change.

Mrs Mansfield sort un mouchoir en dentelle qu'elle place devant sa bouche.

— J'espère que vous n'avez pas attrapé un rhume. Il ne manquerait plus que je sois malade durant mon voyage.

— Où allez-vous ?

— Je vais rendre visite à Clara, comme je vous l'ai déjà dit au moins trois fois dans mes lettres, et comme vous le sauriez si vous y aviez un tant soit peu prêté attention. Je ferai un petit détour par Bath pour voir ma nièce, ajoute-t-elle en me gratifiant d'un sourire glacial. Je ne sais pas ce que vous mijotez, ma fille. Je ne veux même pas le savoir. Toutefois, soyez certaine que je vais m'assurer que Susan comprenne qu'un faux témoignage peut être à double tranchant.

Elle agite son mouchoir d'un air désinvolte.

— Je ne vous verrai pas demain matin. Rangez donc tout cela, conclut-elle en désignant le tas de vêtements, de chapeaux et de boîtes à rubans.

Et voilà, c'est fini. Elle est partie.

J'ai eu vraiment chaud. Je m'assois dans un fauteuil et prends de profondes inspirations afin de ralentir les battements fous de mon cœur. Tout va bien. Elle ne sait rien. Et dès que j'aurai l'occasion de parler à Mary, je lui demanderai de brûler son chapeau et son châle. Je ne dois ma liberté qu'au fait qu'ils se trouvent dans son armoire et non dans la mienne.

En attendant, je vais remettre un peu d'ordre dans cette pièce. Le simple fait de regarder cet amas de robes, de châles et de chapeaux me noue la gorge. Je commence à ramasser les vêtements que je plie et range en piles bien nettes. Je veux faire disparaître tout ce désordre. Au placard. Tout comme le souvenir de mon rendez-vous avec James. Et de mon tête-à-tête avec Andrew Emery.

Oh, Seigneur ! Comment ai-je pu être aussi stupide ? Si la simple idée qu'un inconnu ait pu effleurer mon visage dans un lieu public révolte à ce point Mrs Mansfield, qu'en serait-il si j'avais cédé à mes pulsions autodestructrices et couché pour de bon avec Emery ? Que ferait-elle si j'étais enceinte ? Et qu'il refuse de subvenir à mes besoins ? Pourrais-je revenir à mon ancienne vie avec un bébé dans le ventre ? En aurais-je seulement envie ?

Et soudain, quelque chose me frappe. Même si réintégrer mon siècle est toujours une option, quelle sorte de vie aurais-je laissée à Jane ? Si elle-même avait la possibilité de retrouver sa propre vie, elle aurait alors eu toutes les raisons de le regretter : par ma faute, elle se serait vue condamnée à vivre en paria ou, au mieux, à être expédiée dans une ferme perdue au fin fond de nulle part, comme Maria Bertram dans *Mansfield Park*, et au pire, à une descente aux enfers dans la prostitution, la tuberculose et la vie en hospice, comme Eliza Brandon dans *Raison et Sentiments*.

Quelle gardienne de vie je fais ! Comme Willoughby, « toute [ma] conduite, du commencement à la fin, a été fondée sur l'égoïsme [1] ». Quand j'ai faussé compagnie aux domestiques de Mary, je n'ai pas réfléchi à la façon dont cela pourrait les affecter. Ou affecter mon amie. Même chose quand je me suis montrée imprudente avec James ou que j'ai failli coucher avec Emery : je n'ai pas pensé une seule seconde aux conséquences de mes actes pour Jane. Je n'ai pas pensé à ce que cela pourrait signifier pour une femme dont le bien-être repose entièrement sur le respect de règles de bienséance inflexibles, ou du moins sur son habileté à le faire croire aux autres.

Comme Mr Darcy, « j'ai vécu jusqu'ici en égoïste ». Du moins dans la vie de Jane.

— Pardon, Jane, chuchoté-je dans l'obscurité de ma chambre alors que je cherche en vain le sommeil malgré la fatigue qui m'accable. Je vais faire mieux. Pour nous deux.

1. Austen (Jane), *Raison et Sentiments*, (trad. de Jean Privat), édition 10/18, 1979. (*NdT*)

Chapitre 35

Sans la présence tyrannique de Mrs Mansfield, c'est toute la routine de la maison qui est chamboulée, à commencer par Mr Mansfield. Le matin suivant, il engloutit son petit déjeuner avec encore plus d'enthousiasme que d'habitude et, sans les remarques sarcastiques et les moues désapprobatrices de sa femme, il se montre même bavard. Il veut connaître chaque détail de mon voyage et, après lui en avoir servi une version très édulcorée, je le persuade au dîner de me raconter sa journée dans son atelier. Les vannes s'ouvrent sans difficulté et avec un peu d'encouragement, il m'invite même à boire un verre avec lui dans le saint des saints.

Je sirote mon vin tout en arpentant la pièce, respirant l'air chargé d'effluves de peinture à l'huile et essayant de deviner ce qui est représenté sur les toiles amassées le long des murs et derrière presque chaque meuble. Quelques chevalets sont recouverts de tissus tachés de peinture. Je m'arrête devant l'un d'eux.

— Est-ce celui sur lequel vous avez travaillé aujourd'hui ?

— Comment le savez-vous ?

Je tends la main vers le tissu.

— Puis-je ?

Il s'éclaircit la voix :

— Il est loin d'être achevé, et je crains par ailleurs que le thème ne soit pas approprié, bien que j'y aie récemment apporté quelques modifications.

Il hausse les épaules et découvre la toile, révélant une peinture semi-figurative représentant deux amants enlacés.

Il boit une longue gorgée de vin.

— Les personnages étaient auparavant… comment dire… dévêtus. Mais j'ai craint qu'en les laissant ainsi, ils ne risquent de choquer les sensibilités délicates.

La peau pâle des deux silhouettes est mise en valeur par des éclaboussures et des tourbillons de couleurs vives en arrière-plan, et je me demande si ces amants n'auraient pas offert un bien meilleur contraste sans les bandes de tissu violet dissimulant les parties stratégiques de leurs corps.

— J'aime beaucoup ! m'exclamé-je. Mais je ne peux pas m'empêcher de me demander pourquoi vous avez détérioré votre travail dans le seul but d'épargner deux ou trois saintes-nitouches.

Mr Mansfield laisse échapper un petit rire.

— C'est exactement ce que m'a dit Mr Edgeworth quand il est venu ici pour prendre congé, quoique avec un langage bien plus châtié que ma propre fille.

Il tente de prendre un air désapprobateur mais je vois une ébauche de sourire.

Je demande à voir d'autres œuvres et il soulève tour à tour chacune des toiles pour les poser sur son bureau. La plupart d'entre elles sont complètement abstraites, constituées d'un enchevêtrement coloré de lignes et de traits en tous genres, les uns colériques et sombres, les autres dans des tonalités dorées ou pastel. Une fois de plus, je suis surprise de constater à quel point ses toiles sont en avance sur leur époque ; cet univers est à l'opposé des portraits solennels et des paysages paisibles qui composent les peintures que j'ai pu contempler partout ailleurs. Sa passion doit être solitaire. Je le vois se gonfler de fierté quand je complimente son travail.

Alors que je suis sur le point de partir, je remarque un petit tableau encadré posé sur son bureau. Il est recouvert d'un tissu à l'exception d'un de ses coins.

— Permettez-vous que j'y jette un coup d'œil ? demandé-je.

Il hésite avant de hocher la tête en guise d'assentiment. Je soulève l'étoffe : c'est le portrait d'un jeune homme séduisant assis dans un jardin, le visage baigné par la lumière du soleil. Le tableau est petit mais les détails sont si fins que je peux voir l'expression du modèle. Il a l'air heureux.

— Qui est cet homme ?

Mr Mansfield se racle la gorge :

— C'est un portrait de moi réalisé quand j'avais vingt et un ans.

— Qui l'a peint ?

— Elle s'appelait Miss Allcott à l'époque. À présent Mrs Lyle, bredouille-t-il.

— Vous étiez très beau.

— Ah, merci.

Il triture le tissu entre ses mains avant de le replacer sur le tableau qu'il range dans un tiroir du bureau.

— Parlez-moi d'elle.

— De qui ?

— De Miss Allcott.

Il détourne les yeux, le visage cramoisi, et s'affaire en remettant de l'ordre parmi les toiles empilées.

— Vous voulez dire Mrs Lyle. J'ai entendu dire qu'elle était mariée et a...

— Non, je voulais dire Miss Allcott.

— Jane...

— Vous étiez amoureux d'elle, n'est-ce pas ?

Il manque de faire tomber la toile qu'il tient.

— Vous vous oubliez, Jane.

— Mais j'ai raison, n'est-ce pas ?

— Jane, votre mère...

— Cela ne la concerne pas. Je veux en savoir plus sur vous... papa.

Le fait de prononcer ce mot me remplit d'une chaleur qui n'a rien à voir avec le vin.

Mr Mansfield soupire et repose la toile, puis il s'installe dans un fauteuil et avale une bonne lampée de vin.

— Il se fait tard.

— Parlez-moi d'elle. S'il vous plaît.

— C'était il y a longtemps. J'étais très jeune, elle n'avait aucune fortune, et mon père s'opposait catégoriquement à cette alliance. Ses parents l'ont envoyée au loin et bien sûr, j'ai rencontré votre mère.

— Et Miss Allcott ?

— Je ne l'ai jamais revue.

Les larmes me montent aux yeux sans que je sache pourquoi. Il le remarque et déglutit péniblement avant de se lever d'un bond pour aller couvrir le tableau des amants.

— Merci de m'avoir montré vos peintures, lui dis-je. Ces amants sont une source d'inspiration. Avec ou sans vêtements.

Il sourit.

— Bonne nuit, ma fille.

— Bonne nuit... père.

Je le serre dans mes bras, ce qui provoque chez lui un petit rire gêné.

— Ah, ma chère Jane ! C'est bon de vous retrouver.

Lorsque je monte dans ma chambre, je me demande à quoi ma vie aurait ressemblé si j'avais eu un père comme Mr Mansfield au lieu de ce pitoyable fantôme de géniteur dont je me rappelle à peine le visage. Je songe aussi que la vie du père de Jane aurait été bien différente s'il avait épousé cette Miss Allcott, une femme qui l'aimait vraiment – car seule une femme amoureuse avait pu transformer cet homme grêle en héros romanesque.

Hélas, la vie n'est pas un conte de fées. Mr Mansfield est coincé avec Mrs Mansfield, tout comme ma mère l'est avec son petit ami qu'elle ne quittera jamais par crainte de mourir seule, et tout comme j'ai failli l'être avec Frank par crainte de ne jamais me marier.

Mais je ne suis plus coincée avec lui, alors pourquoi continuer à penser en ces termes ? Par ailleurs, la perspective de ne jamais me marier ne peut pas être pire que celle d'avoir Frank pour époux. À bien y réfléchir, dans certaines conditions, ne pas se marier pourrait même être vu sous un angle positif. Par exemple, si Mr Mansfield était veuf, il pourrait être agréable pour sa fille célibataire de vivre sous son toit.

Mais les choses ne sont pas immuables. Imaginons que sa fille finisse par se marier. Il se retrouverait seul. Que se passerait-il alors si le mari de Miss Allcott n'était plus de ce monde ?

Je ris en prenant conscience que je suis en train de faire des conjectures sur la mort de deux personnes, ce qui semble être la seule option dans ce monde pour se dépêtrer d'un mariage désastreux. Mieux vaut donc rester seule que de s'aventurer sur ce terrain-là.

Je me demande quelle sorte de mariage a été celui d'Edgeworth. Il n'a pas dû être si désagréable ; pourquoi sinon serait-il prêt à renouveler l'expérience ? Cela dit, sa femme était peut-être une sainte-nitouche dénuée d'humour. Un destin bien malheureux pour un homme doté d'un tel sens du ridicule. Je souris en pensant qu'il a eu la même réaction que moi en découvrant le tableau des amants.

Non, il ne supporte pas les imbéciles. Mais cela ne change rien au fait qu'il ne faut pas se fier à lui.

N'êtes-vous pas tentée d'entendre le témoignage de l'accusé avant de rendre votre sentence ?

Bien sûr que je le suis.

Non. Je ne le veux pas. Je ne me laisserai tenter ni par lui, ni par Wes. Il y a d'ailleurs une chose que je dois dire en faveur de Frank : il n'a jamais ne serait-ce qu'essayé de me fournir une explication. Après tout, il ne sert à rien de refouler sa nature profonde.

Chapitre 36

Au petit déjeuner le matin suivant, je savoure mon chocolat chaud en regardant Mr Mansfield dévorer une pile de toasts, quand ce dernier se fige soudain, lâchant sa tranche à moitié mangée.

— J'allais oublier ! Votre mère a décidé de rentrer dans trois semaines au lieu des six initialement prévues.

— Ah.

Et voilà comment s'achève ma carrière de vieille fille vivant heureuse aux crochets de son père célibataire.

Mr Mansfield pose sa serviette et quitte la table en marmonnant qu'il doit se rendre dans son atelier.

Quant à moi, j'ai bien l'intention de profiter de chacune de mes dernières heures de liberté. Je décide de commencer la journée par la lecture de quelques chapitres de son édition originale de *Raison et Sentiments* avant d'aller flâner dans le jardin.

En sortant les trois volumes de leur étagère dans la bibliothèque (où je les ai rangés à mon retour de Londres), je remarque un marque-page coincé entre les pages du troisième volume ; pour une raison que j'ignore, je ne l'avais pas vu avant, le recouvrant probablement de mon propre ruban lorsque j'étais parvenue à cette page. A-t-il été placé là au hasard ? Ou bien Mrs Mansfield s'est-elle arrêtée de lire à un certain point ?

J'ouvre le livre à l'endroit en question et me laisse emporter par l'histoire. C'est le passage où Willoughby, ayant appris que Marianne était mourante, rend visite à cette dernière afin d'implorer son pardon.

Je me souviens de la première fois que j'ai lu ce chapitre ; à vrai dire, j'avais ressenti un élan de pitié envers le jeune homme. La deuxième fois, en revanche, était au lendemain d'une rupture, si bien que j'avais revu mon jugement. Par la suite, l'attitude de chiffe molle d'Elinor – en dépit de ses tentatives pour rester de marbre – face au repentir de Willoughby n'a cessé de m'agacer. Le chagrin de ce dernier était-il censé éclipser le fait qu'il avait abandonné sa précédente conquête après l'avoir mise en cloque, puis largué Marianne pour les faveurs d'une aristocrate frigide dotée d'un gros compte en banque ?

Le chagrin de Wes est-il censé éclipser le fait que son alibi a permis à Frank de me tromper ? Me laisserais-je attendrir par ses regrets – si toutefois je répondais à ses appels – comme Elinor par ceux de Willoughby ? Bien sûr, quelle question ! C'est précisément pour cette raison que j'ai dû l'effacer de ma vie – et que je dois continuer à le faire… enfin, si j'en ai l'occasion.

Peut-être que je devrais reprendre la lecture de ce livre depuis le début en sautant cette scène… Qu'est-ce que je raconte ? Comme si j'avais déjà sauté une scène d'un roman écrit par Jane Austen.

Je m'empare du premier volume et regagne ma chambre afin de m'octroyer quelques heures de lecture. Mais d'abord, je vais m'aménager un coin douillet et sortir cette couverture en tricot que j'ai rangée dans le bas de ma garde-robe pour m'en faire un repose-pied.

J'attrape l'étoffe, qui semble accrochée à quelque chose au fond de l'armoire. Je tire un peu plus fort et parviens à la dégager, mais elle entraîne avec elle le panneau du fond qui se soulève, révélant un compartiment rectangulaire que je n'avais jamais remarqué. Comment aurais-je pu soupçonner son existence ? Il n'y a aucune poignée ni rainure où passer un doigt. En fait, je songe que si Mrs Mansfield n'avait pas vidé ma garde-robe, décalant probablement le couvercle de ce compartiment où s'est ensuite coincée la couverture lorsque j'ai tout remis en place, je ne l'aurais jamais découvert.

Serait-ce là-dedans que… Je sonde le compartiment du regard et aperçois plusieurs liasses de lettres attachées par un ruban ainsi que des journaux et un livre dont la couverture de cuir à la bordure dorée me procure un frisson de familiarité. Aussi insensé que cela puisse paraître, ce livre ne m'est pas inconnu. Comment cela est-il possible ? J'ai pourtant la certitude de l'avoir déjà tenu entre mes mains. À de nombreuses reprises. Je lis sur la page titre : « Poèmes de William Cowper », ainsi que la date : « 1806 ».

Des bandes de papier et des rubans sont coincés entre les pages de l'ouvrage. Je l'ouvre à l'un des endroits marqués par un papier et tombe sur quelques lignes soulignées dans un poème intitulé « La Tolérance mutuelle, nécessaire au bonheur des époux » :

« Le plus aimant et le plus heureux des couples
Trouvera l'occasion d'éprouver sa tolérance ;
Et, chaque jour que la vie fait,
Des raisons de compatir, et peut-être de pardonner. »

C'est ce qu'Edgeworth m'a dit au bal. Je retourne le morceau de papier. Les mots suivants y sont écrits en minuscules lettres : « Quoi que j'aie pu faire, j'implore votre pitié et votre pardon – C.E. »

J'ouvre le livre à une autre page marquée par un ruban. Un passage est souligné dans « Le Progrès de l'erreur » :

« Le remords, cet œuf mortel pondu par le plaisir
Dans chaque sein où son nid est fait,
Éclos sous les rayons de la vérité, le prive de repos,
Et révèle un scorpion enragé en son cœur. »

Est-ce la réponse au premier passage que j'ai lu ? Les ai-je seulement lus dans le bon ordre ?

Je comprends tout à coup qu'il s'agit d'une conversation : ce livre a dû faire la navette entre les deux jeunes gens, chacun y soulignant des passages à l'intention de l'autre, Jane marquant les siens avec un ruban et Edgeworth avec un papier.

Mais ce dernier n'a pas utilisé que des morceaux de papier ; je découvre des feuilles plus grandes pliées et coincées ici et là entre les pages. J'en tire une au hasard et déchiffre un poème écrit en pattes de mouche, visiblement d'Edgeworth, qu'il attribue au « Lai du dernier ménestrel » de Scott :

« Le véritable amour est une vertu que Dieu,
Dans ce monde, accorde à l'homme seul.
Ce n'est pas le feu brûlant du caprice,
Qui ne brille que pour s'éteindre ;
Il ne doit pas sa naissance au désir,
Et ne meurt pas avec lui.
Cette sympathie secrète,
Ce nœud d'or et de soie,
qui unit le cœur au cœur et l'esprit à l'esprit. »

Je relis plusieurs fois ces trois passages et chaque fois, je me reconnais dans celui orné d'un ruban. À chaque lecture, j'ai un peu moins l'impression que c'est une autre personne qui l'a souligné. Et je sais que les remords – ces rayons de vérité qui me privent de repos – sont une confession, et non une accusation.

On frappe un petit coup à ma porte. Je fourre le livre dans le double fond de l'armoire tandis que Mr Mansfield passe la tête dans l'entrebâillement pour m'annoncer qu'il va s'absenter quelques heures. Je me lève et je m'étire – j'ai besoin de prendre l'air avant de percer les autres mystères que recèle ce livre. Sans oublier les journaux et les liasses de lettres. J'en ai sûrement pour plusieurs jours de lecture. Maintenant que j'ai enfin mis la main sur les écrits de Jane, je me sens presque dépassée. Mais avant toute chose, une promenade s'impose.

Je replace le tout à l'abri des regards dans le compartiment, descends dans la bibliothèque et ouvre les portes-fenêtres donnant sur le jardin. La douceur de l'air et le ciel bleu sont irrésistibles.

J'ai littéralement un pied dehors quand Barnes apparaît sur le seuil de la pièce pour m'annoncer qu'Edgeworth est ici.

Mon estomac part en chute libre. Je ne suis pas prête. Je pourrais demander à Barnes de lui dire que je suis absente, mais avant même d'avoir eu le temps de trouver une excuse, je m'entends déclarer :

— Faites-le entrer.

Je n'ai qu'une demi-seconde pour me préparer psychologiquement avant de le voir apparaître à son tour sur le seuil, le visage rouge et les cheveux légèrement humides, comme s'il avait couru ou nagé.

Il me regarde d'un air interrogateur et mes genoux se transforment aussitôt en gelée.

— Voulez-vous vous asseoir ? proposé-je en me dirigeant d'un pas flageolant vers le fauteuil le plus proche.

Edgeworth vient se percher au bord du canapé, visiblement nerveux. Il ouvre la bouche pour parler à la seconde où je fais de même.

— Je…

— Je vous en prie.

— Non, vous d'abord, disons-nous à l'unisson.

Un silence s'ensuit, puis nous bredouillons tous deux une syllabe avant de nous taire brusquement, pour finir par éclater de rire en même temps.

— L'avantage d'une telle conversation, c'est que nous ne risquons pas d'entrer en conflit.

Je reprends mon sérieux.

— Les conflits n'ont pas besoin de mots pour exister.

Son sourire s'est envolé.

Je m'éclaircis la voix :

— J'étais sur le point d'aller me promener.

— Voulez-vous que je parte, ou bien… acceptez-vous que je vous accompagne ?

J'acquiesce d'un hochement de tête et nous sortons par les portes-fenêtres de la bibliothèque. J'ai une conscience exacerbée de sa proximité et je fais attention à ne pas le frôler bien qu'il se trouve à une bonne dizaine de centimètres de mon épaule droite.

Alors que nous pénétrons dans un bosquet d'arbres, il rompt enfin le silence :

— J'ai beaucoup de choses à vous dire.

Un frisson me parcourt l'échine. C'est mot pour mot ce que Wes m'a dit quand je suis tombée sur lui le dernier jour de mon ancienne vie.

Je me mets soudain à trembler, mais Edgeworth ne semble pas le remarquer. Il s'arrête néanmoins de marcher, à mon grand soulagement. Je suis tellement crispée qu'il m'est impossible de marcher tout en tenant une conversation. Je m'adosse à un tronc d'arbre.

Il me désigne un banc, heureusement pas le même que celui sur lequel il m'a demandée en mariage.

— Voulez-vous vous asseoir ?

Bonne idée : je pourrai ainsi camoufler plus facilement le tremblement de mes genoux. Qu'est-ce qui cloche chez moi ?

Il veille à rester à une distance respectable et s'assoit à l'autre extrémité du banc, la tête baissée. Puis il plonge ses yeux noisette dans les miens et déclare :

— Je sais ce que Mary vous a rapporté à mon sujet.

Ma gorge se noue tandis qu'il me sonde du regard.

— Je veux que vous sachiez ce qui s'est réellement passé.

— Très bien, réponds-je en le défiant du regard sans raison particulière.

Mais il ne parle pas tout de suite ; il se lève, les yeux rivés au sol, et casse une petite branche dans un arbre au-dessus de nos têtes avant de se mettre à l'effeuiller.

— Ma sœur m'a bien vu embrasser une femme qui travaillait à mon service. C'était une erreur, mais cela ne s'est produit qu'une seule fois. Rien d'autre qu'un baiser.

Il laisse tomber la branche nue par terre et me dévisage. Je m'efforce de rester impassible.

Il se racle la gorge et rougit de plus belle.

— Je ne vais pas vous mentir en vous disant que je n'ai pas été tenté. La jeune femme se montrait particulièrement insistante et je n'avais par ailleurs aucune attache particulière. Je ne vous avais pas encore rencontrée, voyez-vous.

Il plonge les mains dans ses poches et continue à contempler ses bottes.

— Mary n'a pas voulu me parler de ce qu'elle a vu. La fois suivante où elle a mentionné le nom de cette domestique, c'était pour m'accuser de l'avoir mise enceinte. Ce qui est faux.

Il se rassoit au bord du banc et me regarde dans les yeux.

— Vous savez tout, à présent.

Je me lève et me redresse de toute ma hauteur, ce qui n'est pas rien dans ce corps-là.

— Savez-vous ce qui me surprend le plus ? Vous semblez vraiment croire à ce que vous racontez.

— Je ne comprends pas, bredouille-t-il en se levant à son tour.

— Laissez-moi vous rafraîchir la mémoire, en ce cas. Jane, euh… je vous ai vu sortir de l'écurie suivi de près par une femme aux cheveux auburn. Et cela s'est passé *après* votre… pardon, notre rencontre.

Il blêmit et déglutit péniblement.

— Seigneur ! gémit-il en cachant son visage entre ses mains.

— Je me disais précisément la même chose.

— Quel imbécile ! Comment ai-je pu être aussi stupide ?

Il se frappe le front du talon de la main.

— Épargnez-moi vos *mea culpa*.

Je commence à marcher à grandes enjambées en direction de la maison.

Quelques secondes plus tard, j'entends le crissement de son pas rapide sur l'allée en gravier juste derrière moi.

— Jane !

Il me rattrape et se met à marcher à mon côté. Je garde les yeux fixés droit devant moi. Dans quelques minutes, j'aurai rejoint la maison.

Il me saisit par la main pour que je m'arrête, puis vient se placer devant moi afin de me bloquer le passage.

— Jane, il ne s'est rien passé. Je vous le jure. Elle voulait me demander conseil et j'ai accepté de la rencontrer. Je ne pouvais pas le faire dans la maison car je ne souhaitais pas… je ne savais pas si d'autres personnes vivant sous mon toit avaient la même conviction que ma sœur quant à mon implication dans la situation de cette jeune femme.

Si c'est un mensonge, il réfléchit très vite.

— Elle m'a expliqué qu'elle me faisait confiance car je n'avais pas tenté de tirer profit de ce qu'elle m'avait offert si librement. Je l'ai pressée de me dire qui était le père, mais elle a préféré garder le silence. J'ai donc ajouté de l'argent à la somme déjà promise par ma sœur. Que pouvais-je faire d'autre ?

Il me dévisage d'un air implorant. Il semble sincère. Non, je ne vais pas tomber dans le panneau.

— Vous aviez pourtant l'air d'avoir fait bien davantage, répliqué-je en repensant aux brins de paille dans ses cheveux et à la façon dont la femme lui a tendu la main.

Mais mes paroles sonnent creux même à mes propres oreilles.

Qu'est-ce qui m'empêche de le croire ? À quoi tenté-je de me raccrocher ? La peur ? La culpabilité ? Un sentiment de honte m'envahit alors que je me rappelle comment je suis allée me jeter dans les bras de James à la seconde même où j'ai douté d'Edgeworth. Et comment j'ai failli perdre ma virginité avec Emery, un séducteur calculateur et, selon toute apparence, expérimenté.

Je me suis jetée dans les bras de James ? *Ma* virginité ? Je commence à avoir la tête qui tourne.

La voix d'Edgeworth me ramène à la réalité.

— Je ne vais pas nier que la jeune femme a tenté de m'exprimer sa gratitude d'une manière que je n'ai pas encouragée.

Il pose une main sur mon bras mais je me dégage. Pourquoi ?

— Jane, gémit-il d'une voix étranglée.

Je lève les yeux vers son visage, qui est presque aussi pâle que sa chemise. Une larme coule le long de sa joue.

— Non seulement cela aurait été un grave manquement à l'honneur que d'accepter une rémunération de quelque nature que ce soit pour ma charité envers cette femme, mais entre-temps, je vous avais rencontrée et j'étais déjà tombé amoureux de vous.

— Mais j'ai cru…

Edgeworth m'interrompt d'un geste :

— Vous ne m'écoutez pas.

Il pose une main sur mon épaule.

— Vous ne comprenez pas ? Il n'y a personne d'autre.

Il m'attire contre lui et me prend dans ses bras. Je sens alors toute la colère, l'amertume et la peur que j'ai si longtemps retenues quitter mon corps. Je suis tellement légère que je pourrais voler. Je n'ai même plus l'impression de supporter mon poids sur mes pieds. Il effleure mon cou de ses lèvres avant de remonter jusqu'à ma bouche, parsemant son chemin de baisers aériens. Je place mes mains de part et d'autre de son visage et l'embrasse en retour, m'imprégnant de sa saveur et du parfum de linge propre et de savon de sa peau qui m'est étrangement si familier, et pourtant si nouveau et inexploré.

Il m'embrasse plus profondément et ses lunettes heurtent ma joue. Je veux rire mais je n'en fais rien, enroulant simplement mes bras autour de sa taille pour palper les muscles de son dos à travers le fin tissu de sa chemise. Je m'émerveille face à la nouveauté de ce corps, à la sensation de sa colonne vertébrale sous mes doigts et à la douceur de ses lèvres pressées contre les miennes. Comment puis-je être en train d'embrasser Wes, mon ami Wes, mon ex-ami Wes, le meilleur ami de mon ex-amant ? Comment se fait-il que je le désire plus que je n'ai jamais désiré personne ?

Mais ce n'est pas Wes. J'ouvre les yeux et vois Edgeworth qui me caresse la joue tout en me contemplant de ses yeux noisette brillants. Je veux lui demander ce qui m'arrive mais il m'embrasse encore et je ferme les yeux. Je sens de délicats baisers sur mes paupières et quand ma main touche sa veste, je reconnais celle d'Edgeworth.

Pourtant, c'est la voix de Wes qui chuchote à mon oreille.

— Je t'aime, Courtney. Je t'ai toujours aimée.

Je le serre plus fort et j'entends Edgeworth murmurer :

— Je vous aime, Jane. Je vous ai toujours aimée.

Je me recule, ayant la chair de poule.

Son expression est si tendre et me fait tant penser à Wes que j'en ai le souffle coupé.

— Je veux vous épouser, ajoute-t-il. Selon vos conditions, Jane. Avec toute la liberté que vous souhaitez.

De nouveau, il m'embrasse et mon corps tout entier s'enflamme sous son baiser. Son odeur, le contact de ses lèvres, la sensation de son torse alors qu'il me serre contre lui. C'est si excitant, et pourtant si familier. Ces mots résonnent dans ma tête inlassablement, comme un mantra. Si excitants, et pourtant si familiers.

Je lève les yeux vers lui. Il retire sa veste et la pose sur mes épaules en me frottant le dos. J'enroule mes bras autour de son cou et je me blottis contre lui, puis je trouve ses lèvres et nous nous perdons de nouveau dans un baiser passionné. Je me sens légère comme l'air qui nous entoure, mon enveloppe corporelle est si fine qu'elle se fond dans la sienne ; il n'y a plus aucune séparation entre lui et moi. Aucune séparation entre Jane et moi. Aucune Jane. Aucune Courtney. Seulement un abandon total et absolu. Alors, comme dans un kaléidoscope, tous les fragments des souvenirs, identités, perceptions, projections et reconstitutions de celle que je suis et celle que je pense être, ainsi que ceux de celle que Jane est et celle que je pense qu'elle est, se détachent les uns des autres et s'envolent dans un tourbillon de milliers de feuilles, comme autant d'images vivantes en deux dimensions. Et dans cette explosion de couleurs, je deviens tout ce qu'ils sont, étaient et seront. Il n'y a plus de pensée, plus de lutte, plus de doute. Seuls cet abandon et un rire éternel libéré de toute entrave.

Et à cet instant, je suis de retour chez moi.

Journal de Mrs Charles Edgeworth, 7 juillet 1814

Mon bonheur est si grand et si parfait qu'il me faut trouver un moyen de le préserver, ne serait-ce qu'avec de l'encre et du papier. Je sais que je relirai ces pages quand je serai vieille et que la mémoire commencera à me faire défaut. Je serai alors heureuse d'avoir un jour pris le temps de coucher par écrit ce merveilleux sentiment, de sorte que la femme âgée que je serai puisse le revivre et se remémorer ainsi le printemps de sa vie.

Si quelqu'un – autre que ma mère, cela va de soi – m'avait dit il y a un an que je signerais aujourd'hui mes écrits du nom de Mrs Charles Edgeworth, j'aurais ri de pitié face à l'absurdité de tels propos. Pourtant je suis là, fraîchement revenue du mariage de ma chère Mary avec le très respectable Mr Stevens, et mon visage s'illumine dès que je pense à mon bien-aimé ou que je le vois, et j'éprouve un frisson en écrivant son nom et en songeant que c'est également le mien. Comment ai-je pu rester aveugle devant ses si nombreuses qualités ?

Ce changement n'est pas le seul, et c'est d'ailleurs pour cette raison que je vais bientôt devoir reposer ma plume jusqu'à demain.

Car de cela aussi j'espère me souvenir lorsque je serai vieille : je suis devenue la Schéhérazade de Charles. Chaque nuit, il me supplie de lui raconter la suite du conte de la femme qui n'est pas celle que l'on croit, cette étrangère habitant dans une ville lointaine plusieurs siècles dans le futur et qui se voit contrainte de vivre dans la peau d'une Anglaise qui me ressemble beaucoup.

La première fois que mon époux m'a fait cette étrange requête, je n'ai pas compris ce qu'il voulait. Mais il a insisté, prétendant que je lui avais narré ce genre d'histoire autrefois. J'ai donc décidé de lui faire plaisir et de lui raconter la première chose me passant par la tête. Au début, rien ne m'est venu puis, brusquement, je me suis rappelé ou j'ai cru me rappeler quelque chose. Je me suis revue avec lui lors de notre voyage de noces, prononçant ces paroles : « Je dois vous parler, Charles. Je dois vous confier quelque chose de très étrange. » Je me souviens d'avoir dit ces mots et je me souviens du sentiment d'urgence et de peur qui m'a envahie lorsque j'ai commencé à lui conter le récit de cette femme. Il me semblait presque qu'il s'agissait d'une histoire vraie, comme un secret que j'avais gardé en moi. J'éprouvais le besoin d'ouvrir mon cœur à mon époux. Je ne voulais plus de cachotteries entre nous, plus de malentendus. Nous en avions suffisamment eu et je souhaitais que notre mariage soit fondé sur l'honnêteté et la confiance.

Cependant, au fil de la narration, mon récit a perdu son caractère urgent. J'ai peu à peu cessé de le considérer comme un fardeau ou comme une aventure que j'avais vraiment vécue, pour n'y voir qu'une simple histoire, tout au plus un rêve que je venais de me rappeler. Parler me rendait légère ; je me sentais libérée. De quoi, je ne saurais le dire, mais réciter ce conte me procure autant de plaisir que mon cher Charles en a en m'écoutant.

Depuis, je lui raconte chaque jour une partie de cette histoire, bien que son origine demeure un mystère pour moi. On pourrait comparer cela au souvenir d'un rêve dans lequel ce qui vous arrive n'a rien à voir avec votre vraie vie mais semble parfaitement cohérent dans le contexte du rêve : ce lien qui met de l'ordre dans la logique illogique du rêve vous échappe une fois réveillé. Pourtant, lorsque vous ouvrez les yeux, vous savez que ce rêve a plus de signification et de profondeur que vos songes habituels. Il s'attarde en vous comme une émotion, une impression, avant de s'évanouir ; et vous avez beau essayer de le retenir, il va se terrer dans un coin de votre tête et continue à vous hanter, à la fois présent et insaisissable. C'est comme un papillon dont les ailes sont trop fragiles pour être touchées. Quand vous essayez de mettre des mots sur ces émotions, ils vous paraissent absurdes alors que dans le rêve, ils contenaient tout le sens du monde.

Je ne m'étais jamais doutée que j'avais des talents de conteuse, mais cela rend mon Charles si heureux que j'espère que ce don me restera à jamais. Je dois d'ailleurs avouer que j'y prends moi-même grand plaisir. J'ai l'impression de connaître l'héroïne de mes histoires. Elle vient parfois me faire le récit de ses aventures en chuchotant à mon oreille. J'entends sa voix douce me parler alors que je sombre dans le sommeil. Je sens sa présence quand je marche dans le jardin.

Je serais bien incapable d'expliquer précisément comment me sont venus les histoires de cette femme et l'amour que j'éprouve pour mon époux. Peut-être que, comme le disait l'héroïne de mon roman préféré, « tout cela est venu si insensiblement qu'il me serait difficile de vous répondre ». Mon bonheur actuel ne doit certainement rien à ma mère, dont les intentions mercantiles m'ont presque empêchée de voir la vraie valeur de Charles, du moins au début. Mais qui sait ? Si je devais être totalement honnête avec moi-même, je répondrais peut-être que je me sens ainsi « depuis que j'ai visité son beau domaine de Pemberley ». Je ris de bon cœur chaque fois que je lis ces mots.

Je sais seulement qu'après avoir succombé à son amour, c'est à peine si j'ai pu me rappeler avoir ressenti de l'aversion pour lui. Bien entendu, je ne prétends pas avoir oublié le passé. Je me contente d'examiner de loin les souvenirs qui y sont rattachés, comme si j'observais une autre personne, et non moi-même.

Pour citer mon héroïne préférée : « Peut-être fût-il un temps où je ne l'aimais pas comme aujourd'hui, mais je vous dispense d'avoir une mémoire trop fidèle. »

Découvrez également les aventures
de Jane Mansfield au XXIe siècle, dans :

Tribulations d'une fan de Jane Austen

Disponible chez Milady Central Park

Traduit de l'anglais (États-Unis)
par Nolwenn Guilloud

Chapitre premier

Un son strident, telle une corne de brume, mais plus aigu, plus perçant, ébranle la maison. J'ouvre un œil, puis l'autre ; mes paupières semblent collées. Filtrant à travers l'interstice des rideaux, un mince rai de lumière perce l'obscurité.

Je plaque les mains sur mes oreilles, mais le mugissement persiste. De même que la douleur. J'ai l'impression qu'un régiment entier défile au pas derrière mes yeux.

— Barnes ?

Seul un filet rauque s'échappe de mes lèvres, trop faible pour être entendu par Barnes. Qu'importe ; elle aura sans aucun doute été réveillée par cette sonnerie insupportable. Il faudrait être à six pieds sous terre pour ne pas entendre un tel vacarme.

Pourquoi n'a-t-elle pas déjà fait quelque chose pour arrêter cette maudite alarme ? Je tâtonne derrière moi, à la recherche du cordon de la sonnette, mais ne rencontre que le mur nu. Curieux. Je vais devoir quitter le lit et aller chercher la servante moi-même.

Alors que je m'assois sur le rebord du matelas, mes pieds touchent immédiatement le sol, au lieu de pendre, comme à l'accoutumée, à quelques centimètres du plancher. La migraine aurait-elle le pouvoir de faire paraître un lit plus bas qu'il ne l'est ? Mes pires maux de tête s'annoncent habituellement par des lignes brisées lumineuses devant mes yeux ; toutefois, je n'ai encore jamais eu l'impression de tomber si bas. Tomber bien bas, effectivement. Je rirais presque de mon aisance avec les mots, ce matin, en dépit du triste état de ma tête. Ainsi que de mes tympans. Comme ce son est irritant ! Ne finira-t-il donc jamais ?

À l'endroit où je m'attends à trouver mon habituelle descente de lit, c'est le parquet nu que je sens sous la plante de mes pieds. Quant à mes pantoufles ? Disparues. Avançant à l'aveuglette, je me cogne soudain dans un haut bloc de bois ; par tous les... ! Je serre les dents afin de retenir un cri. Moi qui voulais simplement faire un bon mot, me voilà bien punie. Barnes a encore dû réarranger le mobilier. Néanmoins...

Des chiffres rouges brillent dans le noir, au-dessus du bloc de bois incriminé. 8 0 8. Par quel prodige... ? Les chiffres sont contenus dans une sorte de boîte, dont l'avant est froid et lisse sous mes doigts ; le dessus semble bosselé. Tandis que je palpe les renflements, la sonnerie stridente cesse. Oh, Dieu merci !

Quel bonheur que le silence ! Je me dirige vers le mince rayon de lumière afin d'ouvrir en grand les tentures ; le soleil ne manquera pas d'éclairer le mystère que constitue ce matin la disposition de ma chambre. Cependant, je m'aperçois que les épais pans de velours accrochés à ma fenêtre depuis cinq années au moins ont laissé place à des rideaux de grosse toile. Il est possible que Barnes soit venue faire l'échange tôt ce matin, afin de battre les draperies de velours. D'abord le réagencement des meubles, puis cela… Je ne l'ai jamais connue aussi incohérente dans ses tâches domestiques.

Tremblant inexplicablement, je me saisis des bords des tentures de toile grossière et les ouvre d'un geste large.

Il y a des barreaux à ma fenêtre.

Je ne puis retenir une exclamation. Cela n'est pas… Cela ne peut être ma fenêtre. Et, en effet, faisant volte-face pour embrasser la pièce du regard, je constate enfin qu'il ne s'agit pas de ma chambre. Le sang battant à mes tempes, j'étudie la haute commode dépouillée de tout ornement, le lit bas dépourvu de courtines, la boîte aux chiffres lumineux sur le meuble. Ni cheminée de marbre rose, ni armoire, ni coiffeuse. Au lieu de cela, je découvre une table basse, supportant un grand cadre rectangulaire dont l'avant semble presque entièrement fait de verre ; le reste est constitué d'un matériau lisse et brillant de couleur grise.

Mes genoux tremblent, mes jambes se dérobent sous moi. Je dois regagner le lit. M'asseoir une minute me fera le plus grand bien.

Tandis que je m'enfonce dans les draps enchevêtrés, la boîte de verre s'anime dans un bruit de tonnerre.

Je bondis, les mains crispées sur les couvertures : de minuscules silhouettes parlent et dansent à l'intérieur du cadre. Qui sont ces gens ? Est-ce une sorte de fenêtre ? Les personnes que je distingue sont de taille réduite, et se trouvent sans doute à quelque distance de là. Pourtant, je perçois leurs traits et leur conversation aussi clairement que s'ils étaient dans la pièce. Comment cela est-il possible ?

— Je me souviens de vous avoir entendu dire un jour que vous ne pardonniez jamais, dit la jeune personne de la boîte à son partenaire de danse. Qu'une fois que vous aviez conçu un ressentiment, il était implacable. Je suppose que vous ne concevez pas un ressentiment à la légère ?

— En effet, répond son cavalier.

— Et vous ne vous laissez jamais aveugler par les préjugés ?

— J'espère que non… Puis-je vous demander à quoi riment ces questions ?

— Simplement à éclairer votre caractère, raille la jolie jeune femme. Je voudrais mieux le comprendre.

Ces paroles me sont familières… Bien entendu, je me rappelle les avoir lues ! Il s'agit de la scène du bal de Netherfield, tirée de mon livre favori,

Orgueil et Préjugés, et ces deux jeunes gens sont Mr Darcy et Miss Elizabeth Bennet. Dire qu'Elizabeth et Darcy sont de véritables personnes, et que je suis en train de les observer, en ce moment même, à travers une vitre ! C'est un phénomène que je ne m'explique pas ; pas plus que le fait que je les discerne si nettement en dépit de la distance qui nous sépare.

Je devrais m'adresser à cette jeune dame, peut-être saura-t-elle m'aider à résoudre ce mystère.

— Je vous prie de m'excuser, Miss Bennet. Nous n'avons point encore été présentées, mais il semblerait que nous soyons voisines, et vous me voyez perdue. M'entendez-vous ?

Aucune des personnes présentes de l'autre côté de la vitre ne donne l'air de m'avoir remarquée, bien que j'entende leurs conversations comme si elles étaient à mes côtés.

Je tends la main en direction de la vitre et touche la surface dure et luisante. Je frappe contre le verre afin de capter l'attention de quelqu'un à l'intérieur du cadre, en vain. Alors j'approche mon visage, pour mieux regarder, mais, à mon grand étonnement, les gens me paraissent anormalement aplatis, beaucoup moins réels. Comme cela est curieux !

Ce n'est cependant pas le plus déconcertant. En effet, quelle n'est pas ma surprise de découvrir que ma voix n'est, en réalité, pas la mienne du tout !

— Miss Bennet ?

Je n'attends plus que celle-ci me réponde, mais je répète son nom, m'émerveillant du ton et de l'accent qui s'échappent de ma gorge. Cette voix inconnue est teintée d'un accent proche de celui de Bristol ; on croirait presque le capitaine Stevens lorsqu'il singeait les habitants des Amériques. Combien ma mère serait scandalisée de m'entendre ainsi parler comme l'une de ces sauvages d'Américaines ! Cette simple idée me réjouit.

Je jette un regard à l'étrange pièce, puis pose de nouveau les yeux sur la vitre, derrière laquelle les personnages d'*Orgueil et Préjugés* poursuivent leur discussion comme si je n'existais pas. Soudain, tout s'éclaire : je nage en plein rêve, bien entendu ! Cela ne ressemble à aucun de mes songes habituels, où j'ai conscience d'être plongée dans un monde onirique, mais ce n'en est pas moins un. Quel soulagement de savoir que je n'ai pas à découvrir quel est cet endroit ni à retrouver le chemin de ma propre chambre : il suffit que je me réveille.

En attendant, je peux toujours passer le temps en partant à la recherche de Barnes ; il ne fait nul doute que cette vision prodigieuse de Lizzy et de Darcy dansant dans le rectangle vitré la ravira autant que moi.

Je vais enfiler ma robe de chambre et explorer les lieux. Où peuvent bien être rangées les robes d'intérieur ? J'ouvre une porte, révélant une garde-robe longue d'environ six pieds, dont je ne reconnais aucune pièce. J'en tire tout de même un long vêtement vaporeux muni d'une ceinture ; voilà qui devrait faire l'affaire. Si seulement j'avais un miroir…

Ah, en voilà un, à l'intérieur de la porte de cette vaste armoire. J'ouvre largement le battant et aperçois dans la glace une jeune femme de petite taille aux cheveux clairs. Elle et moi exclamons notre surprise à l'unisson. Je me retourne vivement, car l'inconnue ne peut qu'être derrière moi, mais la pièce est vide. À l'exception de Miss Bennet et de Mr Darcy, bien sûr.

Lorsque je fais de nouveau face au miroir, la vérité me saute soudain aux yeux : il s'agit de mon propre reflet.

PEMBERLEY

DÉCOUVREZ AUSSI CHEZ MILADY ROMANCE :

En librairie ce mois-ci

Margaret Mallory	Le Retour des Highlanders : *Le Chef*
Nina Rowan	Cœurs vaillants : *L'Équation amoureuse*

21 février 2014

Pamela Aidan	Darcy Gentleman : *Un mot de vous*
Jane Ashford	*En secondes noces*
Robyn DeHart	Fruit défendu : *Un soupçon de malice*
Beverley Kendall	Les Séducteurs : *Désir ardent*

Achevé d'imprimer en décembre 2013
Par CPI Brodard & Taupin - La Flèche (France)
N° d'impression : 3002970
Dépôt légal : janvier 2014
Imprimé en France
81121151-1